秘色集

徐尔元 主 编
李小平 副主编

东南大学出版社
·南京·

图书在版编目(CIP)数据

秘色集 / 徐尔元主编. -- 南京：东南大学出版社，2025.2. -- ISBN 978-7-5766-1870-9

Ⅰ. K876.34

中国国家版本馆 CIP 数据核字第 2025FX9293 号

责任编辑：魏晓平　责任校对：子雪莲　封面设计：毕　真　责任印制：周荣虎

秘色集　Mise Ji

主　　编	徐尔元
出版发行	东南大学出版社
社　　址	南京市四牌楼 2 号（邮编：210096）
出版人	白云飞
经　　销	全国各地新华书店
印　　刷	广东虎彩云印刷有限公司
开　　本	635 mm×960 mm　1/16
印　　张	23.5
字　　数	265 千字
版　　次	2025 年 2 月第 1 版
印　　次	2025 年 2 月第 1 次印刷
书　　号	978-7-5766-1870-9
定　　价	78.00 元

本社图书若有印装质量问题，请直接与营销部联系，电话：025-83791830。

前　言

由徐尔元会长主编的《秘色集》终于付梓出版了！

上林湖是越窑青瓷发祥地和目前已知的秘色瓷唯一烧造地。青瓷文化是慈溪最具地域特色和国际影响的历史文化品牌，是慈溪先民对人类文明进步作出的杰出贡献，也是当代慈溪人重燃越窑、延续文明的追寻之梦。

在新的历史时期，厘清越窑文脉历史，厚植青瓷文化底蕴，传承弘扬越窑青瓷文化，为慈溪建设文化强市注入新的活力，成为慈溪文化建设中的应有之义。慈溪越窑秘色瓷文化促进会（简称促进会）自2020年9月成立以来，在慈溪市委、市政府的领导下，在市委宣传部的指导下，在市文广旅体局等市级部门和相关镇（街道）的大力支持下，为慈溪越窑秘色瓷文化的品牌建设、产业发展、大众宣传、理论研究及城市形象塑造等方面不遗余力、添砖加瓦，做出了积极努力。

总结既往以明晰前路，凝固历史以传递后人。2023年上半年，促进会经徐尔元会长提议，会长办公会议决定，着手启动《秘色集》一书的编撰工作，搜集、整理自促进会筹建以来起草及上级下发的各类具有历史价值的文稿、文件资料。一年多来，全部资料已汇编成册并付梓出版。全书共9

章49个篇目，收集了慈溪市委办、市政府办联合印发的《关于打造越窑秘色瓷文化品牌的实施意见》，上级出台的青瓷文化产业扶持政策文件，促进会五年工作规划，历届会员大会工作报告，重要讲话和宣讲材料，城市文化形象塑造概念规划，以及考察调研报告等49件具有史料价值的重要文稿、文件资料。

　　《秘色集》的编辑成册，凝聚了集体的智慧，体现了笔者的辛劳。徐尔元会长不但是慈溪越窑秘色瓷文化的担纲者、推动者、践行者，为上林湖越窑恢复烧制、越窑青瓷文化发展倾注了全部心血，而且在主编《秘色集》过程中，亲历亲为、笔耕不辍、严格把关。尤其是去世前一个多月，他在病床上仍反复修改讲话稿《关于越窑青瓷文化如何实现守正创新的初步思考》，在文中，他系统地分析了当前实现越窑青瓷文化守正创新的必要性、紧迫性和艰巨性问题，前瞻性地谋划了实现守正创新的可行性、方向性、操作性思路和设想。现该文稿与他在去年9月促进会成立三周年务虚会上的讲话稿《回顾来路与期望前程》、今年初促进会工作例会上的讲话录音稿《改进工作方法，提升运行效率》，一并被收入《秘色集》，成为富有沉重感、具有长远指导意义和教育意义的宝贵资料，由此《秘色集》也成为继《知行集》《观思集》《前湾集》之后的他主编的又一力作。与此同时，副主编李小平协助主编认真、仔细、规范地做好全部文稿的收集、整理、编辑和统稿，促进会同志认真撰写相关材料和文章，有关企业对促进会工作和本书编辑出版提供有力支持，为《秘色集》定稿出版发挥了积极的作用。

前 言

　　《秘色集》的出版发行,是促进会向全社会实施工作汇报、自觉接受社会监督的一次极好机会,也是向全社会广泛宣传和推介越窑青瓷文化的一个有效载体。我们衷心希望广大读者在通读这本书后提出宝贵意见。我们也有理由相信,广大读者通过此书必定会更加深入地了解越窑青瓷文化,用行动关心、支持、宣传越窑青瓷文化,进而在全社会形成一个关注和宣传越窑青瓷文化的良好氛围,进一步提升慈溪越窑青瓷文化的知名度和影响力,推动慈溪市的文化强市建设。

慈溪越窑秘色瓷文化促进会
2024 年 6 月 28 日

目录 CONTENTS

第一章　上林湖越窑青瓷文化的崇高地位

002　齐心协力　共建秘色瓷都
016　打造秘色瓷文化品牌的重大战略意义

第二章　凝聚共建秘色瓷都的各方力量

028　关于组建慈溪越窑秘色瓷文化促进会的申请报告
034　慈溪越窑秘色瓷文化促进会筹备工作报告
040　当选会长在第一次会员大会上的表态发言
044　附件一　慈溪越窑秘色瓷文化促进会举行成立仪式
046　附件二　在慈溪越窑秘色瓷文化促进会成立仪式上的演讲
052　附件三　在慈溪越窑秘色瓷文化促进会成立仪式上的讲话

第三章　精心谋划弘扬越窑秘色瓷文化的发展思路

- 056　龙泉、上虞的经验和慈溪的对策建议
- 065　慈溪越窑秘色瓷文化促进会五年工作规划
- 071　促进会第二次会员大会工作报告
- 079　促进会第三次会员大会工作报告
- 092　促进会第四次会员大会工作报告
- 106　促进会第五次会员大会工作报告
- 121　回顾来路与期望前程
- 134　关于越窑青瓷文化如何实现守正创新的初步思考
- 144　改进工作方法，提升运行效率

第四章　编写反映越窑复烧艰辛历程的专著

- 160　编写《秘色重光》实施方案
- 167　《秘色重光》诞生记
- 173　《秘色重光》举行新书首发仪式
- 175　江再国部长在《秘色重光》首发仪式上的致辞
- 178　我做了一件想做的事
- 181　溯源　存史　立心　问计
- 184　一册透视秘色复兴之路
- 186　彰显地域特色文化的扛鼎之作
- 188　越窑青瓷的复兴显现着中华民族现代文明建设的大国气象
- 192　一个城市的文化自信
- 194　嵌入时代大书的记忆

197	"青丝化作青瓷魄,二十年来又一春"
199	翰墨书香浸染的泛黄历史
201	匠心与自信
205	沧海显英雄
206	一个城市的文化记忆和精神高度

第五章　催化人们对越窑秘色瓷文化的认知

210	拍摄电影纪录片《秘色之城》
212	《秘色之城》创作手记
231	越窑青瓷文化传播活动——形式多样
242	附件一　弘扬地域文化、共建秘色瓷都倡议书
244	附件二　《走进越窑青瓷世界》全市小学乡土教育读本前言
246	附件三　《秘色重光》专刊创刊词
248	附件四　《〈千峰翠色〉文化笔记本》前言
253	附件五　创作并巡演文艺节目
255	附件六　《〈秘色瓷韵〉演唱文学作品选》前言

第六章　重视抓好弘扬秘色瓷文化的基础建设

258	组织学术研讨
262	举办艺术讲座
266	开展技术比武
269	附件　慈溪市越窑青瓷茶器作品大赛致辞

271	发动企业参展
277	搞好人才服务
282	深化秘色瓷解码

第七章　让越窑秘色瓷文化为慈溪城市增光添彩

286	关于城市地域特色文化形象塑造概念规划编制情况的报告
292	慈溪城市地域特色文化形象塑造概念规划文本
314	关于集中打造慈溪城市文化新地标的建议

第八章　把慈溪越窑秘色瓷文化推向世界

322	慈溪"中国青·上林杯"国际青瓷艺术双年展策划方案
329	首届慈溪"中国青·上林杯"国际青瓷艺术双年展作品征集公告
335	首届"双年展"作品集《跨越》序言
343	关于首届双年展活动举办情况的汇报
348	第二届慈溪"中国青·上林杯"国际青瓷艺术双年展开展

第九章　为慈溪实现秘色重光创造良好发展环境

| 352 | 关于打造越窑秘色瓷文化品牌的实施意见 |
| 361 | 慈溪市越窑青瓷文化产业发展扶持政策实施办法 |

第一章 上林湖越窑青瓷文化的崇高地位

上林湖越窑青瓷文化是慈溪最具历史存在感和国际影响力的地域文化品牌,是慈溪先民对人类社会文明进步的重大贡献。慈溪上林湖窑场,作为中国乃至世界青瓷文化的重要发祥地、古代世界制瓷技术的引领者、唐宋时期中国青瓷的中心产区和中国海上陶瓷之路的首个起航地,尤其是作为目前已知的秘色瓷唯一产地,在中国乃至世界陶瓷发展史上的地位崇高而卓越。

齐心协力　共建秘色瓷都

徐尔元　李小平　谢纯龙　徐伟明

一、瓷器在中国文化史上的重要地位

中国是世界公认的四大文明古国之一，中华民族文化博大精深而源远流长。鲁迅先生有句名言："只有民族的，才是世界的。"这句话的含义是任何文化只有具备民族特色，才能在世界文化史上占据一席之地。中华文明五千年，既有民族特色又有世界影响的文化样式数不胜数，有代表性的主要有下列门类：哲学文化有儒学、道学、禅学等；艺术文化有书法、国画、京剧等；产业文化有丝绸、茶叶、瓷器等；养生文化有中医、气功、武术等；技术文化有指南针、造纸术、印刷术等；政治文化有郡县制、科举制、六部制等。以上这些文化瑰宝，都是中华民族对人类文明作出的杰出贡献。那么，在众多中国古代特色文化门类中，瓷器文明又有怎样的地位和影响呢？

瓷器是中国古代一项非常重要的创造发明。人类有史以来的创造发明不胜枚举，其中最重要的成果是用于生存、生产和生活的各类器具，主要有石器、木器、陶器、玉器、漆器、铜器、金器、铁器、瓷器等等。在上述系列创造发明中，中华民族均作出了突出贡献,其中"瓷器"就是由中华民族最早发明的。

1550年,意大利数学家杰罗姆·卡丹在考察中国文化后,提出指南针、火药、造纸术是中国古代的三大发明。19世纪,英国传教士艾约瑟认为印刷术也是中国古代的重要发明。20世纪50年代,英国科学家李约瑟写了一部《中国科学技术史》,正式确认了中国古代"四大发明"的提法,并由此传遍了世界。改革开放后,国内学者认为中国古代对世界有重要影响的创造,除四大发明外,还有瓷器、中医、武术、算盘等等,不少专家曾提议要将瓷器列为中国古代的第五大发明。瓷器不仅有广泛的实用价值和经济价值,而且有很高的审美价值与文化价值,因而不仅在中国有重要地位,而且也受到世界各国人民的普遍欢迎。美国北得克萨斯州大学有一位历史学教授,最近编写出版了《历史——地图上的世界简史》

一书。书中提到，中国古代出口的诸多产品中，最受西方人欢迎的是瓷器。英文"China"的本义是"中华"或"中国"，因瓷器产自中国，西方人出于对瓷器的热爱，就用首字母小写的"china"来称呼瓷器。这说明在西方人心目中，瓷器是中国古代文明的重要代表。由此可见，瓷器在中国文化史上的地位是多么重要。

二、中国古代瓷器文明的发展轨迹

瓷器由陶器发展演变而来。考古发现表明，陶器已有上万年的历史。由于陶器制作粗糙、不易清洗，于是我们的祖先不断改进制作工艺，终于在大约距今4 000年的夏代出现了早期瓷器。早期瓷器一般被称为"原始瓷"。原始瓷又经过2 000多年的演变，到东汉中晚期，成熟瓷器才正式诞生。从陶器演变为瓷器，这是人类文明进步的重大飞跃。陶与瓷最显著的区别有五点：其一，制作原料不同。陶器使用一般的黏土，而瓷器主要使用瓷土即高岭土，两者之间的化学成分不同，瓷土中氧化铝含量高，能够经受住高温烧造。其二，烧成温度不同。陶器烧成温度一般在800 ℃到1 000 ℃之间，而瓷器烧成温度一般要达到1 200 ℃以上。其三，施釉方法不同。"釉"是瓷器表面一层光亮的外膜。陶器一般不施釉或只施低温釉，外表颜色单一，以泥土本色为主；而瓷器则施各种高温釉，外表颜色丰富多样。其四，透明程度不同。陶器坯体不透明，而瓷器胎体具有半透明的特点。其五，坚硬程度不同。瓷器比陶器坚硬，陶器敲击时声音发喑，可以用钢刀划出沟痕；而瓷器敲击时会发出清脆声音，表面用一般钢刀很难划出沟痕。

东汉时期出现成熟瓷器,刚开始还只有黑瓷和青瓷两种。到了南北朝时期,瓷器家族在北方又诞生了一个新的品种——白瓷。它们之间的主要区别在于釉料中铁的含量不同:如果含铁量低于1%,烧出来的就是白瓷;含铁量在1%—3%之间,烧出来的就是青瓷;含铁量超过4%,烧出来的则是黑瓷。到了隋唐时期,青瓷在瓷器家族中一家独大的局面被逐步改变,北方的白瓷开始崛起,逐步达到了可以跟青瓷抗衡的地步,从而形成了"南青北白"的局面。这一时期,南方青瓷的代表是浙江越窑,它的中心产区就在慈溪上林湖。晚唐到北宋年间,慈溪上林湖越窑烧制出古代青瓷的巅峰之作——秘色瓷。与此同时,全国其他地区各种窑场陆续出现,瓷器文明发展迎来了百花齐放的时代——宋代,其中最著名的有位于河南的汝窑和钧窑,位于杭州的官窑,位于龙泉的哥窑,位于河北的定窑,简称"汝、钧、官、哥、定",这五大窑口被后人称为"宋代五大名窑"。除五大名窑外,全国大部分地区都有了各自的窑场,其中比较著名的有陕西铜川的耀州窑,河北、河南、山西等地的磁州窑,福建建阳的建窑和浙江丽水的龙泉窑等。进入元代后,青花瓷在江西景德镇异军突起,这是瓷器文明发展的又一座里程碑,景德镇由此取代龙泉成为后来的世界制瓷中心。到了明清两代,景德镇又相继烧制出粉彩、斗彩、古彩、颜色釉、珐琅彩、变色釉、新彩、雕塑瓷等八大类瓷器品种。景德镇瓷器生产至清代康雍乾三朝达到高峰。至此,我国古代瓷器文明发展画上了圆满句号。

三、浙江及慈溪对瓷器文明的突出贡献

中国陶瓷考古界泰斗陈万里先生曾经断言:"一部中国陶瓷史,半部在浙江。"浙江瓷器文明发展大体可分为原始瓷、先越窑、越窑和龙泉窑四个阶段:第一阶段是从夏代到东汉早期。这一阶段是原始瓷的发展阶段,产区主要分布于绍兴、萧山、德清等地,而中心产地和发展高峰在德清县。第二阶段是从东汉中晚期到南北朝。这一阶段是早期青瓷的发展阶段,成熟瓷器也在这一阶段烧制成功,中心产地在宁绍平原,主要包括慈溪、绍兴、上虞等地,而发展顶峰则在上虞。学术界一般称这一时期为"先越窑"。第三阶段是从隋唐到南宋。在这一时期,龙窑烧制技术得到明显改进,代表当时青瓷烧制技术最高水平的秘色瓷闪亮登场,"越窑"的名称被正式提出。晚唐诗人陆龟蒙写有《秘色越器》一诗,其中有两句名诗:"九秋风露越窑开,夺得千峰翠色来。"这一阶段的中心产区和发展高峰在慈溪上林湖及周边地区。第四阶段是从宋代到清代中晚期。在这一阶段,青瓷生产中心产地逐渐

转移到了浙江龙泉。龙泉青瓷在釉色和形质上又有新的发展,成为当时中国青瓷烧造的杰出代表。除了以上四个中心产区外,在浙江区域中还先后诞生了位于温州的瓯窑、位于杭州的官窑和位于金华的婺州窑等著名窑场。

慈溪上林湖区域之所以能成为当时全国青瓷生产的中心,主要原因有四点:其一,上林湖区域的地形以低山丘陵为主,非常适合建造龙窑来烧造瓷器;其二,这里拥有非常丰富的适合烧造瓷器的高岭土资源;其三,上林湖四周群山环绕,草木繁茂,可以为龙窑窑烧提供丰富的燃料;其四,浙东地区运河发达,为笨重而易碎的瓷器出运提供了十分便利的运输条件。优越的地理环境和生产条件,再加上慈溪先民卓越的工匠精神,最终成就了慈溪上林湖的辉煌。上林湖越窑对中国瓷器文明发展的贡献,集中体现在六个方面:第一,慈溪上林湖窑场是中国青瓷文化的重要发祥地。从原始瓷经过2 000多年的演变,至东汉中晚期,一种面貌全新的瓷器最先在慈溪、上虞等地烧造成功,这就是早期青瓷。正因为出现最早,而且在制瓷工艺技术上对后来出现的各地窑口有直接或间接影响,所以上林湖越窑瓷器被学术界称为"母亲瓷"。从东汉中期创烧到南宋末年停烧,上林湖窑场前后延续了约1 200年,是世界上持续烧制时间最长的窑系之一。正是因为最早创烧和持续时间最长,上林湖窑场被考古专家称为"窑业圣地"。西方国家于17世纪才开始生产瓷器,比慈溪上林湖和上虞小仙坛窑场烧制成熟瓷器足足晚了1 500多年。第二,慈溪上林湖地区是唐宋时期南方青瓷的中心产区。上林湖地区主要包括上林湖、白洋湖、里杜湖和古银锭湖四个片区。在唐宋时期，这一区域的瓷器生产规模和影响力，类似于后来成为世界制瓷中心的江西景德镇。据考古调查，这一区域内共发现200多处古窑，其中属于唐宋时期的有159处，被誉为世界上最大的"青瓷露天博物馆"。该遗址于1988年被国务院授予全国重点文物保护单位。第三，上林湖越窑是古代世界制瓷技术的引领者。复旦大学郑建明教授认为："越窑自东汉创烧以来，一直居于瓷器制作技艺的顶端，引领着制瓷技术的发展。不仅浙江省内的德清窑、瓯窑、婺州窑等窑场受其影响，省外的洪州窑、耀州窑、汝窑以及国外的高丽青瓷等窑场亦深受其影响。可以说，越窑是一个技术扩张型的窑场，对国内外的青瓷生产具有重要的影响。"原杭州南宋官窑博物馆馆长邓禾颖也指出："慈溪越窑秘色瓷代表了唐宋时期越窑的最高制瓷水平，它在中国陶瓷史上第一次对瓷器提出了类玉、类冰的审美要求。这不仅是制瓷史上的一大飞跃，同时也树立起古典陶瓷美学的第一面旗帜，成了此后高等级青瓷的代名词。"大约在唐末宋初，上林湖越窑制瓷技术被全盘"移植"到朝鲜半岛。考古发现，在古代朝鲜半岛中西部与西南海岸地区古窑址生产的"高丽秘色"青瓷，其"母体"就是慈溪上林湖越窑。第四，慈溪上林湖地区是目前已知的秘色瓷唯一产地。据考古发现，上林湖后司岙窑址是晚唐五代时期秘色瓷的原产地。秘色瓷的存在，原来只是一个传说，人们无从知道它的真实面容。乾隆皇帝因未能亲睹秘色瓷的芳容而发出"李唐越器人间无"的感慨。1987年，文物部门对位于陕西省扶风县的"法门寺"地宫进行发掘，终于首次发现了13件在地宫藏品名录中有明确记载的秘色瓷,经专家考证后一致认定,均产自慈溪上林湖窑场。复旦大学沈岳明教授提出:"法门寺的考古发现,在越窑历史上具有划时代意义,它第一次向世人揭开了秘色瓷的神秘面纱。""秘色"这一名词最先发现于晚唐诗人陆龟蒙《秘色越器》的诗中,后人对何为"秘色"有多种解说,主要有下列说法:其一是"工艺说",认为秘色瓷是运用釉封匣钵装烧的特殊工艺制作而成,正是用了这种烧制技术,才使瓷器有了"千峰翠色"的神奇效果。其二是"釉色说",认为秘色瓷的釉色源于自然,呈天青或淡青色,釉面均匀莹润,风格简约、清灵、淡雅,给人以如天、如水、似冰、似玉的艺术效果。其三是"等级说",认为"秘色"不是指颜色,而是指物品的等级,含有"珍稀""罕见""奇特"的意思,因此认定秘色瓷是越窑青瓷中的极品。其四是"秘密说",认为秘色瓷釉色配方和制作工艺独特且秘而不宣,制作成本明显高于普通瓷器,产品数量极少,只能由皇室专享,"臣庶不得用",因此给人以一种神秘的感觉。以上四种说法都是从不同角度对秘色瓷属性的揭示,但业内人士一般认为"等级说"和"神秘说"更切合"秘色"一词的原意。秘色瓷代表了公元 9—11 世纪世界青瓷烧造技艺的最高成就。余秋雨先生将它称为"世界级的文化瑰宝"。沈岳明教授也明确指出:"越窑秘色瓷是中国陶瓷史上形成的第一个品牌,也是第一品牌。"第五,越窑青瓷瓯乐是世界上最早的瓷乐表演形式。"瓯"的本义是茶碗,敲击胎体厚薄不同或装有不同水量的瓷器茶碗,会发出美妙的音乐,故称之为"瓯乐"。后来人们将用各种瓷类乐器演奏的音乐,通称为瓯乐。1998 年,在对匡堰镇寺龙口越窑遗址的考古发掘中,首次发现了一批唐宋时期的瓯乐乐器,这是迄今发现的世界上最早的瓷类乐器。该遗址获评当年度全国十大考古新发现。为传承、发扬瓯乐艺术,2009年慈溪市正式成立慈溪市青瓷瓯乐艺术团(简称瓯乐团)。瓯乐团曾赴美国、法国、德国、泰国、新加坡等近十个国家和国内十多个大城市巡回演出,因表演形式和艺术效果独特而大受欢迎,现已成为慈溪市传播越窑青瓷文化的"主窗口"和浙江音乐艺术对外交流的"金名片"。第六,慈溪是中国海上陶瓷之路的首个启航地。瓷器既是重物,又是易碎品,在古代一般通过海运销往国外,由此形成了与陆地丝绸之路相对应的海上陶瓷之路。在唐宋时期,上林湖越窑青瓷作为中国最早销往海外的大宗贸易瓷器,通过明州港(今宁波),大量输出到朝鲜、日本以及东南亚、中东、北非、东非等20多个国家和地区,被誉为"海上陶瓷之路"的"开拓先驱",为中外经济文化交流作出了杰出贡献。2005年,在印度尼西亚附近海域的沉船中,打捞出49万件10世纪的器物,其中30多万件是上林湖及周边区域越窑生产的青瓷产品。

四、传承弘扬越窑秘色瓷文化的意义

鉴于对中国瓷器文明的突出贡献,慈溪被中国陶瓷工业协会命名为"中国陶瓷历史文化名城",并享有"秘色瓷都、瓷艺圣地"的美誉。20多年来,慈溪市委、市政府对越窑青瓷文化的传承与弘扬给予高度重视,围绕上林湖越窑申报世界文化遗产做了很多工作,累计投入资金已有8亿多元。1990年起,慈溪启动上林湖遗址考古发掘工作,先后发掘了低岭头、

荷花芯、寺龙口、石马弄和后司岙等古窑址。其中，寺龙口窑址和后司岙窑址分别于1998年和2016年获评"全国十大考古新发现"。2000年，慈溪市组织专家学者编写了我国首部《越窑青瓷文化史》。2001年，邀请龙泉专家帮助慈溪市恢复停烧千年的越窑青瓷生产，目前与越窑青瓷相关的企业已发展到20多家。2003年，启动上林湖越窑遗址世界文化遗产预备名单申报，并先后两度入选《中国世界文化遗产预备名单》。2009年，成立慈溪市青瓷瓯乐艺术团，该团累计在各种场合演出1 000多次，被浙江省文化和旅游厅授予"浙江省优秀文艺团队"、2019年文旅融合"金名片"。2011年，越窑青瓷烧制技艺入选第三批国家级非物质文化遗产名录；同年，经浙江省文化厅批准，首届慈溪越窑青瓷文化节隆重举行，现已连续举办六届。2017年，上林湖越窑博物馆和上林湖越窑国家考古遗址公园建成开放；同年，慈溪在北京故宫博物院举行"秘色重光"秘色瓷专题展。2018年，慈溪确立了"秘色瓷都、智造慈溪"的城市形象口号。2019年，上林湖青瓷文化传承园和慈溪博物馆新馆建成并对外开放。2020年9月，慈溪越窑秘色瓷文化促进会成立；同年，中央电视台《中国地名大会》栏目录制了慈溪市城市形象推介节目，时任慈溪市委书记杨勇同志受邀上节目发布城市形象推介词，重点推介了秘色瓷文化。该节目于2021年3月在中央电视台国际频道播出，在市内外引起了热烈反响。

  慈溪市委、市政府之所以倾力打造越窑秘色瓷文化品牌，主要基于两方面考虑：

  第一方面，借鉴外地成功经验。近些年来，全国各地积极响应党和国家建设文化强国的战略号召,普遍重视地域特色文化品牌打造。据了解,目前我国多数古窑址均已恢复生产。促进会一行最近对龙泉、上虞两地的青瓷文化发展态势做了专题考察,总的感受是形势逼人,需要我们奋起直追。龙泉市青瓷生产企业成批涌现,青瓷艺术人才群体已经形成,城市特色文化形象非常显著,国际影响不断扩大。尽管龙泉只是一个地处偏僻、人口不足 30 万的县级市,但由于将龙泉青瓷文化打造成了响彻四方的大品牌,所以其在世界上的知名度和存在感超过多数名列全国百强县第一方阵的县市。上虞恢复青瓷生产始于 2015 年,但已有后来居上之势,以青瓷为主题的古遗址公园已建成,中国瓷源小镇建设已起步,青瓷产业园已初具规模,城市青瓷文化形象塑造工程已经启动,总体发展态势非常迅猛。与龙泉、上虞等地相比,慈溪在传承弘扬青瓷文化方面的差距甚大,因此需要我们向先进地区学习,在打造城市特色文化品牌上下更大功夫。

第二方面,打造品牌意义重大。打造越窑秘色瓷文化品牌,其主要意义并不在于秘色瓷本身,而在于这一文化品牌对慈溪全局发展能够产生五方面综合带动效应:一是能够强化特质效应。特质是指某个城市的特色,是一个城市的辨识度。城市必须要有一种与众不同的特质,特色越明显,对内凝聚力和对外吸引力就越强;如果缺少特质,千篇一律,千城一面,就不会给人留下深刻印象。城市特质靠什么呈现?关键要靠特色文化氛围的营造和展示,因为特色文化是某个城市所特有的,其他城市难以移花接木或张冠李戴。慈溪城市目前的特色和辨识度不够鲜明,呈现于世人的形象只是用钢筋水泥堆砌而成的现代建筑,城市面貌和产业构成与周边城市有同质化倾向,似乎是用同一个模子压出来的。而要改变这种状况,就得用最具慈溪特色和国际影响的越窑秘色瓷文化来点缀和包装城市,从而使慈溪城市展现出与众不同的面目。二是能够提升品质效应。城市需要有文化,因为文化是城市的灵魂;一个城市缺乏文化,犹如赤膊穿西装——外表很华丽,内在"干巴巴"。经过四十多年快速发展,慈溪城市大格局已基本形成,但对城市文化内涵的提炼和展示仍然明显不足,因此有人觉得慈溪经济发达,百姓富裕,但文化是沙漠。这种观点并不完全符合事实,因为慈溪不是没有文化,而是没有注重把地域特色文化挖掘好、研究好、展示好、宣传好,所以让人觉得这个地方有些"土气"。如果把特色文化形象塑造好了,城市文化品质提升了,内涵出来了,人们的感受自然会大不相同。三是能够拓展品牌效应。凡是有特色、有品质、有影响力的事物,一般都会成为世人广泛知晓的品牌。越窑秘色瓷文化本身就是一个世界级的文化品牌。瓷器最初由慈溪、上虞地区的先民发明,由于停烧了近千年,世人已不知道瓷器与慈溪有何联系。外地人都知道"瓷艺圣地"上林湖,但不知道上林湖就在慈溪;一说到越窑,许多人只知道有上虞,而不知道最有代表性的越窑在慈溪。因此,这块世界级的文化品牌目前仍未能很好地为慈溪所用,这是极其遗憾的事情。鉴于此,很有必要将青瓷文化品牌打造好,并使文化品牌转化为城市品牌,这对慈溪全局和长远发展是大有裨益的,因为品牌是无形资产和无价之宝。四是能够形成人文效应。余秋雨先生这样解读"文化"这一概念:"文化是一种成为习惯的精神价值和生活方式,它的最终成果是集体人格。"他的表述非常正确。"文化"一词的定义有200多种,各不相同,但互相没有矛盾,都是从不同角度揭示了"文化"的某一种属性。"文化"的实质是以"文"化人,人创造文化,文化使人成为有精神素养的人,两者是一种相辅相成的关系。一方水土养一方人,由于生存环境和条件不同,每个地方都有各自的地域特色文化。如果人们都来感受、体验和参与地域文化,对市民人文素养的提升是很有用的。慈溪市一些原来从事农业、工业的人士,自从喜爱上了青瓷文化后,经过长时间的文化熏陶,在形象、气质等方面都在潜移默化中得到明显改变,这就是以文化人的结果。五是能够产生经济效应。以特色文化为载体和纽带,形成各种产业融合发展的联动格局,对地方经济发展能起到很好的推动作用。一个城市只要有特色,拥有影响广泛的文化品牌,就能成为吸引各种生产要素的"洼地"。就慈溪而言,通过几年、十几年努力,将越窑秘色瓷文化打造成为有国际影响的地域文化品牌,使之成为"城市金名片、文化新地标",对于城市经济尤其是旅游、观光、宾馆、餐饮、交通、购物等产业的拉动作用是显而易见的。

综上所述,打造越窑秘色瓷文化品牌,是事关慈溪全局和长远发展的大事,是一项功在当代、利在千秋的战略工程,可以明显提升慈溪城市的影响力、软实力和核心竞争力,因此务须全市各界高度关注和共同参与。

五、全社会携手共建秘色瓷都

在新的历史时期,将慈溪打造成为"秘色瓷都"是各级各部门和全体新老慈溪人的共同责任。首先,要牢固确立文化自信。要充分认识慈溪是一个富有历史文化底蕴的城市,越窑秘色瓷文化更是慈溪的骄傲,对此我们要有认同感、自豪感、归属感和使命感,从而唤起共建"秘色瓷都、智造慈溪"的热情。其次,要广泛传播青瓷文化。每个慈溪人都要成为越窑秘色瓷文化的"知音",了解它的文化内涵,关注它的发展态势,争做秘色瓷文化传播的志愿者,推动秘色瓷文化进机关、进学校、进企业、进乡村、进社区,全面营造秘色瓷文化的浓厚氛围。第三,要积极参与文化共建。文化既是城市的灵魂,更是每一个人健康成长的精神养料。全体市民要积极参与参观、体验、鉴赏、收藏、赠礼等各类秘色瓷文化活动。在参与活动的过程中,增强对秘色瓷文化的认知,陶冶情操,提升自身综合素养。第四,要积极推动瓷艺事业。传承弘扬秘色瓷文化,复兴拓展秘色瓷产业,是一项基础性工作。我们呼吁更多的有志之士投身秘色瓷行业,壮大秘色瓷产业,复兴秘色瓷文化,传承、弘扬、创新好越窑秘色瓷文化夯实基础,让秘色瓷文化融入慈溪经济社会发展大格局。通过不懈努力,让"秘色瓷都"的城市形象深入人心,进而把慈溪的发展推向更高的阶段。

打造秘色瓷文化品牌的重大战略意义

徐尔元

今天,我想借召开第二次会员大会的机会,就打造秘色瓷文化品牌的重大战略意义,谈一些我个人的看法。

促进会成立四个多月来,我分析了一下,在以下五个方

2021年1月23日,慈溪越窑秘色瓷文化促进会举行第二次会员大会,本文根据笔者的发言录音整理改写而成,内容有删减。

面有所进步：一是组织建设有进步。这一次会议我们增加了19名会员。在新增的会员当中，有一部分是宁波大学科学技术学院文化创意学院的老师，毕业于清华大学美术学院，都是一些高层次的知识分子，一定程度上也提升了我们这支队伍的综合素质。另外，我们又吸收了中国当代陶瓷艺术制作顶级团队——高峰团队的三名徒弟，他们也是当下陶瓷制作上有较高水准的人。二是基础建设有进步。刚才沈会长讲了，我们在前四个月中花了较多精力，抓了内部的基础工作，包括制度建设、形象建设、队伍建设。这块工作做好了，促进会组织才能正常高效运转。三是形象建设有进步。重视向社会各界积极推介我们这个新生社团组织，以求得到各方面的关心和支持。四是作风建设有进步。前段时间我们组织促进会机关11位同志，分成3个组，走访了绝大多数会员。对于在走访中发现的问题，有的已得到解决，有的仍在继续解决中。通过前段时间的努力，我们找到了促进会的工作方向，明确了促进会该做什么，也明确了工作思路和工作抓手。今后五年做什么，在我们的五年规划中已做了总体谋划和安排。促进会工作开局以来，绝大多数的会员表现比较理想，经会长会议分析下面三位会员表现尤为突出，值得表扬。第一位是徐伟明同志，他在做好本职工作的同时，利用晚上和双休日时间帮助促进会撰写了宣讲资料，我们印发的宣传手册和宣讲材料都倾注了他的心血。我们曾经考虑支付一些报酬，但他坚决拒绝，对此我们非常感动，因为这都是要花费精力的，非常耗神耗心。第二位是沈建乔同志，促进会组建了一个微信群，沈建乔同志在群里积极传播正能量，不断利用自己对青瓷文化的热爱,发表一些好的诗文。除了沈建乔以外,其他同志也参与其中,都在传播正能量,凝聚人心。第三位是孙威同志,二十年前,他父亲孙迈华携全家从龙泉来慈溪落户,帮助慈溪恢复了越窑青瓷的生产。孙威是第二代传承人,今年促进会成立以来,尽管他的企业生产任务繁忙,但只要促进会有事给他打电话,他都能积极主动地配合。

秘色瓷文化品牌是我们老祖先一千多年前创造的,它淹没在历史的长河中,一千多年以后让它秘色重光,意义非常重大。这方面的启迪与认识来自我们到龙泉和上虞的考察,特别是龙泉,印象特别深刻。我简要跟大家介绍一下考察的基本情况,龙泉这个城市只有近29万人口,去年的财政收入只有16亿元,20年前龙泉的青瓷文化产业像星星之火刚刚开始出现,国有企业转制后,员工们都到家里去生产,小规模的青瓷生产企业有100多家。我们去邀请孙迈华先生,当时他跟陈爱民大师一起做,生产厂房是几间破旧的仓库,当年销售才100多万元,却是龙泉当时的龙头企业。20年后的今天,我们再度踏上龙泉这片土地的时候,青瓷文化的气息扑面而来,非常浓郁。当地现有工商登记注册的青瓷企业已有1 800家。其中年销售超2 000万元的规上企业有7家。当时还没有几位大师,但是现在可以说是大师云集。目前国家级大师包括中国工艺美术大师和中国陶瓷艺术大师有13位,浙江省工艺美术大师有37位,丽水市级的工艺美术大师更多。龙泉青瓷去年的销售额也超过了20亿元,当然这不是我们所羡慕的一个指标,但是大师群体性出现让我很震撼,对文化形象塑造影响很深,这是很正面的。于是,我思考了一个问题,龙泉的财力那么短缺,经济发展水平明显不如我们,他们为什么对复兴传统文化产业这么重视?听了他们局长的介绍后,我才悟到原来龙泉市委、市政府把恢复龙泉窑提升到了战略高度,把它作为带动整个城市综合发展的战略抓手,使全市的青瓷文化产业有了一个崭新的局面。我们现在要向他们学习。慈溪在青瓷文化的历史地位要比龙泉高很多,历史证明,真正的越窑在慈溪,上虞只是前越窑,上虞辉煌500年的时候还没有越窑这个概念。龙泉则是后越窑,是上林湖越窑开始衰落后才逐步发展起来的,而且窑工大多数也是从我们这里迁移过去的。越窑这个概念,是上林湖越窑达到顶峰的时候,唐代的一些大文人提出来的。南宋的五大名窑,都是到宋代才形成的。上林湖越窑有这么高的历史地位,但是这一世界级的文化瑰宝还沉睡在地底下。世界各地的人们,包括大多数慈溪人,对慈溪与越窑之间的联系都缺乏了解。作为慈溪人,怎样对待这份历史文化瑰宝,怎样认识传承好这份文化遗产与我们这座城市发展的关系,值得探讨。把这一特色文化搞好,能给慈溪这座城市带来至少五方面的综合带动效应:**第一个是特质效应**。特质指这个城市所特有的一个城市的辨识度,现在的城市没有了特质,都是斗方式的建筑。斗方式建筑很难在建筑风格上区分开来,我到了杭州,到了上海,到了慈溪,看不出我到了哪里,都是现代建筑。所以一个城市要有个性,要有特色,需要有一种特质,这个特质从产业上是可以区分的,但是产业在生产流水线上,它不容易被看到,很难被区分开来。用地域特色文化来塑造城市的文化特质、城市的创新特质是一个很好的抓手。龙泉之所以成为龙泉,就是因为它的青瓷宝剑名扬天下。这就是第一个效应。**第二个是品质效应。**城市需要有文化,文化是城市的灵魂,一个城市没有文化,用宁波一位老领导的说法,就是外表很华丽,建设得很好看,但缺乏内涵和内在的东西,而文化恰恰注入城市特质、城市品质,能提升城市档次。对此我真的很有感慨。慈溪的文化商务区最近几年从外地引进了好多项目,但这些项目运行了一两年就走了,整个团队都走了,我就此专门询问过相关人员,写考察报告的时候组织座谈会问他们原因,他们说这里不好玩,待着没感觉,找不到文化。宁波科技大学科学技术学院的一位重量级人物也说,慈溪经济发达,百姓富裕,但文化是沙漠;还有一位说,慈溪这个城市很土。他们这样说是对我们慈溪的一种关爱,不是否定我们,我们不是没有文化,而是我们没有注重把地域特色文化挖掘好、研究好、展示好、宣传好,所以让人觉得这个地方"干巴巴"的。文化搞好了,城市品位就提升了,这是第二个效应。**第三个是品牌效应。**因为越窑秘色瓷本身就是一个品牌。人家问慈溪有什么?我有越窑青瓷,是世界级的文化品牌。前些天,我买了一本书是美国北得克萨斯州的一位教授撰写的,书名叫《历史——地图上的世界简史》,内容主要是地图,附有文字和配音,其中写到中国的时候有这样一段话,"西方人特别喜欢中国出口的瓷,所以把瓷作为中国的一个代替性的名字"。世界上200多个国家和地区,瓷与国家同名的就是我们中国,这个就是品牌效应。**第四个是人文效应。**品牌这种文化现象能提升人的文化素质。文化是什么?余秋雨先生说,文化就是习惯了的生活方式,是一种集体的人格,一个是地区性,一个是民族性,他的这种表述非常正确。文化的定义有200多种,这200多种表述不一样,但没有矛盾,都是从不同的角度揭示了文化的某一种属性。我是这样理解的,文化就是人化。怎么理解?就是当一个人接受了文化,他就成为人,人创造文化,文化使人成为人,这是我的理解。文化是多种门类的,地域特色文化更是生于此,长于此,一方水土养育一方人士。如果说我们让广大市民都来感受、体验、参与文化,对市民整体的人文素养提升是很有用的。这里我举几个例子,我们慈溪的闻长庆先生,今年已经70多岁了,他搞了几十年的企业,但是后阶段他爱上了青瓷文化。现在几十年下来,形象、气质全都不一样了,俨然是一个教授级的人物,这是长期文化浸润的结果。我们爱上了某一类文化,你投入了,你的文化素养、境界在潜移默化中是会改变的。另外我看到那些爱收藏的人士,讲起来头头是道,他们的知识有时是接近专业级的。前些天,我看到一名新入会的会员,叫岑记耀。他长期搞秘色瓷的收藏,人很自信,当然他的表述是不是严谨,那是另外一回事,但至少他懂得一些专业知识。**第五个是经济效应**。我们以文化为载体、为纽带,把各种产业融合在一起产生联动和互动,给这个地方的经济振兴带来很大的效应。比如说,以后越窑秘色瓷文化形成规模了,良性循环了,我们每年都搞一些国际性的重大活动,届时,四方来客源源不断,能不能拉动我们的旅游业?能不能拉动我们的酒店餐饮?现在我们慈溪中心城区的宾馆酒店不算多,生意也不怎么样,就是因为我们缺少一些重大的活动。我们只能寄希望于过年、过节、放假才能有一些生意，这样是不够的。一个城市越发展，第三产业的占比就越高。如果相关门类都拉不起来，服务业的比重永远高不了。所以文化具有经济效应。这五大效应，只是我简单的、粗粗的想法，有没有理性，我们是可以研究的。

正是因为特色文化如此之重要，所以促进会要确立自信心，树立自豪感，我们应该为能够成为青瓷文化的推动者、促进者而感到荣幸，感到自豪，当然我们需要为它付出，要有一种情怀。我们不是仅仅为自己。我们的促进会成员，为什么加入这个组织？有些人出于爱好，有些人从事这种产业，有些人认为这就是一项事业。但是如果一个人说他只停留在为自己活着，为自身奔走，这在法律上、道德上都没有问题，就是证明他境界不高，他没有为生他养他的这个城市付出的想法。对于一个境界高的人，他的个人意识越弱，他的团队意识、全局意识、国家意识、民族意识就越强，这是有规律的。我们都投身于文化大市建设中，我相信我们每一位会员都有这种情怀，都有这样的素质。

要齐心协力为打造秘色瓷文化品牌作出贡献，贡献我们每一个人的力量。重心是齐心和协力，这是促进会的根本使命，也是全体会员的共同使命。而实现这个使命的前提是什么？就是要求全体会员同心同德，齐心合力，没有这一条，我们的使命是很难实现的。根据我的观察，自促进会成立以来，会员们对这个组织的向心力、凝聚力在逐步地增强，而且绝大部分会员基本能够做到相互尊重、相互帮助、相互关心、相互支持，我觉得这个基本点是需要充分肯定的。某一位会员获得了大师称号，或者某一位会员担任了某一个协会的重要职务，其他会员们都会自发地在微信群里表示祝贺。不要小看这个祝贺，这也是一种正能量，对当事者是一种鼓励，对旁观者也是一种鞭策，所以我们微信群要更多地去传播这种正能量。对此，再向大家提下列几点要求，中心思想是齐心协力，共创辉煌。俗话说得好，"人心齐，泰山移"。促进会承担着使命，尤其需要大家齐心，因为成立促进会不仅是挂个牌子的事情，而是要推进它完成使命，这有很大的难度。到现在为止，我分析发现四大制约。第一个是缺乏共识。搞过的同志都知道这个事情太重要了，但是好多人还不知道它究竟是怎么回事。你说我们要去推进，有的时候要付出很大的力气，磨破嘴皮，费了九牛二虎之力，才能说动人家，让我们配置一些资源。我们自己没有资源，也没有形成共识，而且社会各界对这个文化品牌知之甚少，这是一大问题。第二个是缺乏人才，这是最大的制约。人才是根本性的，由于缺乏人才，我们的产品、我们的作品、我们的影响力都上不去。到现在为止，主要还在依赖外地落户转移过来的一些专业技术人才，我们本土的新生代人员不愿意与泥土打交道，让他们从事这个专业和行业很难，要做很多的思想工作。当然我们是不分内外的。第三个是缺乏瓷土。当青瓷产业形成一定规模的时候，我们的瓷土资源就会相对短缺。我们请教过冯立亚老师，他说瓷土资源供应没有问题。当然，我们下一步还要专门组织人员去勘探。第四个是缺乏品牌，我们的秘色瓷在世界上缺乏一定的知名度、影响力，没有形成品牌，要让世界各地的陶瓷艺术爱好者都来关注我们很难，要走的路还很长。正是存在着这样的一些困难，尤其需要我们同心协力。假如我们把促进会比作是一个生命有机体,我们的每一位会员都是这个有机体当中的一个细胞,只有细胞是活的,我们这个组织才有活力。"生命在于运动,组织在于活动",我们需要有一定的活动来把我们组织的活力激发出来,所以每一位会员都要积极参与我们的活动。今天上午我们想先组织这样一个活动,邀请各位会员到促进会去看一看,认认门。考虑到促进会全部人员比较多,我们分成四个组,另外,以组为单位,明确每个组明年要做的工作,做简短的交流,我想时间不会太长,大概十多分钟。我们促进会为每一位会员实现各自的价值、各自的理想提供了一个平台。我们很希望大家珍惜,我们是促进会的第一届会员,我一开始就认定它是有生命力的。只要这个文化现象存在,促进会就一定会存在,而我们恰恰是促进会的首届成员。但是讲到心要齐,我讲一句话,可能它比较空。这个世界上每个人都有各自的三观,有各自的兴趣爱好,你要在许多问题上完全达成共识,既没有必要也没有可能。我们现在需要在哪一个问题上保持齐心呢?就是要齐心来打造文化品牌。大家要相互支持,要齐心,不能出于个人利益思考,各自做一些不利于团结的事情。在这当中,我体会到一个原理,什么原理呢?心齐的前提条件就是认识的改变、境界的提升,这是根本性的问题。人生是一个修炼的过程,而修炼是不断提升人生境界的过程。境界高了,胸襟开阔了,好多问题就都好说,都说得通,都能够达成共识。我们生活中有两样东西,一样是名和利,一样是情和义。这两样东西一般情况下是可以统一的,是不矛盾的。但是不同的人对这两样东西在心中的分量、位置是摆得不一样的。有的把情和义摆得重,有的把名和利摆得重,到有冲突的时候就追名逐利,争权夺利,争强好胜,争风吃醋,引发矛盾,把自己搞得很苦。为什么有的人活得那么累,活得那么苦,与我们的人生观是有很大联系的,与人的境界是有很大联系的。人的精神性越提升,境界越高,幸福指数就越高,你去争肯定是会带来苦的。好多人行走在人生的误区当中,他们把名利看得非常重,所以要比。第一个要跟人比,跟同事比,跟同学比,比了以后要去争,争了以后要斗,比、争、斗,人生苦恼由此而来。所以我建议我们尽可能地退出比、争、斗这样一个社会序列,走自己该走的路,去追逐理想,这样很容易保持兴趣,很好说话。什么都斤斤计较、锱铢必较的人是很难相处的。

第二章 凝聚共建秘色瓷都的各方力量

传承弘扬越窑秘色瓷文化是当代慈溪人义不容辞的历史责任。基于此，在慈溪市委、市政府及市级有关部门的重视和支持下，2020年9月22日，慈溪越窑秘色瓷文化促进会正式成立，其目的在于整合资源，凝聚力量，以求实现秘色重光，再创越窑青瓷文化的辉煌。通过三年努力，目前促进会已拥有个体会员132人，团体会员20家，专家和企业家顾问42人，一个齐心协力、共建秘色瓷都的局面正在逐步形成。

关于组建慈溪越窑秘色瓷文化促进会的申请报告

宁波市委组织部：

为传承弘扬区域特色文化，打造宁波及慈溪城市文化品牌，增强区域竞争软实力，根据国家有关部门申报地域特色文化商标的要求和有关专业人士的建议，经慈溪市委、市政府领导研究，我市拟组建慈溪越窑秘色瓷文化促进会。现将有关情况报告如下：

一、建立文化促进会的背景

（一）慈溪越窑青瓷文化具有非常重要的历史地位

慈溪越窑青瓷烧制起步于东汉时期，至南宋中期中断生产，持续烧制时间长达约 1 200 年，是我国烧制时间最长、影响范围最广的古窑系之一。中国陶瓷研究之父陈万里先生曾评价："一部中国的陶瓷史，半部在浙江。"而浙江的陶瓷史，前半部在慈溪。经多位古陶瓷专家认定，慈溪越窑青瓷文化在中国陶瓷发展史上具有重要地位：其一，慈溪是中国瓷器生产的重要发源地之一。中国最早的瓷器在慈溪、上虞

为打造慈溪城市文化品牌，经慈溪全市上下努力，拟组建慈溪越窑秘色瓷文化促进会，此文在申请报告初稿基础上略有调整。成文时间 2020 年 4 月 26 日。

等地的越窑龙窑中烧制成功,因此越窑青瓷被称为"母亲瓷"。其二,慈溪上林湖地区是唐五代时期我国青瓷的中心产区。上林湖越窑遗址是目前发现的青瓷烧造年代最久、规模最大、窑址分布最集中的遗址群,已发现古窑址200多个,被誉为世界上最大的露天古窑址之一。其三,慈溪上林湖是唐宋秘色瓷的唯一产地。传说中的秘色青瓷,20世纪80年代以来在陕西扶风等地被陆续发现,据专家考证,均产自慈溪上林湖古窑。其四,慈溪上林湖越窑拥有两个国家级年度十大考古新发现。由中国文物报社、中国考古学会主办,始于1990年的"全国十大考古新发现"年度评选,被誉为"中国考古界的奥斯卡奖"。慈溪"寺龙口越窑窑址"入选1998年度"十大考古新发现";"上林湖后司岙唐五代秘色瓷窑址"入选2016年度"十大考古新发现"。其五,慈溪上林湖越窑产区被国际陶艺界专业人士视为朝圣之地。上林湖越窑作为中国南方青瓷全盛时期的代表,在9—11世纪曾对埃及、波斯地区、朝鲜半岛和日本列岛的陶瓷制作产生过显著影响。鉴于此,自改革开放以来,朝鲜、日本等陶艺专家曾多次专程前来上林湖越窑遗址朝拜。

上述情况表明,慈溪越窑青瓷在中国陶瓷发展史上具有不可替代的重要地位,是慈溪、宁波乃至整个浙江最具地域特色和国际影响的历史文化品牌。

(二)慈溪传承弘扬越窑青瓷文化已有较好基础

进入新世纪以来,按照中央和省市建设先进文化的要求,我市对传承弘扬越窑青瓷文化已做了下列工作:其一,研究总结越窑青瓷文化。2000年前后,我市投资50万元,历时2年,组织专家编写出版了《越窑青瓷文化史》。其二,恢复越窑青瓷生产。2001年,从龙泉引进越窑青瓷生产企业,停烧千年的上林湖越窑青瓷得以恢复。经过20年发展,目前慈溪境内与越窑青瓷相关的企业已发展到20多家。其三,开展青瓷文化申遗和推介工作。2003年,上林湖越窑遗址开始启动世界文化遗产预备名单申报工作,并于2006年、2012年两次入选《中国世界文化遗产预备名单》。2016年,该遗址被列入"海上丝绸之路"申遗的遗产点名单,现已完成本体保护、环境整治、陈列展示工程等三方面工作。2017年,上林湖越窑遗址申遗的展示配套工程上林湖越窑博物馆对外开放;同年,上林湖越窑国家考古遗址公园授牌并对外开放。2019年,投资1.7亿元、占地70亩(1亩≈667平方米)的上林湖青瓷文化传承园正式对外开放。经省有关部门批准,从2011年开始,我市已连续举办多届越窑青瓷文化节。其四,多次组织越窑青瓷文化国际研讨会。其五,加强越窑青瓷文化的对外宣传。2009年,由政府拨款为主,组建了慈溪市青瓷瓯乐艺术团。青瓷瓯乐《越·瓷风》《月下笛》等10多部作品分别荣获省级及国家级金奖,还应邀参加CCTV民族器乐电视大赛、中国民族民间歌舞乐盛典、上海世界博览会、中国(深圳)国际文化产业博览交易会、APEC宁波会议、中国宁波—中东欧国家经贸文化交流周、亚洲艺术节、联合国世界地理信息大会,多次赴美国、法国、德国、新加坡、日本、捷克、泰国、柬埔寨、老挝等国家及中国香港、台湾地区开展文化交流。2018年,慈溪推出了"秘色瓷都、智造慈溪"城市形象口号和城市形象标志,提升了外界对慈溪特色文化形象的认知度。

(三)目前传承弘扬越窑青瓷文化还有严重不足

自新世纪以来,全国各大古窑址均已先后恢复生产,地域文化品牌效应在不断显现。尽管慈溪也已加入这一行列，但相比省内龙泉、广东德化、福建建阳等地，发展步伐明显偏缓，综合效应还非常有限：其一，产业规模明显偏小。广东德化、福建建阳、浙江龙泉等地近年来瓷器设计、生产、销售等企业成批涌现，均已超过千家，年销售分别达到几十甚至上百亿元之多，而慈溪目前仅有22家，年销售还不足1亿元。其二，专业人才严重缺乏。龙泉、德化等地有陶艺职称的专业人员分别达到64人和165人，而慈溪还不足10人。其三，企业合力尚未形成。目前慈溪因条件制约，青瓷企业尚未建立行业协会，缺乏为企业服务的公共平台。各类与青瓷相关的企业，目前尚处于相互游离、各自为战的状态，形不成合力，无法产生规模效应。其四，资源支撑不够有力。市内政府各有关部门和社会各界对传承弘扬越窑青瓷文化的共识尚有距离，如何整合各类资源，齐心协力支撑青瓷产业健康发展，是一个尚未解决的突出问题。其五，对外影响仍然有限。尽管慈溪越窑青瓷文化具有如此崇高的历史地位，但外界对宁波及慈溪拥有这一历史文化品牌的知晓度依然很低。一讲瓷器人们心目中只知有龙泉、德化和景德镇，很少有人把青瓷与慈溪挂上钩。由于知名度的缺乏，目前前往慈溪观光古窑址、体验瓷文化、选购新青瓷的人少之又少。这在客观上抑制了慈溪越窑青瓷文化综合效益的发挥。

二、建立文化促进会的宗旨

鉴于上述三方面情况，我市决定建立"慈溪越窑秘色瓷文化促进会"。建会的根本宗旨是"传承弘扬地域历史文化，打造城市特色文化品牌，为宁波和慈溪繁荣文化艺术、建设文化大市作出贡献"。具体而言,通过组建越窑秘色瓷文化促进会,要努力实现下列目标:其一,促进越窑青瓷产业规模发展壮大。传承与弘扬相结合,引导企业确立创新发展理念,走差异化发展路子,以"生活瓷艺术化,艺术瓷生活化"为产业发展方向,以市场需求为导向,推动传统越窑青瓷向新式越窑青瓷转变,推动创意、设计、研发等前端服务能力的提升,推动现代科技装备在青瓷生产领域的应用。通过众筹、直播、拍卖等方式,创新营销模式,提升青瓷产业附加值。通过努力,要实现新越窑、新青瓷、新秘色的新发展,争取青瓷企业达到100家。其二,促进越窑青瓷人才队伍茁壮成长。与相关高校和职业技校合作,引进高端研究、创新创意设计团队和人才,共建基地,提高本地青瓷企业的整体研创能力,培养青瓷烧造各环节专业技工,组织新生代青瓷从业人员进行培训,提高本地青瓷从业人员整体素质和技能水平。其三,促进广大市民共同参与建设青瓷文化。在宁波范围内,全力营造越窑秘色瓷文化宣传氛围;积极做好历史文献、县志记载、民间传说、民风习俗等青瓷文化元素的挖掘整理,编好、讲好"青瓷故事";在全市中小学开设青瓷文化兴趣课程,确立一批青瓷文化体验基地,普及青瓷文化,树立文化自信;促成现有青瓷相关公建馆、园、址、所等场所的免费开放。其四,促进提升越窑青瓷文化的国际影响力。通过定期举办越窑青瓷文化国际研讨会、赴国外举办新青瓷产品展销会、建立与国外相关文化企业合作交流机制、加强线上对外推介和宣传等举措,打响"秘色瓷都、智造慈溪"的城市品牌,提升慈溪越窑青瓷文化的国际影响力。其五,促进青瓷企业的和谐发展。青瓷文化促进会作为公共服务平台,将立足于青瓷文化健康发展这一大局,本着公平、公正的原则,加强与各类青瓷企业的联系和沟通,统筹资源,强化服务,协调关系,增进团结,引导企业围绕共同的发展目标,齐心协力抓发展,团结一致促繁荣,再创越窑青瓷文化新辉煌。

三、建立文化促进会的构想

慈溪越窑秘色瓷文化促进会是由政府支持的民间社会团体,其主要职能是配合政府有关部门,促进青瓷文化的传承与弘扬。根据国家有关部门对社会团体组建的相关要求,我们对组建文化促进会的初步构想是:其一,组织架构。建立文化促进会理事会,拟设名誉会长1人、顾问若干名、会长1名、副会长5名(其中专职2名、兼职3名)、秘书长1名(由执行副会长兼任)、副秘书长3名、理事15名,会员50名左右。理事会下设办公室、研究部、服务部和宣传部。其二,人员配置。理事会专职工作人员主要由热心越窑青瓷文化事业的退休或退居的领导干部组成,根据需要向社会招聘若干名专职工作人员,合计专职工作人员控制在10名以内。其三,主要职能。促进会主要承担服务、研究和宣传三大职能,通过整合政府部门及社会各类资源,为青瓷文化发展提供有力支撑。其四,运行经费。办公经费由财政划拨为主,每年拟安排80万元(其中人员经费40万元左右,办公经费10万元左右,研究经费20万元左右,活动经费10万元左右)。办公场所由政府部门无偿提供。其五,业务管理。越窑秘色瓷文化促进会接受慈溪市委宣传部领导和管理。

中共慈溪市委宣传部
2020年4月26日

慈溪越窑秘色瓷文化促进会筹备工作报告

沈建国

慈溪是中国瓷器制造的重要发源地之一,上林湖越窑青瓷是中国最早的瓷器,被称为"母亲瓷",上林湖地区是唐五代时期中国瓷器的中心产区,是唐宋秘色瓷的唯一产地。上林湖越窑遗址于1988年1月被国务院列入第三批全国重点文物保护单位,拥有两个国家级年度十大考古新发现,两次入选《中国世界文化遗产预备名单》。上林湖越窑青瓷通过海上丝绸之路被源源不断地运往世界各地,促进中国与世界的商贸和文化交流,上林湖被国际陶艺界专业人士视为瓷器制造圣地。越窑青瓷(特别是秘色瓷)是慈溪最具特色和国际影响的地域文化品牌,"秘色瓷都、智造慈溪"早已深入人心。为深入贯彻习近平新时代中国特色社会主义思想,坚持四个自信,尤其是文化自信,传承弘扬地域历史文化,打造慈溪特色文化品牌,繁荣文化艺术,建设文化强市,增强城市文化内涵,将慈溪越窑秘色瓷打造成为"产业金名片、文化新地标",慈溪市委、市政府决定筹建慈溪越窑秘色瓷文化促进

此文根据慈溪越窑秘色瓷文化促进会第一次会员大会的报告整理而成。

会。经过筹备工作小组认真学习、深入调研、反复讨论,提出的筹备方案已由慈溪市委宣传部报市委书记办公会议决策通过,市委杨勇书记在会议上强调"越窑秘色瓷文化促进会要重在创城市文化品牌"。与此同时,根据成立社会团体要求,向市民政局申请报批,并落实临时办公场地,筹备举行成立仪式和召开全体会员大会。目前筹备工作已经基本就绪,现在我受筹备工作领导小组的委托,向大会报告慈溪越窑秘色瓷文化促进会的筹备工作情况。

一、筹备过程和所做工作

1. **强化组织保障**。从今年3月初开始,在慈溪市委、市政府领导重视下,由市委宣传部牵头成立筹备工作领导小组,由华红部长担任组长,徐尔元同志任副组长,沈建国、黄学舜、房伟迪、赵科、方若波、方丽川、陈剑波等同志为筹备工作领导小组成员。领导小组下设筹备工作小组:由徐尔元、沈建国、黄学舜、方若波、方丽川、陈剑波、许维森、马建君、沈杭军、颜启晖、孙国君、李小平等同志组成。筹备工作在市委、市政府领导的直接关心和市委宣传部的主持下,得到市委组织部、市民政局、市财政局、市文广旅体局、市融媒体中心、市文联、市环杭州湾创新中心、市工商联等部门的全力支持,市级各有关部门积极配合。筹备工作领导小组和筹备工作小组先后多次召开会议,讨论审议筹备工作具体事项,并明确分工、落实责任。

2. **组织学习考察**。筹备工作小组成员分别学习考察了宁波中华文化促进会,走访了慈溪茶业文化促进会和上林湖青瓷文化传承园,考察了解组织架构、运行体制、保障体系、工作举措、协会章程等相关内容。同时,还走访调研了宁波大学科学技术学院、慈溪市青瓷生产相关企业及市内有较高著名度的大企业,广泛听取意见,采纳相关建议。在学习考察、走访调研的基础上,筹备工作小组经过精心分析研究,编制了筹备工作方案,并上报慈溪市委书记办公会议讨论通过。同时,筹备工作小组与市财政局、市环杭州湾创新中心等有关部门对接,逐一落实开办经费、办公场地、办公设备等事项。

3. **酝酿人员名单**。筹备工作小组在慈溪市委组织部、市委宣传部、市文广旅体局等市级部门及有关镇的支持配合下,推荐、讨论、酝酿名誉会长、顾问、会长、副会长、秘书长、副秘书长、理事、监事等机构组成人员建议名单,报请筹备工作领导小组审核,有关人员还报慈溪市委书记办公会议及市委组织部审定。同时通过多种方式,与有关部门、相关企业和专家进行联系对接,酝酿个人和团体会员建议名单,提交筹备工作领导小组会议讨论通过。

4. **筹备注册登记**。由筹备工作小组向慈溪越窑秘色瓷文化促进会业务主管部门慈溪市委宣传部提出了组建申请报告,根据慈溪市委宣传部《关于同意成立慈溪越窑秘色瓷文化促进会的批复》,在市民政部门指导帮助下,着手准备注册登记相关工作,提出社会团体组建注册登记申请,目前相关手续已基本到位,待成立大会以后在民政部门批复基础上完成注册登记。

5. **起草相关文稿**。筹备工作小组落实专人负责起草慈溪越窑秘色瓷文化促进会章程(草案)、筹备工作报告、机构组成人员建议名单、首届全体会员大会方案、选举办法、财务管理制度、经费预算方案等相关文稿,落实慈溪越窑秘色瓷文化促进会的机构牌子、会徽、印章、会员证、邀请函、专家顾问聘书、各类登记表的制作工作。会徽设计方案由市文联负责向社会征集,经筹备工作领导小组会议讨论后确定。

6. **筹备成立大会**。根据慈溪市委书记办公会议要求,慈溪越窑秘色瓷文化促进会成立仪式应按照从简原则,为此筹备工作领导小组决定将首届全体会员大会与成立仪式一并安排,落实人员分工,明确相应责任,起草会议材料,拟定会议方案,发布会议通知,邀请与会人员,落实会务工作,尽力做好成立仪式及首届全体会员大会的准备工作。

二、关于会员的组成和审定

按照《社会团体管理条例》规定,根据慈溪越窑秘色瓷文化促进会的功能和目标,从实际出发,借鉴其他地区、其他行业协会的经验,越窑秘色瓷文化促进会吸纳了个人和团体两大类会员。包括慈溪范围内的越窑青瓷生产企业、越窑青瓷民间博物馆、旅游公司、广告公司相关人员以及越窑青瓷收藏爱好者、越窑青瓷研究人员、越窑青瓷宣传推介人员及有关部门领导为个人会员,与越窑青瓷密切相关的单位、研究所为团体会员。邀请在国际国内文化界具有崇高声望的慈溪籍著名学者余秋雨先生担任名誉会长。邀请了一批在国际国内陶瓷领域较为著名的专家学者作为专家顾问,邀请一批热爱文化、热心社会公益事业的著名企业家担任顾问,还邀请了与越窑青瓷相关的乡镇和市级部门为顾问单位。经过审核，越窑秘色瓷文化促进会首批个人会员确定为68名，团体会员18个，专家顾问10人，企业家顾问24人，顾问单位15家。在个人会员中，除了重视和热爱青瓷文化，对越窑青瓷文化的传承和弘扬具有强烈情怀以外，根据职业分类，越窑青瓷生产企业代表19名，越窑青瓷收藏爱好者代表11名，越窑青瓷研究工作者10名，机关事业单位人员12名，其他人员16名。会员具有行业广泛性、结构多样性、技艺专业性等特点，许多会员兴趣爱好广泛，多才多艺，或学识渊博、理论功底深厚，或技艺精湛、为人德高望重。我们将尽力为大家做好服务工作，团结全体会员，加强沟通联系，协调各方关系，统筹相关资源，营造良好环境，反映合理诉求，维护合法权益，促进和谐发展，团结一心，凝心聚力，共创慈溪越窑、秘色瓷文化新辉煌。

三、关于章程草案的起草说明

作为民间社会团体，章程具有最高的约束性和规范性，它是我们每位会员参与活动、保障权利和履行义务的最高行动准绳。所以筹备工作小组对章程的起草十分重视。虽然有民政部门《社会团体章程起草示范文本》可以参考，但由于慈溪越窑秘色瓷文化促进会有其独特性，包括名称、建会宗旨、工作目标和任务、会费来源及会员所需履行的主要义务等，在章程起草过程中，筹备工作小组都做了多次研究和探讨。经过反复讨论，最终名称确定为"慈溪越窑秘色瓷文化促进会"。会费来源和会费收取，争取市财政保障基本运作经费，接受社会企业捐赠，在够用的前提下暂不向会员收取会费。对于经费的规范化使用,我们按要求成立了监事会,拟定了财务管理制度,严格执行财务管理规定,确保经费使用合法合规。对工作场地,进行了多次实地考察,目前落实在市环杭州湾创新中心(即文化商务区)上林英才大厦五楼。对于工作机构的设立更是详细进行了研究,为确保工作正常运行,规范有序,设立了办公室、研究部、产业部、宣传部等四个部(室),下一步还要招聘3名大学毕业生作为专职工作人员。

各位会员、各位来宾,自从慈溪越窑秘色瓷文化促进会筹备工作开始至今,虽然受到疫情较大影响,但我们的工作总体比较顺利:一是市委、市政府领导的重视,二是市级各部门和有关镇的大力支持帮助,三是筹备工作领导小组和筹备工作小组成员的积极努力。我们相信今天的全体会员大会和成立大会以后,我们的工作一定会做得更好,更富有实效。最后预祝大会圆满成功!

当选会长在第一次会员大会上的表态发言

徐尔元

首先,我要代表理事会感谢组织和会员们的信任!今天是个好日子,既是秋分,又是中国农民丰收节,所以我们选择这一天作为促进会成立的日子。本着对市委、市政府和全体会员真诚负责的态度,我们理事会全体成员一定会努力做好本职工作。借此机会,我想谈几点不成熟的想法,与大家共勉。

第一要牢记组织使命。文化促进会作为一个社团组织,承担着特殊使命。这个使命是市委、市政府赋予我们的,即促进会的主要职责是塑造城市文化形象,打造城市文化品牌。慈溪是一个有文化底蕴的城市,是一个对人类文明作出过重要贡献的城市。慈溪具有多种地域特色文化,如慈孝文化、移民文化、围垦文化等,在诸多地域文化中,最具有特色的就是越窑青瓷文化。这是一个世界级的历史文化遗产,是人类文化中的瑰宝。慈溪既是青瓷发源地之一,又是唐宋时期我国青瓷的中心产区,而且还是秘色瓷的唯一产地。在我

2020年9月22日,慈溪市举行慈溪越窑秘色瓷文化促进会成立仪式,徐尔元当选促进会会长。此文根据他在会上的表态发言整理而成。

们生存、生长、生活的慈溪大地上,有这么一个古老而又灿烂的历史文化,怎样把它发掘好、开拓好、发扬好,这就是我们要承担的使命。我在想,怎样把这一使命形象化?我的考虑是把秘色瓷文化努力打造成为慈溪"城市金名片、文化新地标"。我们不能指望将秘色瓷产业做得很大。从慈溪的现有综合条件看,既没有必要,也没有可能。但是在文化层面上,却是大有文章可做。我们有信心,努力使秘色瓷成为慈溪最具有影响力的文化品牌。我们去邀请余秋雨先生时,向他请教将打造"瓷艺圣地、秘色重光"作为我们促进会的使命是否可行?他认为可以,但同时他要求始终要突出秘色瓷。我们提炼出这一形象口号,也希望各位会员要广泛传播。而且,要把打造慈溪城市文化品牌的使命承担起来,这对整个慈溪意义非常重大,可以提升慈溪在国际上的知名度,可以提升慈溪城市文化品位,可以增强慈溪城市的特质和辨识度。现在旅游产业越来越旺,哪个城市有文化,哪个城市有特色,游客就往哪个方向跑。现在机会很好,我们一定要倾力把这块"金字招牌"打造好,这不仅仅是秘色瓷本身的事情,而且关系一个城市的形象和品位,关系一个城市的软实力提升。

第二要不断推陈出新。秘色瓷是一块历史上的文化瑰宝。慈溪人民应以此为自豪。有鉴于此,每一个有志于越窑青瓷事业的人士,都要有强烈的越窑青瓷情怀。上林湖是瓷艺圣地,"圣"的含义就是最早或最好,只有将事情做到极致才能称之为"圣"。韩国和日本的陶艺专家,每次到慈溪来,都要去上林湖朝拜,他们不是走到上林湖才开始朝拜的,而是在几公里外就开始拜了,走一步拜三拜,因为在他们眼中上林湖就是瓷艺圣地。上林湖越窑作为世界级的文化瑰宝，它的历史延续了约1 200多年，又中断了近1 000年。正因为它有如此辉煌的历史，所以在2001年，我们邀请了龙泉的陶艺专家，帮助我们恢复了越窑青瓷生产，此后又陆续有不少有志者加入复烧队伍中来。到现在为止，越窑青瓷相关企业已经发展到二十几家，但恢复生产尚处于起步阶段，同景德镇、龙泉等地相比，我市青瓷文化产业发展尚有很大差距。由于人们的审美观在不断地改变，秘色瓷烧制不能满足于恢复，而是要立足于创新，越窑秘色瓷如果不创新，即使把秘色瓷烧制水平恢复到历史顶点，也很难产生大的影响力，所以在前不久举行的秘色国际研讨会上，专家们提出越窑青瓷烧制要努力提升文化性和现代性，关键在于创新。唯有创新，才有出路。昨天我到宁波大学科学技术学院文化创意学院拜见梅院长，当晚又接待了中国当代陶艺界的无冕之王——高峰老师，都跟他们探讨了同一个问题：我们能不能搞出新的秘色瓷。他们两个都很有信心，说只要坚持样搞下去，新越瓷、新秘色一定能够搞成的。在新的历史条件下创造的一个新的辉煌，全靠大家共同努力。

　　第三要强化平台作用。促进会与一般的行业协会有显著区别，它是一个多功能的平台，集统筹、交流、合作、研究、宣传、服务等职能于一体，主要职能是帮助政府部门推动秘色瓷文化健康发展。它是一个多种功能的平台，对每一个会员而言，最重要的是价值平台。促进会的成立为每一位热爱越窑秘色瓷文化人士提供了一个实现自身价值的重要平台。每个会员都是有关部门推荐出来的，我们了解了一下你们的基本情况，为你们的奉献精神感到自豪和感动，因为在过去二十年中，你们付出了很多。有些会员自从爱上这一门文化以来，几十年中没有中断过对秘色瓷文化的研究、收藏、交流和学习。从今以后，广大会员要对自身的价值实现空间做进一步拓展，努力为我们这个城市作出各自的贡献。同时，促进会还要特别重视强化服务职能，真心实意为全体会员提供优质服务，切切实实为他们排忧解难，从而为秘色瓷文化事业健康发展创造良好的发展环境。

第四要营造团结氛围。我们之间本来互不相干，不存在所谓团结的问题，但当进入组织成为同事后，团结问题就会暴露出来，如果处理不当，团队成员之间不和谐、不协调就会影响甚至损害组织的战斗力和生命力，我们这个团队就不会有太大希望。所以每位同仁都要秉着对团队负责、对他人负责、对城市文化建设负责的精神，争做维护和促进团结的表率。我们鼓励每个人都要有个性，有个人的追求，但个人追求要以不损害团队利益和他人利益为前提，当个人追求与整体利益有冲突的时候，应当要服从组织的整体利益。这是东方文化与西方文化的一个显著区别。西方文化以个人主义为先，东方文化以集体主义为重。我们就是要倡导和发扬集体优先，集体为重。每个会员都要有强烈的团队意识，弱化私欲，强化公心，会员之间要相互尊重，相互学习，相互关心，相互支持，为传承弘扬青瓷文化，打造城市文化品牌，作出各自贡献。在促进会筹建过程中，我有一个感觉，我们这个社团是有生命力的，只要慈溪青瓷文化现象存在，促进会就有存在的必要和可能。希望大家一起努力，真正把促进会建设成为对慈溪有贡献、对社会有效益、对文化有促进的社团组织。

谢谢大家。

附件一
慈溪越窑秘色瓷文化促进会举行成立仪式
重现上林秘色之光,复兴秘色文化辉煌

昨天上午,慈溪越窑秘色瓷文化促进会举行成立仪式。宁波杭州湾新区管委会主任、党工委书记,慈溪市委书记杨勇为慈溪越窑秘色瓷文化促进会授牌授印,向著名文化学者、作家余秋雨先生颁发促进会名誉会长聘书,并共同为促进会会徽揭彩。慈溪市委常委、常务副市长胡海达主持,市委常委、统战部部长张红军致辞。宁波市政协原副主席、宁波中华文化促进会会长傅丹,市领导楼雪聪、王益女出席。

近年来,慈溪市委、市政府高度重视青瓷文化传承发展,从2001年恢复中断千年的越窑青瓷生产,2003年启动上林湖越窑遗址申遗,到2017年建成上林湖越窑博物馆、越窑遗址公园成为国家考古遗址公园,2019年11月上林湖青瓷文化传承园正式开园,慈溪正不断挖掘越窑青瓷这座文化宝库,努力将秘色瓷打造成为我市文化产业金名片、新地标。

当天上午还举行了慈溪越窑秘色瓷文化促进会第一次会员大会。慈溪越窑秘色瓷文化促进会由我市秘色瓷产业人士、秘色瓷收藏者、研究者、爱好者和相关社会团体组成,是传承和弘扬地域特色文化的社会民间团体。促进会将立

此文是慈溪越窑秘色瓷文化促进会成立的新闻报道,刊载于2020年9月23日的《慈溪日报》。撰稿人《慈溪日报》记者熊洲。

足自身优势,致力于我市越窑秘色瓷发掘研究、宣传推介、创意创新、产品展示和文化交流,并提供服务支撑、搭建沟通平台,进一步提升慈溪越窑秘色瓷文化的知名度和影响力。

附件二
在慈溪越窑秘色瓷文化促进会成立仪式上的演讲

余秋雨

祝贺我们秘色瓷文化促进会的成立,并感谢大家的信任,让我担任名誉会长!

我能做的不多,但是今天,首先我可以现场做一件事,就是现场发表一个简单的讲话。因为我们已经开始工作了,今天促进会成立,空话我就不讲了,我讲非常实在的话,请各位会员理事听一下,也请台上的各位领导,我们有书记,有市长,有部长,也有我们的会长、主席,请他们来指教。

前几天徐尔元会长到上海来看我,他跟我说起一件事,说我们先前起名叫研究会,后来确定为促进会,可见这里面有个命名上的差异。我们不光要进行秘色瓷的研究,还要在现在瓷器的发展过程中推动促进这件事情往前走。我觉得徐尔元会长这个想法是非常对的。正因为这样,我愿意赶过来,不然我想题个词就够了。我之所以赶过来了,就是想给大家说一些实话。我很高兴,慈溪在做越窑秘色瓷文化促进会相关工作。在中国文化大发展的背景下,各地的地域文化都朝气蓬勃,都在百花齐放,都在发展,大家要明白这一点。对遥远的中国文化来说,我们南方也有,但是重点在北方。

此文根据余秋雨在慈溪越窑秘色瓷文化促进会成立仪式上的演讲整理而成,内容有删减。

第二章 凝聚共建秘色瓷都的各方力量

夏商周在河南；汉唐首都在长安，在陕西；地上70％以上的文物都在山西；孔子、孟子活动所在地为山东。大家想想看，他们的文化更多。谁的地位更高，谁更能吸引人的眼光，谁更有世界威望，这个说不清。如果我们在这方面跟人家争，有谁会关注我们慈溪？我认为慈溪会被淹没在拥挤的人群中，人家看不到，这样是争不过人家的。那慈溪有什么呢？所以刚才张红军部长在说"希望秘色瓷文化要融入今天慈溪的经济社会发展"，我是非常赞同的。这个思路就对了，我到过很多地方，看到这些地方都把自己的地域文化陷入古代文化的一个点上，陷进去以后就极度夸张：夸张它的重要性，夸张中外如何评价，夸张这件事情做了以后我们这个地方会多么地辉煌。我们今天在座的这么多企业家都知道，这样的话我们是不能听的，不能信的。

我们一定要记住：发展，发展，发展！在今天的社会，文化一定要为广大的今天的青年所喜欢,一定要和今天的文化旅游事业紧紧地联系在一起,与今天的产业联系在一起才有价值,这就是慈溪对于我们地方历史文化的新的解读,新的转型,新的贡献。我们研究秘色瓷,要做的就是这一点。我们要跟人家不一样,我们创造了很多年,要自我更新,不能自吹自擂,不能盲目夸张。直接点说,对秘色瓷的研究我觉得已经可以告一段落了,我们研究秘色瓷,包括我本人研究了那么多年,都是在不断地重复,除非有重大的考古发现,不然就难以突破了。就那么点资料,我不知道能研究什么啊。我跟我们的企业家介绍一下,我们已经研究出的几个结论:什么叫瓷器啊。瓷器是跟中国同名的一种传统器具,在瓷器中,以我们(慈溪)为中心的青瓷是瓷器的共同母亲,在青瓷当中,秘色瓷有很高的地位。秘色瓷起于唐代,盛于五代,衰落于宋代,大家明白就可以了。既然我们把过去的秘色瓷原样重新研究出来,再推广到全国这个事情已经没有什么意义了,因为在宋代,从北宋后期到南宋,已经有很多人做过(这件事),都失败了。要知道,历史是滚滚向前的,有些审美上的变化是不可复原的,我们可以远远看看,但是往前走了就是往前走了。所以我在喜马拉雅讲中国文化课的时候(今天我都送大家这本书),每天都在重复一句话:文化是滚滚向前、奔流不息的长河,是奔流不息的长河,而不是河边的枯藤老树昏鸦。当然枯藤老树昏鸦也是文化,但它是另外一种文化。瓷器应该是奔流不息的长河中的一个主角,我们不能老是守着枯藤老树昏鸦,一定要走到另外一个地方去。在秘色瓷的问题上,大家觉得它的魅力在何处呢?魅力在于"秘色"

这两个字，这对年轻人的影响太大了。秘色到底是什么颜色，各种人有各种各样的说法，我给它一个总结：在中国各种文化中，秘色瓷是唯一强调自然生态之色，自然生态之色：他们说它像天，他们说它像水，他们说它像冰，他们说它像玉……水、天、冰、玉，都是自然界中最安定的颜色。我们抓住它秘色的概念。"秘色"就是指自然界的生态颜色，比花花绿绿、金银铜铁这样的颜色好得多，最神秘的就是自然的颜色。（我们要）紧紧抓住秘色这两个字，而且要抓住秘色里的生态基因。抓住生态基因以后，我们就知道，至少在唐代开始的秘色瓷，有胎质细密和造型比较简约这两个特点，我们可以照顾这两个特点，但不能完全固守，要在秘色上做文章，做秘色瓷。所以，我建议，在我们这么多企业家加入后，我们可以在"秘色"这两个字上做文章，将它推广深化开来。深化到什么程度？我们可以在很多品牌上经过秘色瓷促进会同意打上秘色的标志，设计一个具代表性的非常漂亮的秘色标志，让国内外用户都知道，让懂秘色的人知道这是跟秘色瓷有关的，让不了解秘色的人看到这是一个很漂亮很美的标志。各种产品都跟秘色产生关联，这是秘色的电器，这是秘色的毛巾等。通过各种秘色的产品，让人知道"秘色"两个字，让秘色这两个字通过网络，通过众多传媒在中国广泛地传播开来。哪怕人家不知道秘色，哪怕人家没有这样的文化素养，也不要去嘲笑他们。让人们记住秘色，记住这种与自然天地、与水天有关的颜色，记住曾经在中国历史上被看作最高成就的秘色。在我们这个恢复自然生态的最好时机，我们要在秘色上做好文章，我们企业家要一起努力做这件事。

但是研究还是再继续，由几位很有思想情怀的老专家固守在研究的领域，这是可以的，这是两回事。我到希腊去，看到有一个非常小的考古现场，几位老者在那里挖了好几年了，周围有旅游的人在那里看，有各种各样的旅游者，这是不矛盾的。但是千万不要认为一个考古现场，挖了几样东西，就可以成为旅游热点，这是不可能的，我们脑子一定要非常清醒。我为什么要讲这个话呢？我也是搞文化的，我也喜欢考古，我也喜欢旅游，要把它们分开看。我上次不小心看到一个片子叫《秘色瓷》，做得那么沉闷，那么学术，让人看不下去。我这么喜欢秘色瓷的人也看不下去，这个片头的三个字秘色瓷还是我写的，我都看不下去。这里面就是我们学术的矛盾，我们中国的学术研究有的时候就是这么矛盾。有的时候去看博物馆，看到博物馆的招牌、说明书就看不下去，讲一些一般人完全看不懂的话，只有考古学家才能看得懂。我们秘色瓷要走出这个困境，让几位学者专门去保护、去研究，让其他人去做文化，去轰轰烈烈普及广泛。我们不要夸大，老讲日本多么重视越窑，多么重视秘色瓷，韩国多么重视越窑，多么重视秘色瓷。如果我们用大数据去查，我相信，日本、韩国的专门研究者加起来不到十个人，好多我还认识。有好多人最多是在广泛研究中碰到（秘色瓷）而已，碰了一下，而真正研究秘色瓷的人很少很少。我总讲，研究王阳明的人，如果根据大数据来计算，是很少很少的，很多人在做学问的时候偶尔提到他，但是专门研究他的人真的不多。不到十个人的所谓的外国专业人士，让我们花费那么多的精力去等着他们来，这是不可以的。他们和我们旅游无关，和我们的文化无关,和中国文化的普及无关,和我们传统文化的弘扬无关,他们只是做一些学术上的研究。这样我的讲话又回到刚才张红军部长讲的内容上来,要融入慈溪经济文化发展上来,让我们的秘色瓷文化紧紧地和慈溪的经济社会发展,和走在我们全国第一线的经济社会文化发展融合在一起,成为美丽的传统符号,或者美丽的古典符号,但是性质必须是奔流不息的长河中的一员,而不是枯藤老树昏鸦的一部分。

这就是我这个名誉会长要做的一个讲话。谢谢大家!

附件三
在慈溪越窑秘色瓷文化促进会成立仪式上的讲话

张红军

各位领导、各位嘉宾、同志们：

大家上午好！

今天正值秋分。在这秋高气爽的美好时刻，我想到了唐代诗人陆龟蒙的两句名诗——九秋风露越窑开，夺得千峰翠色来。秋天是制作越窑秘色瓷的最佳时节，慈溪越窑秘色瓷文化促进会选择今天这个日子成立，正可谓顺应了天时、地利与人和。在此，我谨代表慈溪市委、市人大、市政府、市政协，对促进会的成立表示热烈祝贺！对选举产生的理事会班子成员及全体会员表示衷心祝福！对多年来一直关心慈溪越窑秘色瓷文化建设的社会各界人士表示诚挚感谢！

下面，我代表慈溪市委、市政府，向促进会全体同志和应邀参加会议的有关方面，提几点希望和要求。

一、促进会要融入慈溪经济文化建设大格局

慈溪越窑青瓷在中国陶瓷发展史上具有不可替代的重要地位，是慈溪最具地域特色和国际影响的历史文化品牌，

2020年9月22日，慈溪越窑秘色瓷文化促进会举行成立仪式，此文根据时任慈溪市委常委、统战部部长张红军在成立仪式上的致辞录音整理而成。

也是宁波乃至浙江最重要的历史文化品牌之一。希望促进会能够充分发挥自身优势，以传承和弘扬地域特色文化为己任，重现上林秘瓷之光，复兴秘色文化辉煌，努力将慈溪打造成为当代秘色瓷都。

二、促进会要成为推介慈溪特色文化大窗口

要积极开展对外交流，努力复兴海上陶瓷之路，通过各种渠道和媒介，把越窑秘色瓷文化这张金名片打出去，不断扩大对外影响，让世界认识慈溪，让慈溪走向世界。

三、促进会要积极构建凝聚各方资源大平台

促进会的组织架构已经成形，汇聚了政府、企业、社会、团体和专家等与秘色瓷相关的各类优质资源。理事会及办事机构要充分发挥好统筹、纽带、服务等职能作用，充分调动各方积极性，努力为秘色瓷文化发展营造良好氛围，努力形成各类资源良性互动局面。市级各有关部门和镇党委政府要为促进会开展工作提供大力支持，为广大会员和各类青瓷企业提供优质服务，为慈溪秘色瓷文化发扬光大尽到各自职责。

2001年越窑青瓷在上林湖畔复烧，薪火再传至今已近20个年头。今天，慈溪越窑秘色瓷文化促进会的成立，是慈溪越窑秘色瓷文化发展史上又一个重要里程碑。我们相信，有习近平新时代中国特色社会主义文艺思想指引，有上级领导的关怀和支持，有各位专家学者的关心和帮助，有全体会员的参与和努力，慈溪越窑秘色瓷文化将在新的历史条件下

重放光彩、再创辉煌!

最后,感谢各位领导、各位嘉宾的光临,祝各位身体健康,事业顺利,阖家幸福!

谢谢!

第三章 精心谋划弘扬越窑秘色瓷文化的发展思路

要实现"秘色重光",路子怎么走,方向在哪里,目标是什么,这是越窑秘色瓷文化促进会成立伊始碰到的首要问题。为破解这一难题,我们向市内同类社团组织取经,赴上虞、龙泉等地考察,在此基础上,对首届促进会五年工作重点及每个年度的工作进行了认真谋划,以确保促进会一直走在健康发展之路上。

龙泉、上虞的经验和慈溪的对策建议
——两地青瓷文化发展情况考察报告

徐尔元　李小平　叶青

10月底,慈溪越窑秘色瓷文化促进会组织人员前往上虞、龙泉两地考察青瓷文化产业发展情况。现将考察情况整理综合如下。

一、两地发展态势和有益经验

1957年,在周总理直接关心下,龙泉恢复了停烧百年的青瓷生产,至今已有60多年。改革开放后尤其是近20年来,龙泉青瓷文化产业呈现迅猛发展态势,主要表现为生产企业成批涌现。20年前,龙泉仅有作坊式青瓷生产企业100余家,而今已超过1 600家,其中规上企业7家;2019年行业产值超过20亿元,从业人员近万人。人才群体已经形成。20世纪末,龙泉有大师职称的青瓷制作人才还屈指可数,而目

2020年10月底,慈溪越窑秘色瓷文化促进会组织人员前往上虞、龙泉两地考察青瓷文化产业发展情况,回来后笔者整理形成了考察报告。此文是在考察报告基础上修改而成,内容有调整。成文时间2020年11月。

前已有中国工艺美术大师4人、中国陶瓷艺术大师8人,省级工艺美术大师38人,丽水市级工艺美术大师超过100人。文化形象日益显著。龙泉把青瓷文化作为地域文化第一品牌,将青瓷文化形象塑造渗透到全市各个领域,所及之处均能让人感受到浓厚的青瓷文化气息。国际影响不断扩大。来自世界各地的青瓷爱好者络绎不绝,每年前往龙泉参观、考察和体验的游客多达数百万人。

上虞恢复青瓷生产始于2015年,至今只有5年时间,但已有后起直追之势,青瓷古遗址公园已建成,瓷源文化小镇建设已起步,青瓷产业园已粗具规模,城市青瓷文化形象塑造工程已经启动,总体发展态势非常迅猛。

两地青瓷特色文化之所以呈现迅猛发展态势,我们分析主要有下列宝贵经验。

一是战略化——将促进青瓷文化发展提至战略高度

龙泉青瓷文化产业在当地经济中的比重并不高,2019年青瓷产业增加值仅占地区生产总值的5.2%,税收只占当地财政收入的1.5%,但龙泉市委、市政府十分注重这一举世闻名的地域文化品牌的综合带动效应,将扶持青瓷文化产业、打造城市文化品牌摆到了重要战略位置,确立了"青瓷宝剑、天下龙泉"的战略目标。改革开放以来,该市历任党政主要领导对培植这一文化品牌一以贯之,一任接着一任,从未有过丝毫动摇。尽管龙泉年财政收入只有16亿元,不足我市财政收入的1/16,但仍每年安排2 000万元资金,用于召开世界青瓷大会,举办青瓷宝剑节等各类青瓷文化交流活动,推动这一文化品牌走向世界。在市级财政资金非常有限的情况下,该市还安排启动资金3 000万元、注册资金1亿元的青瓷文化发展基金。龙泉市还积极公关,争取省里对龙泉青瓷宝剑文化产业的支持,2015年浙江省省政府办公厅专门出台了《关于推进龙泉青瓷龙泉宝剑产业传承的指导意见》,并将龙泉青瓷产业列入"十三五"规划内的重点项目。在本轮机构改革中,尽管部门设置数量减少,人员编制控紧,但该市却增设了编制多达40多人的青瓷宝剑产业局。正是因为从战略高度上予以重视,龙泉青瓷文化品牌对整个城市发展所产生的特质、品牌、文化和经济等方面的综合带动效应正在日益显现。

二是体系化——形成整体推进青瓷文化发展的态势

龙泉把青瓷文化发展作为系统工程打造,从而形成整体推进态势:一是规划指导体系。每隔5年,龙泉都要编制青瓷文化产业发展概念规划,明确阶段性发展目标和工作举措,并将相关任务分解落实到各地各相关部门。二是政策扶助体系。龙泉市政府先后制定出台了系列政策,对青瓷文化产业发展在资源配置上给予重点倾斜。2019年,市财政局等相关部门联合出台了《关于推进剑瓷产业发展的若干意见》,进一步鼓励企业做大做强。三是人才培养体系。注重高级人才培养,在市区繁华地段专门规划了大师园区,每个省级以上大师行政划拨5—7亩(1亩≈667平方米)土地,用于艺术馆和工作室的建立,首期7位国家级大师已经入驻,第二期可以容纳35位大师的园区也已开建。凡获得国家级和省级大师称号的高级人才由政府给予一次性奖励,并在求医、子女入学等方面享受特殊待遇。注重后备人才培养,鼓励企业采用"名师带徒"的传承方式,选拔有培养前途的人才去专业院校进修,举办龙泉青瓷宝剑技师学院和丽水学院中国青瓷学院龙泉班,每年开展青瓷技术比武等,从而培育了一大批瓷艺人才。四是产品销售体系。去年,龙泉市政府开始设立青瓷产品网络销售公共平台,当年就帮助企业销售青瓷产品多达2亿元。同时,建立了一支社会销售员队伍,还鼓励企业到全国各地设立销售窗口,每设一个补助3万元。五是形象展示体系。近年来,龙泉以青瓷为主要文化元素,打造了中国青瓷小镇、龙泉青瓷博物馆、龙泉青瓷宝剑苑、大窑龙泉窑国家考古遗址公园等形象板块,并对龙泉辖区内的主要街道街区、高速路旁、江边公园、健身步道等地整体规划,布局形式多样的青瓷文化展示设施,使青瓷元素遍及龙泉大街小巷,营造了浓郁的青瓷文化氛围,使城市特色文化形象深入人心。

三是一体化——将青瓷文化融入经济社会发展大格局

龙泉将青瓷文化作为撬动龙泉整个经济社会发展的支点,从而形成以青瓷文化为主轴、以城市特色文化品牌为载体、以特色小镇旅游为纽带的联动发展格局。注重特色项目与产业平台融合发展。精心打造了青瓷产业园、青瓷特色小镇、青瓷特色街区等产业平台,为青瓷文化产业发展提供有力支持。注重艺术瓷与生活瓷融合发展。既重视发展高端艺术瓷,又注重日常生活瓷器的规模化生产,7家规上企业多是以日用品为主的生活瓷,从而推动了艺术瓷的生活化,壮大了产业规模和从业队伍,拉动了龙泉的经济发展。注重文化与旅游融合发展。借助大窑龙泉窑国家考古遗址公园、龙泉青瓷博物馆、青瓷特色街区、龙泉青瓷宝剑苑等重点特色文化设施,吸引国内外游客前往观摩和体验,对旅游发展产生了重要的推动作用。注重对内宣传与对外交流融合发展。每年举办龙泉青瓷大城市巡回展,还联合故宫博物院举办了"故宫龙泉青瓷回家展",成立"故宫博物院龙泉窑研究中心",扩大了龙泉青瓷在国内的影响力。通过积极公关,将龙泉青瓷精品推荐给国家有关部门作为外交礼品,扩大了龙泉青瓷在国际上的影响力。

二、慈溪青瓷文化传承发展的现状及原因

(一)慈溪秘色瓷文化发展现状

近20年以来,慈溪市委、市政府对青瓷文化的传承与弘扬给予高度重视,围绕上林湖越窑申遗做了很多工作,累计投入财政资金已达8亿多元。2003年,上林湖越窑遗址启动

世界文化遗产预备名单申报工作,于2006年、2012年两次入选《中国世界文化遗产预备名单》。2016年,该遗址列入"海上丝绸之路"申遗的遗产点名单,现已完成本体保护、环境整治、陈列展示等三个方面重点工作。1992—1995年,对荷花芯遗址进行考古挖掘并对外开放。2017年,新建的上林湖越窑博物馆和上林湖越窑国家考古遗址公园正式对外开放。2018年,慈溪推出了"秘色瓷都、智造慈溪"城市形象口号和城市形象标志。2019年,上林湖青瓷文化传承园和慈溪博物馆新馆建成并投放使用。

为弘扬青瓷文化,2001年我市恢复了停烧近千年的青瓷生产,已取得初步成效,目前已有青瓷相关企业20来家,从业人员近百人,专业瓷艺人才13人,其中国陶瓷设计艺术大师2人,省级工艺美术大师2人,宁波市级工艺美术大师9人。尽管如此,相比龙泉等地,我市青瓷文化产业发展态势很不尽人意,差距甚大。

(二)发展差距大的原因分析

慈溪之所以在青瓷文化产业发展和文化品牌塑造上存在明显差距,我们分析有下列主要原因:其一,在全局工作中没有把促进秘色瓷文化发展摆上战略高度。上林湖越窑青瓷文化作为世界级的历史文化瑰宝和慈溪最具国际影响的文化品牌,其"含金量"没有得到充分认识。因此,在工作布局中,传承弘扬秘色瓷文化,打造城市文化品牌,没有得到足够重视。时至今日,我市还没有专门规划,没有形成政策体系,没有安排专项资金,没有专业主管部门,工作推进态势显得非常疲软,青瓷文化产业总体上仍处于自生自灭状态。其二，推动青瓷文化发展的工作着力点失偏。过去十几年累计投入财政资金8亿多元，主要是围绕申遗工作，开展设施投入，为的是获取历史文化遗产名头，功利性太强，而对人才培养、产业扶持、文化推介、城市形象塑造等基础工作几乎没有投入，导致人才队伍无法形成规模，文化产业无法形成气候，文化形象无法得到彰显。其三，工作推进没有一以贯之。市级领导和有关部门领导同志对青瓷文化的重视程度不尽一致，工作推进时冷时热，缺乏连贯性和持续性。尽管每两年都举办一届青瓷文化节，但重形式、轻内容，产生的综合带动效应非常有限。其四，没有形成比较完备的工作推进体系。青瓷文化资源散布于全市各地各部门，没有专门部门进行统筹，产业规划、政策扶持、人才培育、产业培植、形象塑造等方面的举措都处于缺位状态。

三、下一步打造秘色瓷文化品牌的对策建议

借鉴外地宝贵经验，结合慈溪发展现状，就打造慈溪秘色瓷文化品牌，促进会特提出以下建议。

（一）要把打造秘色瓷文化品牌摆上战略高度

传承弘扬地域文化，打造城市文化品牌，是落实党和国家文化强国战略的重要举措，将慈溪越窑秘色瓷文化打造成为我市地域特色文化品牌是一项塑造城市灵魂的系统工程，可以提升城市的影响力、软实力和核心竞争力，对城市发展具有特质效应、品牌效应、人文效应、经济效应和社会效应。全市各地各级部门，要充分认识打造地域特色文化品牌对整个城市发展的综合带动效应。市级各部门和各镇、街道都要

明确分管领导,宣传、文旅、财政、规划、建设等部门要加大工作力度,为秘色瓷文化发展提供各类资源保障。慈溪越窑秘色瓷文化促进会各顾问单位要关心支持促进会开展相关工作。慈溪越窑秘色瓷文化促进会要充分发挥社团组织职能,带领全体会员积极开展研究、创新、宣传、推介、服务等工作。通过各方共同努力,争取到2025年实现下列发展目标:一是青瓷文化产业粗具规模。青瓷生产企业力争达到50家以上,产业从业人员超过1 000人,青瓷产品年产值争取突破1亿元。二是瓷艺人才队伍发展壮大。人才培养机制初步形成,瓷艺专业人才总量力争突破100人,宁波市级以上工艺美术大师有明显增加。三是秘瓷工艺创新有所突破。青瓷工艺创新机制逐步形成,秘色瓷工艺制作标准基本确立,初步实现传统越窑向新式越窑的跨越。四是特色文化形象显著呈现。秘色瓷文化元素逐步注入城市重要部位、重要节点、重要街道和各行各业,地域特色文化气息明显增强。五是文化品牌效应开始显现。慈溪作为"秘色之都""瓷艺圣地"的城市形象,让世人广泛知晓,城市特色文化品牌开始走向世界。六是融合发展格局初步形成。以城市特色文化品牌为载体和纽带的联动发展格局开始形成,逐步实现秘色瓷文化与经济社会的联动发展。

(二)要实施塑造秘色瓷文化品牌六大工程(略)

(三)要为打造秘色瓷文化品牌保驾护航

为把慈溪打造成为名副其实的"秘色之城",全市上下要统一思想,协同作战,努力提供四大保障:一要强化组织保障。为统筹整合各类青瓷文化资源,协调推进"六大工程"建设,建议成立由市委、市政府主管领导牵头的慈溪秘色瓷文化建设领导小组,领导小组下设办公室,由秘色瓷文化促进会代行办公室职责。对领导小组确定各个时期工作任务,由办公室负责编制年度工作任务分解表,并抓好具体落实。促进会要强化队伍建设,优化队伍结构,扩大队伍阵容,在推进秘色瓷文化发展中发挥好生力军作用。二要强化资源保障。要确保秘色瓷文化发展的各类资源供给。凡秘色瓷文化产业发展所需的资金、土地、矿产、能源等资源,市级相关部门及有关镇要给予大力支持。按照政府主导、社会参与,滚动发展、逐年增加的思路,积极创造条件,建立总额不少于3 000万元的慈溪青瓷文化产业发展专项基金。三要强化政策保障。本着"放血育牌"的理念,尽快制定出台促进秘色瓷文化产业加快发展的政策规定,政策力度要大于其他同类地区,以增强对优质青瓷生产要素的吸引力。四要强化舆论保障。各新闻单位要加大舆论引导,统一思想,凝聚共识,使广大市民确立打造品牌、人人有责的理念,进而形成全社会关心、支持、参与塑造城市特色文化品牌的良好格局。

慈溪越窑秘色瓷文化促进会五年工作规划

（2021—2025）

为传承弘扬地域历史文化，塑造城市特色文化品牌，努力建设文化强市，将慈溪越窑秘色瓷文化打造成为"城市金名片、文化新地标"，根据市委、市政府的要求和促进会章程规定的工作职能，特制订今后五年工作规划如下。

一、指导思想

坚持以习近平新时代中国特色社会主义思想为指导，全面贯彻党的十九届五中全会精神，积极响应党和国家确立的文化强国战略，紧紧围绕市委确立的"秘色瓷都、智造慈溪"的城市定位，以塑造城市特色文化品牌为中心任务，充分履行职能，积极探索创新，为把慈溪建设成为文化强市作出积极贡献。

二、发展目标

通过五年努力，要争取实现下列目标：一是青瓷文化产业粗具规模。越窑青瓷生产企业力争达到50家以上，产业

此文根据慈溪越窑秘色瓷文化促进会五年工作规划整理而成，由徐尔元、李小平负责起草，成文时间2020年12月。

从业人员超过 1 000 人,青瓷产品年产值争取突破 1 亿元。二是瓷艺人才队伍发展壮大。人才培养机制初步形成,瓷艺专业人才总量力争突破 100 人,宁波市级以上工艺美术大师人数有明显增加。三是秘瓷工艺创新有所突破。创新机制逐步形成,秘色瓷工艺制作标准基本确立,初步实现传统越窑向新越窑的跨越。四是特色文化形象显著呈现。秘色瓷文化元素逐步注入城市重要部位、重要节点、重要街道和各行各业,城市地域特色文化气息明显增强。五是文化品牌效应开始显现。慈溪作为"秘色之都""瓷艺圣地"的城市形象,被世人广泛知晓,城市特色文化品牌开始走向世界。六是融合发展格局初步形成。以城市特色文化品牌为载体和纽带的联动发展格局开始形成,逐步实现秘色瓷文化与经济社会的联动发展。

三、工作举措

今后五年中,促进会要在市委、市政府的统一领导下,与各有关方面通力协作,全面启动实施以下"六大工程"。

(一)实施秘色瓷文化产业振兴工程

坚持品牌立青瓷、科技强青瓷、旅游促青瓷发展理念,进一步壮大产业规模,优化产业结构。积极鼓励现有青瓷企业不断扩大生产规模。鼓励从业者积极拓宽经营业态,逐渐形成从创意、设计、瓷土、拉坯、烧制、销售全方位覆盖的产业链。创新营销模式,加大电子商务应用力度,积极探索移动电子商务众筹营销、网上定制等新型营销模式。鼓励企业依托大型电子商务平台,创建集展示、发布、交易等功能于一体的"在线青瓷产业带"。支持传统市场、商业街改造升级,打造一批线上线下融合和集产品设计、展示、体验、购物等功能于一体的经典"廊、馆、店、场"。广泛招商引资,吸引外地青瓷企业落户慈溪。选择合适地块,争取创建一个面积不小于100亩的越窑秘色瓷产业孵化基地,逐步实现集群化发展。积极帮助观海卫、桥头、匡堰、横河等镇创建省或国家级越窑秘色瓷文化特色小镇,并在特色小镇内布局一批青瓷文化企业。鼓励本市有条件的实体企业投资青瓷文化产业,努力扩张产业规模。

(二)实施秘色瓷文化人才引育工程

启动"招引大师"行动计划,积极配合市级有关部门,制定出台明显优于其他同类地区的引才政策,吸引外地顶级瓷艺专家来慈溪设立大师工作室或名家艺术馆。启动"名师带徒"行动计划,邀请国内外著名瓷艺大师在慈溪设馆收徒,培养一批本地瓷艺精英。有选择地确定若干个中等职校开设瓷艺专业,培养本地瓷艺技工;争取与景德镇陶瓷大学、丽水中国青瓷学院、宁波大学科学技术学院文化创意学院等瓷艺专业院校合作,采取举办短训班、业余函授、"3+2"或"3+4"中职+高职教学模式,培养一批专业陶艺人才;选择有条件的中小学校,建立一批青瓷特色学校,为未来培养高素质青瓷人才奠定基础。定期开展业务培训、技术比武、专家研讨会和优秀作品展评等活动。会同有关部门做好本市市级瓷艺美术师评选活动,不断提升瓷艺工作者的业务水平。对为青瓷文化发展作出重要贡献的杰出人士,建议市委、市政府予以表彰和奖励。

(三)实施秘色瓷制作工艺创新工程

顺应时代发展潮流,迎合消费者审美需求,在继承传统的基础上,推动秘色瓷创新发展。加强产、学、研协同创新,支持青瓷产业创新团队和创意设计团队建设,每年实施若干个重点科技攻关项目。制定新秘色瓷制作工艺标准。要以"文化+"催生秘色瓷新技术、新工艺、新产品、新业态,打造多元化的新秘色瓷产品。注重"思维+创新"的发展模式,避免同质化竞争,走个性化精品化道路。巧妙运用"品牌效应+文化发展"思维模式,提高产品文化附加值,提升产品竞争力。要积极研究和开发个性化的大众产品,让新秘色瓷产品走入寻常百姓家。

(四)实施城市文化形象塑造工程

加强与城市建设主管部门的联系与沟通,促进在城市建设中凸显"秘色之城"的文化特质,以提升城市辨识度,增强文化氛围。配合有关部门组织高层次专家,对城市特色文化形象塑造进行整体性顶层设计,并争取在中心城区打造若干个秘色瓷文化主题公园,在重要街道、河道、广场和建筑等方位,采用广告、雕塑、灯艺、草艺、图片等形式大力塑造秘色瓷文化形象。争取在上林湖周边地区,规划建设一个面积不少于3平方千米的集保护、传承、展示、体验等功能于一体的青瓷文化旅游区,并将其打造成为国家特色产业示范区,使之成为国际瓷艺人士朝圣之地和世人向往的旅游胜地。鼓励相关镇打造各具特色的越窑秘色瓷文化特色小镇,从不同层面展示慈溪越窑历史文化底蕴。鼓励建立一批高水平、规范化、开放式的民间博物馆或艺术馆,使之成为展示秘色瓷文化的"重要窗口"。积极公关,联合上虞、龙泉等地,继续开展申报世界文化遗产的工作,力争有所突破。

(五)实施秘色瓷文化元素融合工程

推动秘色瓷文化与慈溪经济社会文化整体发展深度融合。首先要融入工业领域,逐步推动地方主要工业产品统一采用"秘色慈溪"的地域特色商标,以提升慈溪地域和地域产品的知名度。其次要融入旅游领域,利用秘色瓷文化旅游景点,带动休闲、娱乐、观光、体验、民宿、餐饮等都市休闲旅游业发展。围绕秘色瓷特色小镇布局秘色主题酒店、酒吧、餐厅、购物一条街、民宿型农家乐等个性化、立体式商业圈。其三要融入文化领域,鼓励开发秘色瓷艺术衍生品和艺术授权产品,培育艺术品市场新增长点。鼓励市民积极收藏秘色瓷精品,促进我市收藏文化的健康发展。其四要融入建设领域,城市建设要充分融入青瓷文化元素,以彰显地域文化特色和城市特质,地标性建筑尤其要注重呈现青瓷文化元素。其五要融入社会领域,有组织、有计划、有重点地推动本市秘色瓷产品进企业、进机关、进学校、进社区、进家庭,让秘色瓷文化元素融入城乡各个角落。

(六)实施秘色瓷特质文化传播工程

对内要着眼于凝聚人心,确立文化自信,增强广大市民对地域特色文化品牌的自豪感、归属感和参与感;对外要着眼于提升城市知名度,以秘色瓷文化传播为纽带,加强国内外的交流合作,让"秘色瓷都、智造慈溪"的城市形象走出慈溪,走向国际,走向世界。利用微信公众号、网络直播间、短视频等方式,做好秘色瓷文化的宣传推介工作。组织力量分头到各行各业广泛宣讲,提升广大市民对秘色瓷文化的知晓度。征集越窑秘色瓷文化的中英文宣传标语及形象设计并将其 IP(Intellectual Property,知识产权)化。拍摄一部旨在向世界传播越窑秘色瓷文化的中英文纪录片。鼓励青瓷瓯乐艺术团创作一批经典秘色瓷乐曲,进行国内外巡演。定期组织召开秘色瓷文化国际研讨会。争取设立"秘色瓷日",并举行纪念仪式,以扩大秘色瓷的国际影响力。

四、队伍建设

为更好地完成今后五年的工作任务,促进会要切实加强队伍建设:一要加强思想建设。通过对会员开展形式多样的思想教育,引导会员树立实干、团结和奉献精神,培养会员对慈溪越窑秘色瓷文化的情怀,增强为打造特色文化品牌奉献力量的自觉心。二要加强组织建设。不断强化队伍建设,优化队伍结构,扩大队伍阵容。每年定期评选优秀会员并予以表彰和奖励。届末,促进会会员总数力争扩大到 150 人以上。三要加强作风建设。一方面,要密切联系会员,切实做好对广大会员和会员企业的服务工作,帮助他们排忧解难;另一方面,要教育引导会员自觉遵纪守法,坚守道德和法律底线,努力营造团结合作、和谐共处、相互帮助、共同进步的良好氛围。四要加强业务建设。要定期开展越窑秘色瓷文化的理论讲座和技能培训,不断提升瓷艺工作者的业务水准。五要加强制度建设。要建立健全各项规章制度,实现用制度管人,按制度办事。以制度建设为抓手,不断提升促进会的工作能力和办事效率,争取早日跨入五星级社团组织行列。

促进会第二次会员大会工作报告

沈建国

各位会员：

现在我代表慈溪越窑秘色瓷文化促进会理事会，向会员大会做工作报告。

一、促进会成立以来主要工作回顾

自2020年9月22日促进会成立以来，已整整四个月时间了。在市委、市政府领导重视下，在市级相关部门和有关镇的大力支持下，依靠各位会员的共同努力，促进会逐步完善了架构，健全制度和机制，有序推进各项工作的开展。

一是建章立制，规范运作。促进会成立伊始，为提升工作效率，从抓制度入手，逐步健全工作架构，建立和完善工作机制，使促进会工作有章可循，有规可依。先后出台了《关于公布慈溪越窑秘色瓷文化促进会机构负责人分工的通知》《关于公布越窑秘色瓷文化促进会机构组成人员的通知》《关于印发越窑秘色瓷文化促进会各部门职责的通知》，还研究

2021年1月23日，促进会举行第二次会员大会。此文根据大会工作报告整理而成，内容稍有调整。

制定了促进会机关工作人员值班制度、请销假制度、财务管理制度等,并将各部门工作职责上墙公布。同时,建立会员微信群,开设微信公众号,加入党政信息网,使促进会工作规范有序运行。为营造越窑秘色瓷文化氛围,对促进会办公场所进行了简单的环境布置。

　　二是学习考察,理清思路。10月中下旬,促进会分四次召开会员座谈会,听取会员们对搞好促进会工作的宝贵意见,会后对大家提出的意见进行了整理分析,为形成促进会整体工作思路提供了重要依据。11月初,促进会又组织人员赴上虞、龙泉等地学习考察,对两地青瓷文化发展现状、政府产业扶持政策、城市文化形象塑造、青瓷文化对外交流等方面的情况进行了详细的了解。在座谈和考察的基础上,我们召开务虚会进行专题分析,对有关经验逐条进行梳理和研究,形成了《龙泉上虞的经验和慈溪的对策》——两地青瓷文化发展情况考察报告和五年工作规划(草案),向市委有关领导及业务主管部门领导做了专题汇报,为促进会整体工作推进打下了重要基础。

　　三是加强宣传,营造氛围。促进会成立后把扩大越窑秘色瓷文化影响力,提高越窑秘色瓷知名度作为工作重点,先后走访有关部门,收集相关资料,联系专业人士,通过反复讨论修改,编印了《瓷艺圣地·秘色重光》宣传手册,编写了第一期会刊《秘色重光》,并组织人员开始撰写《秘色慈溪》宣讲材料。与慈溪籍著名作家张坚军合作,开始启动《秘色重光——慈溪越窑青瓷复烧20年历程》(暂名)编撰工作。与上林湖青瓷文化传承园联合举办"高峰说陶"培训讲座,组织线上线下收听共 2 000 余人次。邀请国内越窑青瓷文化领域有影响力的专家,举办越窑秘色瓷文化研讨会,并在《慈溪日报》上开设专版进行报道。还准备组织促进会特聘顾问,联名在《慈溪日报》上向全市广大市民发出《弘扬地域文化、共建秘色瓷都倡议书》,发动全市广大市民积极参与越窑秘色瓷文化建设。

四是走访交流,强化服务。为推动慈溪越窑秘色瓷城市文化形象概念规划的编制,多次前往市自然资源和规划局、市文广旅体局、市住建局、市综合行政执法局,以及宁波大学科学技术学院进行工作对接,听取意见,形成共识,并就城市秘色瓷文化形象塑造提出了初步实施方案。为创建越窑秘色瓷文化产业孵化基地,多次奔走匡堰镇、逍林镇、市自然资源和规划局,争取各方重视和支持。还分组走访会员,了解情况,听取意见,对走访交流中发现的问题,收集整理后及时向有关部门进行反映,为会员排忧解难,提供力所能及的服务。如与市经信局联系,帮助会员解决专业技术职称申报渠道问题;与桥头镇联系,帮助会员解决环境督查问题;与逍林镇联系,帮助会员落实艺术馆修建用地问题;与匡堰镇联系,引进著名陶艺家高峰团队的 2 位陶艺人才落户匡堰,并请有关企业家进行一对一资助;与周巷镇联系,尽力帮助会员解决历史遗留问题。同时,与有关高校和我市职业高中进行对接,探索合作办学意向。

虽然促进会成立以来做了一些工作,但是仍然存在许多不足:一是促进会成立不久,许多工作处于探索之中,缺少经验,一些工作开展还不够顺畅;二是作为新成立的社会团体,与市级相关职能部门的关系尚未理顺,为会员提供服务的能力较为有限;三是促进会与会员、特聘顾问、顾问单位的联系还不够紧密,凝聚力、向心力还不够强;四是一些工作虽然提出了思路,但还缺少抓手,缺少相应的人、财、物资源保障;五是促进会办公场所外来车辆停放比较困难,影响了会员来此交流沟通。

二、2021年主要工作安排

今年是建党100周年,是"十四五"开局之年,也是慈溪越窑青瓷恢复烧造20周年,在这一特殊年份中,我们促进会要以习近平新时代中国特色社会主义思想为指导,认真贯彻落实党的十九届五中全会精神,积极响应党中央提出的文化强国战略,紧紧围绕我市"十四五"规划建议和本促进会五年工作规划提出的"六大工程",脚踏实地,真抓实干,开拓创新,努力将越窑秘色瓷文化打造成为慈溪"城市金名片、文化新地标",以优异的成绩庆祝建党100周年。

在新的一年中,重点要抓好下列五方面工作。

(一)积极推动产业发展

产业发展是促进越窑秘色瓷文化发展的前提和基础,当前我市越窑青瓷产业基础还相当薄弱,与龙泉等地相比存在巨大差距,因此要把推动越窑青瓷产业发展,作为现阶段工作的重中之重。根据促进会五年工作规划和越窑青瓷产业发展实际,在深入调研基础上,积极向市委、市政府建议,争取尽快制定出台《扶持发展越窑秘色瓷文化产业的若干政策意见》,为越窑秘色瓷产业健康发展营造良好的外部环境,加大招商引才力度,吸引外地优秀青瓷企业、优秀陶艺人才落户慈溪,努力振兴越窑秘色瓷文化产业。当好市委、市政府领导的参谋,选择合适地块或闲置老工业园区,争取规划立项,创建一个面积不小于100亩的越窑青瓷文化产业孵化基地。会同有关部门,着手对本地瓷土资源进行一次勘探调查,努力化解瓷土资源短缺对产业发展的制约。切实强化优质服务,努力为企业排忧解难,鼓励企业扩大生产规模,提升产品档次。鼓励越窑青瓷企业从业者积极拓宽经营业态,逐渐形成从创意、设计、瓷土、拉坯、烧制、销售全方位覆盖的产业链。创新营销模式,加大电子商务应用力度,积极探索移动电子商务众筹营销、网上定制等新型营销模式。依托大型电子商务平台,力争创建集展示、发布、交易等功能于一体的"在线青瓷产业带"。推进越窑秘色瓷文化产业与经济社会发展相融合,逐步推动部分家电类产品采用"秘色慈溪"地域特色商标,推出一批秘色主题酒店、酒吧、餐厅、民宿型农家乐,鼓励开发秘色瓷艺术衍生品。

(二)努力壮大人才队伍

加强与市级有关部门沟通,争取创立市级陶艺(越窑秘色瓷)大师园区,吸引外地顶级陶艺专家来慈溪设立大师工作室、名家艺术馆。开展"名师带徒"行动,聘请一批慈溪著名陶艺大师设馆收徒,培养慈溪本地陶艺人才,并举行师徒结对仪式。会同有关部门定期举办越窑青瓷企业技师技能操作比武大赛,开展新越窑秘色瓷优秀作品展示及评选活动。协同教育部门,支持我市职业高中开设陶艺专业,培养陶艺技工;争取宁波大学科学技术学院与我市一所职业高中联合办学,采用"3+4"中职加高职教学模式,培养专业陶艺人才;推广匡堰实验学校经验,制定标准,选择十所有条件的中小学校挂牌,作为慈溪越窑秘色瓷文化特色学校,培训专业教师,组织学生参加比赛活动。会同市经信局开展陶艺类工艺美术师(暂名)评选活动,积极帮助我市陶艺人才参加国家级、省级、宁波市级工艺美术大师评选,参加陶艺类中高级职称评定,提升我市陶艺专业人才的业务水平。以服务为宗旨,强化会员之家理念,组织开展专业培训、专业研修,不断提高会员和陶艺人才业务能力。定期走访会员单位,为会员排忧解难,协调有关方面尽力搞好服务,加强会员交流联系,组织评选年度优秀会员。

(三)大力营造宣传氛围

会同市文广旅体局等相关部门,启动越窑秘色瓷文化标语口号征集评选工作。完成《秘色重光——慈溪越窑青瓷复烧20年历程》(暂名)一书的编写和发行,拍摄《秘色之城》中英文电影纪录片。推动越窑秘色瓷文化广泛宣传普及,开展越窑秘色瓷文化进机关、进企业、进学校、进社区、进家庭活动。在景区、宾馆、酒店、旅行社等多个场所,广泛发放《瓷艺圣地·秘色重光》宣传手册,组织宣讲团对全市各行各业巡回宣讲越窑秘色瓷文化。会同市文联及所属各协会联合举办越窑秘色瓷文化主题摄影、绘画、书法、诗歌、散文等文艺创作比赛活动,并组织部分获奖作品展出。协助市文广旅体局举办第六届青瓷文化节,举行纪念慈溪越窑青瓷恢复烧造20周年活动。与上林湖青瓷文化传承园合作,办好第二届"越窑杯"国际院校陶瓷创意设计大赛及作品展(暂名)。支持市青瓷瓯乐艺术团与保利院线合作演出,赴全国大城市巡回表演瓯乐艺术,传播越窑秘色瓷文化。协助市融媒体中心利用报纸、电视、手机客户端、网络等多种媒体手段,做好越窑秘色瓷文化宣传工作。推动越窑秘色瓷文化动漫形象设计,做好"青瓷宝宝"形象宣传。努力办好促进会会刊《秘色重光》,运作好微信公众号平台。

(四) 精心塑造文化形象

要凸显秘色之城文化特质,将越窑秘色瓷文化打造成为"城市金名片、文化新地标",努力提升城市辨识度。配合市文广旅体局、市自然资源和规划局、市住建局、市综合行政执法局,编制慈溪越窑秘色瓷特色文化形象塑造概念规划,组织高层次专家,对城市特色文化形象塑造进行整体性顶层设计。有计划、分步骤实施规划,积极争取各方重视和支持,在中心城区打造秘色瓷文化主题公园,在重要街道、重要河道、重要广场、重要节点及重要建筑设置大型户外广告、城市雕塑、灯艺花艺、大型电子屏幕,塑造慈溪越窑秘色瓷特色城市文化形象。力争在上林湖周边地区规划建设一个集保护、传承、展示、体验、朝圣等功能为一体的青瓷文化旅游区,使之成为国际陶艺人士朝圣之地和旅游景区。支持观海卫、桥头、匡堰等镇积极创建越窑秘色瓷文化特色小镇或特色街区,从不同层面展示慈溪越窑历史文化底蕴以及新越窑秘色瓷文化形象。鼓励越窑秘色瓷收藏爱好者和陶艺大师建立具有较高层次的民间博物馆和艺术馆,使之成为慈溪越窑秘色瓷文化的重要展示窗口。

（五）不断推进研究创新

开展越窑秘色瓷传统工艺研究,对新越窑秘色瓷原料标准、装烧涂釉封口匣钵工艺标准进行研究,力争制定新越窑秘色瓷制作工艺标准,组织举行新越窑秘色瓷产品技术标准研讨会。组织实施新越窑秘色瓷工艺创新,帮助越窑青瓷生产企业进行新越窑、新工艺、新产品开发申报工作,积极研究开发个性化、大众化的新越窑秘色瓷产品,在继承传统的基础上,推动越窑秘色瓷创新发展,使新越窑秘色瓷产品进入千家万户。与宁波大学科学技术学院文化创意学院合作,组织开展越窑秘色瓷文化学术研究交流活动,召开一次越窑秘色瓷文化研讨会,鼓励会员向市社科联申报越窑秘色瓷文化研究课题,积极组织会员撰写研究文章在促进会会刊发表,并择优推荐到上级有关专业刊物发表。

各位会员,新时代呼唤我们树立文化强国的自信,我们要传承弘扬祖先留给我们的世界级宝贵文化遗产,并且不断探索创新,把越窑秘色瓷文化打造成为慈溪"城市金名片、文化新地标",为"秘色瓷都、智造慈溪"建设,为文化强市建设作出各自贡献。

在农历牛年即将到来之际,预祝各位会员新春快乐、身体健康、阖家幸福、事事如意!

谢谢大家!

促进会第三次会员大会工作报告

黄学舜

促进会成立于2020年9月22日,至今已有一年零八个月了。2021年是促进会的开局之年,在慈溪市委、市政府及市委宣传部的正确领导下,坚持以习近平新时代中国特色社会主义思想为指导,紧紧围绕我市"十四五"规划建议和促进会五年工作规划提出的"六大工程",脚踏实地,真抓实干,开拓创新,较好地完成了预定工作任务,取得了积极的成效。通过努力,基本摸清了底子,各项工作走上正轨;理清了思路,重点工作有序推进;打好了基础,开局之年有了良好开端。齐心协力打造越窑秘色瓷文化品牌的共识逐步形成,会员之间团结协作的意识逐步增强。

一、促进会2021年工作总结

(一)营造良好发展环境

组织起草了《关于打造越窑秘色瓷文化品牌的实施意见》。产业发展是促进越窑秘色瓷文化发展的前提和基础,

2022年5月28日,促进会举行第三次会员大会。此文根据大会工作报告整理而成,内容稍有调整。

在深入调研基础上，积极向市委、市政府建言献策，为越窑秘色瓷文化产业健康发展营造良好环境。在市委、市政府领导高度重视下，促进会根据五年工作规划和慈溪市越窑青瓷产业发展实际，代拟了文件稿草案，会同市级有关部门广泛征求意见，几经修改完善后上报慈溪市委宣传部和市委书记办公会议审议通过。去年7月，由慈溪市委办、市政府办联合印发了《关于打造越窑秘色瓷文化品牌的实施意见》，提出了争取实现"五大发展目标"、实施"六大工程"、强化"四项保障"的工作思路。慈溪市委宣传部江再国部长牵头召开了《关于打造越窑秘色瓷文化品牌的实施意见》落实协调会议，将"六大工程"分解成19项举措，把任务下达到市级有关部门及相关镇（街道），抓好具体落实，领导重视、部门参与的合力正在逐步形成。

计划出台越窑青瓷文化产业发展扶持政策。慈溪市委宣传部对此高度重视，目前文件稿还在征求有关领导意见，待进一步完善后，将印发《关于扶持发展越窑青瓷文化产业的若干政策》，努力推动慈溪越窑青瓷文化产业加快发展。

推动越窑秘色瓷烧制工艺的复兴与光大。促进会聘请有关专家为项目顾问，与相关企业联合开展越窑秘色瓷烧制工艺研究，力争通过三年时间，基本还原唐代越窑秘色瓷烧制工艺，研究适合新时代市场需求的新越窑秘色瓷烧制工艺标准，并将研究成果在一定范围内有步骤地进行推广，促进越窑青瓷文化产业的发展。目前，正在有序开展对瓷土原料的调查、采集，按传统工艺烧制成标本，进行测试分析，并已取得一定成效。许多青瓷企业积极动脑筋、想办法，发挥自身优势,通过社会名人和专家,开发推销越窑青瓷产品,取得良好业绩。据不完全统计,2021年我市青瓷企业销售总额超过2 200万元。

(二) 努力壮大人才队伍

高度重视青瓷人才队伍建设。促进会成立以来花大力气引进瓷艺类高层次专业人才落户慈溪,与匡堰镇政府深化合作,成功引进著名陶瓷艺术家高峰老师的2名弟子,在有关企业的帮助和支持下,落户倡隆村,定名东岙窑,并已开窑生产。通过引进人才、培养人才、鼓励人才创业,去年以来,我市新发展青瓷生产企业6家。

帮助做好专业职称评定工作。促进会主要领导亲自到宁波市经信局和慈溪市经信局争取分管领导和职能处室的重视和支持,较好地完成了我市青瓷人才2021年度宁波市工艺美术中、初级专业技术资格申报评审工作。目前已有5名会员通过了中级职称审核、1名会员通过初级职称审核。去年11月23日,浙江省文化和旅游厅公布第六批浙江省非物质文化遗产代表性传承人名单,促进会2名会员入选,分别是越窑青瓷瓯乐项目代表性传承人丁钊年和越窑青瓷烧制技艺项目代表性传承人孙威。去年12月14日,中国文学艺术界联合会第十一次全国代表大会在北京召开,施珍副会长光荣地参加了全国文代会。一年多以来,我市青瓷专业队伍的业务水平有了显著提高,得到了上级有关部门的重视和肯定。

推进青瓷文化进校园。促进会与市教育局联合发文《关于在全市小学开展越窑青瓷文化教育促进活动的通知》,

5月,在匡堰实验学校召开青瓷文化特色教育推广现场会,目前已有6所学校申报创建青瓷文化特色学校、10所小学申报创建青瓷文化促进学校。委托宁波大学科学技术学院对全市小学美术教师进行越窑青瓷文化知识和技能操作专业培训。会同市教育局组织有关教师和专家,专门编写以小学生为阅读主体的越窑青瓷文化教育读本《走进越窑青瓷世界》,准备由出版社出版发行。为培养陶艺技工人才,慈溪职业高级中学招聘一名中国青瓷学院青瓷专业本科生为专业教师,新开设了五年制中高职一体化、以陶艺为主要方向的工艺美术(青瓷)班;宁波行知中等职业学校购置三台窑炉,新建了陶艺工作室。

(三)传播越窑青瓷文化

组织编写《秘色重光》一书。为纪念越窑复烧20周年,邀请慈溪籍著名作家张坚军老师为主的团队,历时数月时间,召开多个座谈会,采访60余位相关人员,收集大量历史资料,目前书籍的初稿已经基本成型。

拍摄《秘色之城》纪录片。在慈溪市委宣传部重视和观海卫镇大力支持下,与徐伟明团队密切合作,克服多种困难,通过素材策划制作、文稿撰写、前期拍摄、后期剪辑,完成了《秘色之城》中文纪录片的拍摄和制作,以生动形象的影视语言,向海内外推广宣传中国越窑秘色瓷文化,助力打造"秘色瓷都、智造慈溪"城市文化品牌。

精心撰写《齐心协力共建秘色瓷都》青瓷文化宣讲材料。为了推动越窑青瓷文化广泛宣传普及,组织青瓷文化爱好者和相关研究人员,数易其稿,编写《齐心协力共建秘色瓷都》

宣讲材料，阐述了瓷器在中国文化史上的重要地位、中国古代瓷器文明的发展轨迹、慈溪对瓷器文明的突出贡献、传承弘扬越窑秘色瓷文化的意义，并制成演示文稿课件资料，组织试讲。最近，我们会同市融媒体中心及市委老干部局，录制了《弘扬青瓷文化 共建秘色瓷都》宣讲视频，将在慈溪党员干部学习网上推出。

部分企业发挥自身优势，利用各种平台，展示传播越窑青瓷风采。去年8月，在慈溪陈之佛艺术馆，促进会与市文联联合举办孙迈华父子、闻长庆父子、施珍师徒、沈燕荣师徒青瓷精品展，以瓷器为载体，庆祝中国共产党成立100周年。我市青瓷艺术家还走出慈溪，举办青瓷作品展，进一步宣传越窑青瓷文化，扩大慈溪青瓷文化影响力。去年11月，施珍副会长在浙江美术馆举办了《"上林随想"施珍越窑青瓷作品展》，该展由宁波市委宣传部、宁波市文联、慈溪市人民政府主办。去年5月，沈燕荣在宁波天一艺创街举办了《"文心挹翠"青瓷绘画作品展》，该展由宁波市文联主办。

（四）积极推动展会活动

2021年一项最重要、最有影响力的工作是争取并筹办首届慈溪"中国青·上林杯"国际青瓷艺术双年展（以下简称"双年展"）。"双年展"是塑造慈溪青瓷文化形象的重要平台和有力抓手，得到各主办单位的大力支持和慈溪市委、市政府的高度重视。筹办"双年展"是一项系统工程，时间紧迫，任务繁重，程序复杂，方案众多，促进会上下团结一心，筹备工作紧张有序，6月申报筹办，8月启动作品征集，10月进行网络初评和专家复评，11月作品展出，历时半年之久。共征集到来自国内17个省(区、市)、57所高等院校和韩国、日本的青瓷作品761件(套),经过专家初评和复评,最终评选出入选作品200件(套)、获奖作品40件(套)。其中,慈溪报名参展作品119件(套),入选16件(套),获奖3件(套);宁波大学科学技术学院报名参展作品33件(套),入选5件(套),获奖1件(套)。虽因新冠疫情影响,开展仪式取消,颁奖典礼及专家研讨系列活动推迟,但作品展览在市博物馆如期开展,还吸引了国内和日本、韩国、德国、澳大利亚等国著名青瓷艺术家的23件青瓷艺术精品参展。据统计,展览期间有上万人次到博物馆参观。这些作品具有鲜明的地域特色和艺术个性,代表了当前青瓷作品创作的发展趋势和艺术水准。为进一步扩大"双年展"影响,促进会委托中国美术学院制作成线上展览,在中国陶瓷工业协会网站、慈溪政务网、慈晓客户端发布,广受好评。为配合"双年展",促进会与慈溪画院共同举办了以越窑青瓷文化为专题的书画作品展,有22位慈溪著名书画家的36件作品同时在博物馆展出。

组织发动会员赴京参展。积极动员会员与11家青瓷文化企业选送62件(套)青瓷作品参加中国陶瓷工业协会主办的"2021中国(北京)国际精品陶瓷展览会",并在第十届"大地杯"中国陶瓷创新与设计大赛中取得可喜成绩:沈燕荣的《蕉叶听雨》获特等奖;孙迈华的《花间将军罐》、施尚剑的《越窑刻花纹饰挂盘》、沈小波的《开花花卉双系瓶》等获金奖;施珍的《硕果累累秘色壶》、鲍祁茗的《撒斑灰釉盘》、孙威的《缠枝牡丹套盒一组》《褐彩云纹香炉》、施尚剑的《越窑刻花纹饰粉盒》、邹丽君的《南孔之礼》、侯梦露的《莲瓣纹青釉盏》、丁国云的《稻花香》等获银奖;促进会荣获优秀组织奖。还有孙迈华、孙威、沈燕荣、施尚剑、沈小波的各一件作品被选中参加中国陶瓷工业协会组织的全国巡展,取得了历史最好成绩。这是慈溪越窑青瓷首次集体组团以"越窑"命名展馆,参加中国(北京)国际精品陶瓷展览会,亮出了"秘色瓷都、智造慈溪"的形象市标,扩大了慈溪越窑青瓷在国内外的知名度和影响力。

此外,促进会选送20件越窑青瓷精品,到龙泉参加"造物·新世代"第二届天下龙泉·青瓷双年展,推广越窑青瓷文化品牌。

促进会还协助上林湖青瓷文化传承园举办中国"越窑杯"传统青瓷创意设计大赛,举办专家研讨和高端论坛,组织作品评选和展览活动。

(五)启动文化形象塑造

启动城市特色文化形象塑造工程。为了将越窑青瓷文化打造成为"城市金名片、文化新地标",根据市领导的意见,由慈溪市文广旅体局与促进会共同推动慈溪城市特色文化形象塑造。时任慈溪市委常委、常务副市长胡海达召集市级相关部门主要负责人,听取城市特色文化形象塑造专题汇报,确定慈溪城市青瓷文化形象总体策划与规划正式立项,安排专项资金160万元。慈溪市委宣传部江再国部长牵头召开城市特色文化形象塑造协调会议,落实工作步骤,决定由市文广旅体局委托促进会组织实施。促进会与市级有关部门反复磋商,启动招投标工作,目前已完成招投标以及专题研讨、现场踏勘和参观考察等工作。

支持团体会员单位慈溪市青瓷瓯乐艺术团与保利院线合作演出,赴全国大城市巡回表演瓯乐艺术,从首站徐州,到北京、上海、重庆、广州、深圳等21个城市,《听·瓷》在全国巡演22场,创新"演出＋城市推介"形式,提升了慈溪城市文化影响力。

(六)加强会员队伍建设

其一,服务会员。促进会多次向市自然资源和规划局提议,争取规划立项,创建越窑青瓷文化产业孵化基地。组织有关人员前往龙泉考察,探索建立越窑青瓷产品网络公共销售平台。协助慈溪市越窑青瓷有限公司起草"越窑青瓷食具"标准,获浙江省品牌建设联合会批准成为"品字标"团体标准。根据促进会提议,在市第六届越窑青瓷文化节开幕式上,孙迈华、闻长庆、谢纯龙、厉祖浩等为传承弘扬越窑青瓷文化作出突出贡献的人士受到了表彰。支持陈云同副会长在市第六届越窑青瓷文化节期间举办"薄冰盛绿云——吴越青瓷博物馆藏青瓷精品展",帮助编写陈列提纲、挑选展品、布置展览、编写宣传手册、组织观众观展。

其二,联系会员。常态化开展走访会员活动,掌握发展动态,了解会员情况,收集企业信息,为会员排忧解难,提供力所能及的帮助,使促进会与会员之间的联系更加密切。评选优秀会员,年初出台了《优秀会员评选奖励办法(试行)》,年底组织开展优秀会员评选,经提名推荐、酝酿协商、会议讨论,15名会员被评为2021年度优秀会员。有序发展新会员,充实新鲜血液,在个人申请、调查核实、征求意见基础上,经讨论确定发展新会员32名。

其三,抓好自身建设。加强促进会党建工作,基本上每月组织一次党日活动,开展党史学习教育,认真收看习近平总书记"七一"重要讲话,学习研讨党的十九届六中全会精神,到浙东抗日根据地进行革命传统教育。去年年底,为更好地传承弘扬越窑秘色瓷文化,研究新越窑新秘色,加强内部交流沟通,拓宽信息交流渠道,促进会建立了特约研究员和特约通讯员队伍,聘请特约研究员每年提供一篇以上思考、研究、探讨性质的理论文章,特约通讯员每年提供3—4篇有价值的信息交流文章。去年,促进会印发《秘色重光》宣传内刊3期,发布公众号11期。

过去一年,促进会工作能取得一定成效,靠的是市委、市政府的高度重视和市委宣传部的正确领导,靠的是全体会员的共同努力,在此向各位领导和会员表示衷心感谢!但是我市青瓷产业基础薄弱、青瓷企业规模偏小、青瓷专业人才不足、青瓷文化影响较弱、城市形象缺乏特色的局面,还没有得到根本性的改变。受新冠疫情影响,也受制于经验不足,许多年初制订的工作计划被迫推迟,综合协调作用发挥不够,为会员提供服务也远远不够。

二、促进会 2022 年重点工作安排

坚持以习近平新时代中国特色社会主义思想为指导,深入贯彻党的十九届六中全会精神,积极响应党中央确立的文化强国战略,紧紧围绕"秘色瓷都、智造慈溪"城市定位和促进会五年工作规划,认真落实慈溪市委、市政府《关于打造越窑秘色瓷文化品牌的实施意见》精神,以精心塑造城市特色

文化形象、促进越窑青瓷文化产业发展为重点,积极履行职能,提升服务效能,更好发挥作用。诚心诚意同会员交朋友、办实事、解难事,让大家感受到"青瓷工作者之家"的温暖,团结引领青瓷工作者听党话、跟党走,努力提高专业水平,为把慈溪建设成为文化强市作出积极贡献。

一是精心塑造城市文化形象

城市文化形象塑造概念规划招投标工作已经完成,根据合同要求,2022年上半年基本完成慈溪城市青瓷文化形象总体策划与规划的编制工作。编制过程中,组织有关人员到先进地区采风取经,组织高层次专家和慈溪本地文化人士进行广泛研讨论证,对城市特色文化形象塑造进行整体性顶层设计,提升城市辨识度。在重要街区、河道、广场、公园、建筑、桥梁、节点,大力塑造以越窑秘色瓷文化为主的地标性地域特色文化形象,进一步提升慈溪城市文化魅力,塑造城市气质。概念规划编制完成后,经市规划委员会审议通过,在市级有关部门制订城市文化形象塑造概念规划分步实施计划时,做好配合服务工作。在市委、市政府领导重视,市委宣传部领导下,协同市级相关部门和镇(街道)齐心协力抓好落实,特别是重点部位的形象塑造争取尽快提上日程。努力使慈溪地域特色文化气息明显增强,"秘色瓷都、智造慈溪"的城市形象广泛知晓,文化品牌效应开始显现。

二是努力振兴青瓷文化产业

通过多方协商努力,争取《关于扶持发展越窑青瓷文化产业的若干政策》文件能尽快落地。待文件正式出台后,要努力把扶持政策宣传好、运用好,针对各项扶持措施,精细分析、精准对接,充分利用政策红利,扶持相关青瓷企业发展,使产业扶持政策真正落实到位。进一步对慈溪瓷土资源进行调查,尽快探明我市瓷土资源分布状况和蕴藏量,逐步化解瓷土资源短缺对产业发展的制约。创新营销模式,不断加大电子商务应用力度。积极鼓励青瓷企业优化产品结构,扩大生产规模,拓宽经营业态。进一步研究新越窑新秘色瓷烧制标准,在分析测试基础上,开展新越窑秘色瓷原料、釉料及涂釉封口匣钵装烧工艺标准研究,守正创新,努力实现传统越窑青瓷向新越窑青瓷的跨越,培育新越窑秘色瓷产品知名品牌。

三是加快引育青瓷文化人才

充分利用《关于扶持发展越窑青瓷文化产业的若干政策》的杠杆作用,抓住机遇,招才引智,吸引外地陶艺大师入驻慈溪,建立陶艺大师工作室或陶艺名家艺术馆。会同相关青瓷企业,引进陶艺专业高校毕业生就业创业,不断壮大青瓷人才队伍,夯实产业发展基础。继续鼓励相关镇建立青瓷小微企业入驻的"创客码头",努力实现集群化发展。与相关市级部门联合举办越窑青瓷技能操作比武及专题培训,不断提升我市青瓷企业从业人员的业务素质和技能水平。积极支持慈溪职业高级中学办好中高职一体化、以陶艺为主要方向的工艺美术(青瓷)班,鼓励宁波行知中等职业学校新开设陶艺专业,培养陶艺技工人才。会同市教育局,继续在全市小学大力推进越窑青瓷文化教育促进活动,出版《走进越窑青瓷世界》一书,培训师资,组织开展知识竞赛和现场技术比武,命名表彰一批青瓷文化教育特色学校和促进学校,努力培养学生爱国爱乡、热爱青瓷文化的情怀,为未来培养高素质青瓷人才奠定基础。

四是大力推动青瓷文化传播

有计划地开展以"齐心协力共建秘色瓷都"为主题的秘色瓷文化宣讲活动,提升广大市民对秘色瓷文化的知晓度,推动越窑秘色瓷文化的普及。完成《秘色之城》英文纪录片的制作,选择影视传播媒体,做好中英文纪录片《秘色之城》的放映工作,加大宣传推介力度,扩大越窑秘色瓷文化影响力。进一步修改完善《秘色重光》一书的初稿,交出版社编印成书,争取下半年正式出版,对慈溪越窑恢复生产20年发展历程进行系统回顾总结。组织特约研究员针对传统越窑秘色瓷文化和新越窑新秘色开展研究,积极撰写思考、研究、探讨性质的理论文章,在会刊《秘色重光》和相关论文集中发表。组织特约通讯员加强内部交流沟通,拓宽信息交流渠道。

五是积极办好青瓷文化展会

完成首届慈溪"中国青·上林杯"国际青瓷艺术双年展系列活动,出版"双年展"作品集《跨越》,同时启动第二届"双年展"的相关筹备工作。下半年,组织我市会员企业和慈溪籍青瓷爱好者,举办一次越窑青瓷茶具作品比赛,展示和交流越窑青瓷茶具与茶文化的新理念、新创意,进一步鼓励创新,推动青瓷文化产业发展。同时,与市级有关部门联合举办一次越窑青瓷企业从事人员技能操作比武。

六是加强会员队伍自身建设

根据慈溪市委、市政府《关于打造越窑秘色瓷文化品牌的实施意见》和将要出台的《关于扶持发展越窑青瓷文化产业的若干政策》，努力发挥好市级部门与会员企业、会员单位之间的桥梁纽带作用，为会员企业、会员单位提供力所能及的支持和帮助，不断提高服务会员的质量。

常态化走访会员，掌握发展动态，了解会员信息，使促进会与会员之间的联系更加密切。评选优秀会员，根据《优秀会员评选奖励办法（试行）》，每年评选表彰一批优秀会员。组织会员培训，提高会员素质。有序发展新会员，充实新鲜血液。

遵照习近平总书记关于传承和弘扬中华优秀传统文化的重要指示精神，在慈溪市委宣传部领导下，我们要坚持政治自觉、责任自觉、工作自觉，以时代楷模钱海军为模样，用力、用心、用情，为推动慈溪越窑青瓷文化发展、复兴秘色瓷都作出新的贡献，以实际行动迎接党的二十大胜利召开！

促进会第四次会员大会工作报告

沈建国

各位会员：

现在我代表慈溪越窑秘色瓷文化促进会理事会，向会员大会报告工作。

一、2022年度主要工作回顾

2022年，慈溪越窑秘色瓷文化促进会在市委、市政府及市委宣传部的正确领导下，坚持以习近平新时代中国特色社会主义思想为指导，深入学习贯彻落实党的十九大、二十大精神，紧紧围绕我市"十四五"规划建议和促进会五年工作规划提出的"六大工程"，脚踏实地，真抓实干，开拓创新，通过努力，在策划城市文化形象塑造、开展青瓷文化特色教育、抓好各项青瓷文化活动、推动青瓷文化传播、加强会员队伍建设等方面，取得了积极的成效，完成了年初预定的工作任务。

（一）聚焦文化形象塑造，加快打造城市文化品牌

慈溪城市青瓷文化形象塑造工程于2021年启动，通过

2023年3月25日，促进会举行第四次会员大会。此文根据大会工作报告整理而成，内容稍有调整。

招标确定上海开艺设计集团有限公司为中标主创团队,并签订合作协议书,2022年正式开始概念规划的编制工作。

一是召开城市文化形象塑造专题研讨会。促进会组织召开慈溪文化界人士专题座谈会,充分征求地方文化专家对慈溪城市文化形象塑造的意见,对概念规划编制的内容进行了认真研究和探讨,为规划的编制打下良好基础。

二是对城区规划范围进行实地调研。促进会会同上海开艺设计集团有限公司创作团队对城区各个重要路段、广场、河道等进行了实地考察,采用航拍和标注等方式,对城区规划范围进行详细的勘察,并从市自然资源和规划局、市住建局、市综合行政执法局等部门调集了诸多城市规划资料,以供编制规划参考。

三是对国内城市形象塑造先进地区进行考察。在考察龙泉和上虞等地的基础上,去年3月,促进会会同上海开艺设计集团有限公司创作团队前往重庆市铜梁区考察"龙文化"塑造经验;去年7月,促进会再次会同上海开艺设计集团有限公司创作团队前往绍兴考察地域特色文化形象塑造经验。通过多次全方位考察,借鉴先进经验,汲取创新理念。

四是多次召开城市文化形象塑造论证会。去年6月,促进会再次邀请慈溪文化界人士,听取《慈溪城市青瓷地域特色文化形象塑造概念规划(初稿)》的意见,指导创作团队进一步修改规划初稿。去年9月,市自然资源和规划局邀请市级有关部门召开论证会,由上海开艺设计集团有限公司创作团队汇报规划方案,市级有关部门领导和专家对概念规划从必要性、可行性、科学性方面进行了研究论证,促进会收集意见建议,会后反馈创作团队。去年10月,促进会在听取各方面意见的基础上,结合慈溪实际,形成了《慈溪地域青瓷文化等城市特色文化形象塑造"十个一"工程》建议稿,并组织上海开艺设计集团有限公司创作团队与十几个市级部门多次进行对接。目前,城市文化形象塑造概念规划编制工作正在有序推进中,将在今年上半年提交概念规划第二稿。

（二）聚焦人才培育,推进特色学校创建

一是积极推进青瓷文化进校园活动。去年3月,促进会与市教育局联合召开了青瓷文化特色学校、促进学校创建工作座谈会,16所学校根据各自创建工作情况进行了交流发言。去年8月,促进会与市教育局联合编写的越窑青瓷文化教育读本《走进越窑青瓷世界》一书由宁波出版社出版,委托慈溪市新华书店发行。2022年共下发19 300册《走进越窑青瓷世界》读本到学校,作为慈溪地域特色文化乡土教材供小学四年级学生使用。去年10月,为了更好地了解各个创建学校的工作情况,促进会分3个组到15所学校组织调研,对创建学校在组织领导、师资教材、教学设施、宣传氛围、创建成效等方面进行调研和指导,基本摸清了青瓷文化特色学校和促进学校创建工作情况。去年12月,促进会与市教育局共同组织开展了小学生青瓷文化知识竞赛与陶艺技能制作比赛,知识竞赛由学校自行组织开展,陶艺技能制作比赛由学校选送学生优秀陶艺作品参赛,全市共有18所小学参赛,选送69件作品,经专家初评入选44件,最终通过复评,评选出一等奖7件、二等奖15件、三等奖22件,给予奖励。今年2月,促进会根据创建标准已对申报创建青瓷文化特色学校和促进学校进行了现场考核验收,有6所学校成功创建为青瓷文化特色学校,7所学校创建成为青瓷文化促进学校。

二是开展青瓷技能操作比武。促进会会同慈溪市人力社保局人才服务中心联合举办了慈溪市2022第一届越窑青瓷技能操作比武,共有39名来自我市青瓷企业、宁波大学科学技术学院、慈溪职业高级中学的选手参加了比武,通过拉坯和雕刻,慈语青瓷工作室施尚剑、慈溪市越窑青瓷有限公司王欢多、宁波大学科学技术学院章汇卓获得一等奖,其他选手分获二、三等奖。我们希望通过技能比武的方式,不断提高我市青瓷行业从业人员技能水平,加快青瓷技能人才培养。

今年2月,浙江省经济和信息化厅、浙江省人力资源和社会保障厅公布了第七届浙江省工艺美术大师名单,促进会副会长沈燕荣和会员赵建波获得浙江省工艺美术大师荣誉称号。在此让我们以热烈掌声对二位大师表示热烈祝贺!

(三)聚焦产业发展,研究创新越窑青瓷

一是继续完善《关于扶持发展越窑青瓷文化产业的若干政策》,努力推动慈溪越窑青瓷文化产业加快发展。去年上半年,促进会多次与市财政局对接,进一步修改完善《关于扶持发展越窑青瓷文化产业的若干政策》(建议稿),并向市委宣传部领导汇报,争取文件能够早日出台。

二是推动越窑秘色瓷烧制工艺的复兴与光大。促进会与相关企业合作,采用本地瓷土以及传统制作工艺,用燃气炉试烧出与唐五代时期相似的秘色瓷,完成了2022年度项目研究。接下来将继续使用传统工艺,用柴窑试烧秘色瓷,完成整个秘色瓷工艺项目研究。

三是收集下载了近100篇在不同刊物发表的有关越窑青瓷研究文章,逐步建立起越窑青瓷研究资料库。

四是建立研究队伍,开展学术研究。2022年初,促进会下发文件,建立了慈溪越窑秘色瓷文化促进会特约研究员队伍,聘请了22位国内著名古陶瓷研究学者和本地越窑青瓷研究爱好者作为特约研究员。过去一年,特约研究员经过认真调查研究,撰写了十多篇有关越窑青瓷文化的专题研究文章,12月促进会举办了慈溪越窑青瓷文化学术研讨会,组织开展青瓷文化学术交流,并编辑论文集,努力营造浓厚的青瓷文化研究氛围。

(四)聚焦文化宣传,积极传播青瓷文化

一是组织编写长篇纪实文学《秘色重光》一书。全面反映越窑青瓷辉煌历史,特别是2001年越窑青瓷恢复烧造以来,各个方面所做出的不懈努力和取得的成效。在初稿征求意见以后,为使作品内容更加完善、更具有价值,促进会又邀请相关会员,对若干章节内容进行了补充,并反复多次进行修改。目前书稿已经基本完成,并与宁波出版社签订了出版合同,将在今年下半年由宁波出版社出版发行。

二是编辑出版首届慈溪"中国青·上林杯"国际青瓷艺术双年展作品集《跨越》。作品集汇聚了首届双年展获奖和入选的200件(套)青瓷作品以及国内外顶级青瓷艺术大师提供的23件青瓷艺术作品的精美照片,邀请中国陶瓷工业协会、中国美术学院、浙江省陶瓷行业协会以及慈溪市委、市政府主要领导撰写序言,由中国美术学院手工艺术学院院长周武教授担任主编,中国美术学院出版社出版,并被上海图书馆、浙江图书馆等图书馆收藏。

三是在上林湖越窑青瓷博物馆举办专题纪录片——《秘色之城》中文版首映式。这是首部以全球视野解读中国皇室御用秘色瓷的纪录片,在国内多个著名网站同步放映,以生动形象的影视语言,助力打造"秘色瓷都、智造慈溪"城市文化品牌。《秘色之城》英文版由中央电视台完成制作,今年春节期间和3月16日,中国国际电视台纪录频道先后两次向海内外播放,并参加了第27届香港国际影视展,宣传推介中国越窑秘色瓷文化。该纪录片中文版先后获得2021年宁波市"最佳长纪录片奖"、第六届浙江省纪录片"丹桂奖"和中国电影家协会参与主办的2022壬寅年第八届"根亲中国"华语电影短片大赛"十佳作品"。配套的3分钟宣传短视频《秘色》同时获得2022宁波"NB轰红"短视频大赛十月月评"冠军",年赛"最佳创意奖",还登录了学习强国、宁波发布、中国蓝TV等平台,有力地推动了慈溪秘色瓷文化的国内外传播。

四是精心编撰《齐心协力共建秘色瓷都》演示文稿课件资料。在市融媒体中心演播大厅,由徐伟明会员为慈溪市老年大学部分学员做《弘扬青瓷文化 共建秘色之城》专题讲座,并录制成两课时影像资料,经慈溪市委组织部上传到《党员干部学习网》,作为全市党政干部网上学习课件,还以U盘形式下发到机关、协会、学校、社区等进行广泛宣传。

促进会加印了两万册《瓷艺圣地·秘色重光》宣传手册,发放到相关社区、学校和市退休教师协会等单位,广泛宣传越窑青瓷文化。组织编写《秘色重光》会刊,及时宣传本会各项活动、会员动态、会员成果,为促进会与广大会员搭建起相互沟通、联系和交流的桥梁起到了积极的推动作用,全年共编印会刊4期。

(五)聚焦展会活动,参与举办各类比赛

一是完成首届慈溪"中国青·上林杯"国际青瓷艺术双年展的善后工作。由慈溪博物馆收藏首届双年展40件(套)获奖作品,退还了35件国内外顶级青瓷艺术大师作品和其他160件(套)入选作品,并发放奖金、奖杯及证书,做好相关合同履行和财务结算。同时,起草了第二届双年展的初步方案,广泛征求有关方面的意见建议。

二是举办2022慈溪越窑青瓷茶器作品比赛。本次大赛由浙江省陶瓷行业协会主办,慈溪越窑秘色瓷文化促进会、慈溪市茶业文化促进会、慈溪市收藏家协会、上林湖青瓷文化传承园共同承办,旨在弘扬越窑青瓷文化,交流茶器艺术,促进青瓷文化与茶文化有机融合,推动慈溪地域文化深入千家万户。自比赛启动后,得到慈溪青瓷行业从业人员的积极响应,共征集茶器作品85件。经过中国美术学院戴雨享教授、宁波大学科学技术学院岛田文雄教授、宁波大学科学技术学院梅法钗教授、中国工艺美术大师陈新华、中国陶瓷艺术大师孙迈华等5位专家评委的认真评审,评选出35件作品分获金、银、铜奖。35件获奖作品及收集到的20件古董茶器以"续茶"为主题在上林湖青瓷文化传承园进行了为期1个多月的展览,收到了较好的社会反响。

三是组织参加中国陶瓷艺术大展。促进会积极发动我市青瓷艺术家选送优秀青瓷作品,参加中国陶瓷工业协会与景德镇人民政府联合举办的"第十二届中国陶瓷艺术大展",选送的21件(套)作品在大展中取得了可喜成绩。施珍、沈越的《英武神勇》秘色碟,孙威、张波、王欢多的《宋宴》等2件作品获得金奖;孙威、谭静的《麦浪——灰釉跳刀盘》,孙威、余国荣、张波的《妆写》,施尚剑的《荷叶盖罐》等3件作品获得银奖;张波、谭静的《牡丹灯笼罐》、鲍祁茗的《青釉莲花钵》、沈小波的《四开窗梅瓶》、鲍杭溪的《国色天香》4件作品分获铜奖。促进会获得优秀组织奖。这是促进会成立以来首次组织参加如此大规模、高规格的全国性陶瓷艺术大展,进一步扩大了慈溪越窑青瓷与秘色瓷在国内陶瓷界的知名度。

此外,促进会还组织青瓷艺术作品参加"'宋韵千年'·越窑与五大名窑艺术展"。通过办展、参展,进一步提高了青瓷企业员工的技艺水平、企业的产品质量和慈溪越窑青瓷的知名度。

(六)聚焦会员服务,强化自身队伍建设

一是服务会员。促进会邀请丽水学院张建平教授来慈溪,为促进会会员、青瓷文化爱好者以及部分学校师生做《书韵青瓷——青瓷艺术创新之路》的主题讲座。组织有关人员赴江西景德镇考察学习。多方奔走联系,支持会员择址新建青瓷博物馆和新建青瓷文化传承研学基地,为会员提供力所能及的帮助。

二是联系会员。常态化开展走访会员活动,掌握发展动态,了解会员情况,收集企业信息,尽力为会员排忧解难,使促进会与会员之间的联系更加密切。组织开展优秀会员评选,经提名推荐、酝酿协商、会议讨论,15名会员被评为2022年度优秀会员。有序发展新会员,充实新鲜血液,在个人申请、调查核实、征求意见基础上,经讨论确定发展新会员12名。

三是加强自身建设。促进会抓好党建工作,定期组织党日活动,开展思想政治教育活动,学习第十五次省党代会精神,畅谈党的二十大精神学习体会。促进会还出台了"会员管理办法""建立驻会人员与理事、会员联系制度",进一步提高会员素质,加强会员队伍建设。

过去的一年,促进会工作能取得一定成效,离不开市委宣传部领导的重视和关心,离不开全体会员的共同努力,在此向各位领导和会员表示衷心的感谢!

但是我们也要清醒地看到,目前我市青瓷产业基础仍然薄弱,青瓷企业规模仍然偏小,青瓷专业人才仍然不足,青瓷文化在群众中的知晓度仍然不够高,在社会上的影响力仍然不够强。同时由于促进会成立时间不长,工作经验不足,又受到人力、财力等许多主客观因素的限制,在实际工作中综合协调作用发挥不够,为会员提供服务也存在许多欠缺。所有这些不足之处需要我们不断努力,加以改进和提高。

二、2023年主要工作安排

坚持以习近平新时代中国特色社会主义思想为指导,深入贯彻党的二十大精神,以聚焦加快打造更具魅力文化强市为目标,积极推动越窑青瓷文化产业和文化事业发展,为高质量建设共富共美现代化新慈溪、奋力争当中国式现代化县

(市)域实践排头兵注入精神力量。积极履行职能,提升服务效能,进一步做好沟通、服务、推动工作。沟通市级部门和镇(街道),服务会员、服务会员单位,推动越窑秘色瓷文化形象塑造,培养青瓷文化人才。尽力为会员办实事、解难事,让大家感受到"青瓷文化工作者之家"的温暖,团结引领青瓷文化工作者努力实现促进会提出的五年工作规划目标,开创慈溪越窑青瓷文化发展的新局面。

一是精心塑造城市文化形象

继续推进城市文化形象塑造概念规划编制,努力编制一个具有鲜明个性、能够提升城市品质的城市文化形象概念规划。概念规划编制完成后,经市规划委员会审议通过,在市级有关部门制订城市文化形象塑造概念规划分步实施计划时,做好配合服务工作。通过不懈努力,慈溪地域特色文化气息显著增强,"秘色瓷都、智造慈溪"城市形象广为知晓。

二是努力振兴青瓷文化产业

继续积极争取《关于扶持发展越窑青瓷文化产业的若干政策》文件能尽快落地。待文件正式出台后,努力把扶持政策宣传好、运用好,针对各项扶持措施,精细分析、精准对接,充分利用政策红利,扶持相关青瓷企业发展,使产业扶持政策真正落实到位。

创新营销模式,不断加大电商直播应用力度。积极鼓励青瓷企业建立网上销售平台,优化产品结构,扩大生产规模,拓宽经营业态。

鼓励有关镇开辟青瓷文化产业园区,或引入青瓷小微企业入驻"创客空间",努力实现青瓷产业集群化发展。

继续做好秘色瓷工艺研究工作。在前期研究的基础上，做好新越窑秘色瓷原料、釉料及涂釉封口匣钵装烧工艺标准研究的课题验收工作。守正创新，努力实现传统越窑青瓷向新越窑青瓷的跨越，培育新越窑秘色瓷产品知名品牌。

邀请青瓷文化专家，召开青瓷文化专题研讨会。

三是加快引育青瓷文化人才

充分利用《关于扶持发展越窑青瓷文化产业的若干政策》的杠杆作用，抓住机遇，招才引智，吸引外地陶艺大师入驻慈溪，建立陶艺大师工作室或陶艺名家艺术馆。会同相关青瓷企业，引进陶艺专业高校毕业生就业创业，不断壮大青瓷人才队伍，夯实产业发展基础。

举办慈溪市第二届越窑青瓷技能操作比武，不断提升我市青瓷企业从业人员和院校陶艺专业师生的专业技能水平。

会同市教育局，在全市小学大力推进越窑青瓷文化教育促进活动，并向全市小学四年级学生发放《走进越窑青瓷世界》一书，组织开展知识竞赛和陶艺技能制作比赛，努力培养学生爱国爱乡、热爱青瓷文化的情怀，为未来培养高素质青瓷人才奠定基础。

根据需要牵线搭桥，为宁波大学科学技术院文化创意学院陶艺专业教学提供力所能及的帮助，支持高校产、学、研结合服务青瓷企业。支持慈溪职业高级中学办好瓷艺专业、宁波行知中等职业学校体现青瓷文化教学特色。

四是大力推动青瓷文化传播

组织越窑青瓷文化宣讲团，面向基层、面向群众、面向青瓷文化爱好者，及时做好越窑青瓷文化的大众宣讲。

开展青瓷文化"进社区"宣传活动,在浒山、古塘、白沙路街道及有关镇选定一批有条件的社区(村)作为越窑青瓷文化"进社区"的先行推广单位,并做好联系、宣传、指导和协调工作。探索开展青瓷文化讲座、播放纪录片《秘色之城》、建立青瓷文化阅读角、展示青瓷文化专栏、体验青瓷瓯乐、老少同乐制作陶艺作品等"六个一"活动。

做好《秘色重光》一书的出版发行工作。

配合慈溪电影公司千场电影下乡活动,在电影放映前循环播放相关短视频,向基层群众广泛宣传越窑秘色瓷文化。配合市文联做好有关越窑青瓷文化题材诗词作品的收集、汇编成册工作。配合市文化馆《百姓课堂》等平台,做好越窑青瓷文化的宣传推介工作。

邀请我市著名编剧李道一老师,创作一批越窑青瓷文化题材的戏剧小品和戏曲小节目,并汇编成册,作为宣传资料和演出素材下发到各镇(街道)、村、社区。会同浒山街道开展"邻里文化节"系列活动,组织青瓷题材戏曲小节目专场演出。

定期编辑、印发《秘色重光》会刊,定期推送微信公众号,做好本会特约通讯员队伍的培训工作。

五是积极办好青瓷文化展会

举办第二届慈溪"中国青·上林杯"国际青瓷艺术双年展系列活动,并出版双年展作品集。第二届双年展的参展作品必须是近三年中创作的青瓷雕塑和艺术类青瓷原创作品,主题突出,设计新颖,材料运用巧妙,因材施艺,形神兼备,具有地方文化特色。设立特等奖1名、金奖4名、银奖10名、铜奖25名,并于今年10月举行第二届双年展颁奖典礼和开展仪式。

组织我市青瓷企业和青瓷艺术爱好者积极参加2023中国(北京)国际精品陶瓷展览会,争取在第十一届"大地杯"中国陶瓷创新与设计大赛上再创佳绩,进一步扩大慈溪越窑青瓷和青瓷艺术家的知名度、影响力,推动我市青瓷文化产业发展。

协助上林湖青瓷文化传承园举办新一届"越窑杯"传统青瓷创意设计大赛,举办专家研讨和高端论坛,组织作品评选和展览活动。

六是加强会员队伍自身建设

加强党的建设。宣传贯彻党的路线、方针、政策,加强党支部自身建设,发挥党员先锋模范作用,引导全体会员提高政治站位,坚定不移听党话、跟党走。

加强会员服务。努力发挥好市级部门与会员企业、会员单位之间的桥梁纽带作用,为会员企业、会员单位提供力所能及的支持和帮助,不断提高服务质量。常态化走访会员,掌握发展动态,了解会员信息,使促进会与会员之间的联系更加密切。

加强组织建设。评选优秀会员,每年评选表彰一批优秀会员。组织会员参加青瓷文化专题讲座,提高会员素质。有序发展新会员,充实新鲜血液。

加强制度建设。健全完善各项规章制度,不断提升促进会的服务能力和办事效率,争创慈溪星级社团组织。

各位会员,2023年是全面贯彻落实党的二十大精神的开局之年,也是实施促进会五年工作规划承上启下的关键一年。传承弘扬和发展越窑青瓷文化,既需要各级领导和相关部门的重视和支持,也需要我们促进会全体会员和广大青瓷文化爱好者进一步增强归属感、认同感、使命感,同心同德,团结奋斗,担当作为,为谱写越窑青瓷文化发展新篇章,打造"秘色瓷都、智造慈溪"作出新的更大的贡献。

促进会第五次会员大会工作报告

沈建国

各位会员：

现在，我代表慈溪越窑秘色瓷文化促进会理事会，向大会报告工作，请予审议。

一、2023年工作回顾

2023年，促进会在市委、市政府及市委宣传部的正确领导下，紧紧围绕市委办、市政府办联合印发的《关于打造越窑秘色瓷文化品牌的实施意见》和促进会五年工作规划，以"打基础、树形象、出效益"为工作基调，脚踏实地，真抓实干，开拓创新，通过全体会员的共同努力，较好地完成了2023年预定的工作任务，取得了积极的成效。

（一）精心编制完成慈溪城市特质文化形象塑造概念规划

促进会成立以来一直将塑造"秘色瓷都"城市特质文化形象作为核心使命。经市委、市政府同意，受市文广旅体局

2024年3月16日，促进会举行第五次会员大会。此文根据大会工作报告整理而成，内容稍有调整。

委托，由促进会牵头通过招标聘请高层次专业团队，在2022年初步编制慈溪城市地域特质文化形象塑造规划的基础上，为编制出更有鲜明个性更为完善的规划方案，2023年我们对城市特质文化形象塑造规划进行反复修改和完善，依靠地方文化人士的积极参与和市级有关部门的配合，反复论证，多次听取各方意见，历时两年，六易其稿，慈溪城市文化形象塑造概念规划终于高质量成型，市委宣传部领导以专题会议形式集体听取了汇报，目前城市特质文化形象塑造概念规划文本已经成文送交有关市领导和市级部门。2月26日，市委林坚书记专门作出批示："可由现代化城乡开发建设指挥部统筹组织讨论、消化。"

编制并落实城市特质文化形象概念规划，可以有针对性地弥补慈溪文化形象塑造不够有力的不足，提升城市整体品质，优化城市文化形象，彰显城市地域特色，让广大市民充满归属感和自豪感。

（二）多措并举努力振兴慈溪青瓷文化产业

青瓷文化产业是越窑秘色瓷文化发展的前提和基础。我们积极向市委、市政府建言献策，在调研的基础上多次与市文化体制改革和发展工作领导小组办公室（简称市文改办）、市财政局对接做好参谋工作，在市财政较为紧张的情况下，筹集专项资金定向扶持越窑青瓷文化产业发展。市文改办、市财政局先后印发了《慈溪市越窑青瓷文化产业发展扶持政策实施办法》和《慈溪市越窑青瓷文化产业发展扶持政策实施细则》两个文件，就利用闲置房屋发展青瓷产业、青瓷企业贷款贴息补助、规模企业一次性奖励、企业生产设备购置补助、鼓励引进市外青瓷人才、重奖青瓷行业杰出人才、注重培养青瓷后备人才、鼓励青瓷企业举办展览活动、鼓励青瓷文化研究等提出了具体扶持办法，并明确了申报程序和申报要求。青瓷文化产业扶持政策的实施，对调动青瓷文化企业、青瓷文化爱好者的积极性，振兴我市青瓷文化产业必将起到有力的促进作用。

2023年，我市青瓷文化产业又有了新的发展。施珍副会长创办的上越陶艺研究所投资新建的位于浒山街道施山社区的青瓷艺术馆即将竣工投用。孙威副会长任职的慈溪市越窑青瓷有限公司与瑞尔（浙江）品牌管理有限责任公司合作，成功研发秘色青瓷艺术彩妆产品，实现青瓷艺术与工业产品的跨界融合。闻果立副会长任职的慈溪秘色仙茗文化发展有限公司秘色瓷烧制技艺列入了省级非遗项目。陈云同副会长任职的吴越青瓷博物馆新馆选址用地已落实，将要动工兴建。此前，陈云同副会长为新建民办吴越青瓷博物馆向市政府章程市长专门写了一封信，章程市长为此马上作出批示"报告翔实恳切，请文广旅体局对接研究"。沈燕荣副会长创建的龙腾艺术馆授牌，沈燕荣空间艺术展隆重开幕，还举行了拜师仪式。会员董建平创办的慈溪市新越青瓷有限公司与大企业合作，开发特种工业陶瓷产品，已开始小批量生产。会员鲍祁茗、侯梦露青瓷艺术作品赴香港进行展出。会员邹丽君创办的慈晓青瓷有限公司新办越韵文化农场，融合青瓷文化与现代农业，为游客提供富有江南韵味的青瓷文化体验和休闲娱乐场所。

此外，为更好地传承弘扬越窑秘色瓷文化，在继承传统工艺的基础上，研究提出适合当代市场需求的越窑秘色瓷制作工艺标准，促进会与相关企业合作，在桥头镇、观海卫镇、匡堰镇等地采集瓷土标本，将瓷土标本与上林湖唐代秘色瓷瓷片化学成分进行测试和对比分析，并利用本地瓷土、釉料及涂釉封口匣钵装烧工艺试烧越窑青瓷。

市领导对慈溪龙窑复烧十分重视，从去年10月开始，市委宣传部委托慈溪市越窑青瓷有限公司孙迈华、孙威父子和上林湖青瓷文化传承园对龙窑进行维修，并于今年1月8日成功进行试烧，这是慈溪越窑青瓷文化史上又一件大事，值得庆贺！

(三)成功举办第二届国际青瓷艺术双年展

2023年，促进会一项重要工作是举办好第二届慈溪"中国青·上林杯"国际青瓷艺术双年展。"双年展"是塑造慈溪青瓷文化形象的重要平台和有力抓手，得到了中国陶协、中国美院、浙江省陶协等各主办单位的支持和慈溪市委、市政府的重视。筹备工作紧张有序，2月启动作品征集公告、4—7月广泛发动征集作品，9—10月进行网络初评和入选作品专家复评，11—12月举办颁奖典礼及入选作品展览。

第二届双年展共征集到来自韩国、日本、美国及国内19个省(区、市)、56所高等院校的青瓷作品889件(套)，经过专家初评和复评，最终评选出入选作品200件(套)、获奖作品40件(套)。2023年11月3日，在慈溪大剧院隆重举行慈溪第七届越窑青瓷文化节开幕式暨第二届双年展获奖作品颁奖典礼，11月4日，在慈溪博物馆举行了第二届双年展入选作品开展仪式，入选的200件优秀作品(其中40件获奖作品)

在慈溪博物馆进行了为期2个多月的展出。这些优秀作品是当代青瓷艺术家们不断探索与创新尝试的最新成果,在很大程度上代表了当代青瓷艺术的发展方向和艺术成就。展览期间有社区居民、学校师生等上万人次到博物馆参观。为进一步扩大"双年展"影响,促进会还委托杭州七目网络公司制作成3D VR线上展厅,在慈溪政务网、慈晓App客户端等渠道发布,受到观众好评。

在入选的200件优秀作品中,作者来自我市的有35件。获奖的40件作品中,作者来自我市的有2件获银奖,5件获铜奖,比第一届有较大幅度提升。综观第二届双年展举办过程,从作品征集公告发布,发动国内外陶瓷产区和陶艺工作者广泛征集作品,收集整理网络报名作品,组织专家网上初评,入选作品收集整理,邀请专家对入选作品现场评奖,到举行颁奖典礼和开展仪式,入选作品布置展览,获奖作品收藏和未获奖作品返还等,各项工作环环紧扣、规范有序,得到了上级主办方的高度肯定,进一步提升了慈溪越窑青瓷在国内外的知名度和影响力。

(四)组团参加2023中国(北京)国际精品陶瓷展览会等大型展赛活动

组织发动会员及会员企业的青瓷作品赴京参展。7月21日至24日,"2023中国(北京)国际精品陶瓷展览会"在北京中国国际展览中心举行,促进会积极动员我市青瓷企业和青瓷艺术工作者报名参展,精心挑选了13家企业、32位作者的56件(套)青瓷艺术作品赴北京参展,同时还参加了第十一届"大地杯"中国陶瓷创新与设计大赛。展会期间,我市选送的青瓷艺术作品受到广泛好评,国内众多主流媒体纷纷前来慈溪青瓷馆采访报道,慈溪市青瓷瓯乐艺术团也在现场奉献了一场又一场精彩的演出,博得了热烈的掌声。我市选送的26件(套)青瓷作品在"大地杯"中国陶瓷创新与设计大赛中获奖,其中特等奖2件、金奖10件、银奖14件。促进会获得中国陶协颁发的"展览会最佳组织奖",孙国君同志获杰出贡献奖。

促进会还选送青瓷艺术作品参加中国陶协主办的第二十四届河北唐山中国陶瓷博览会,施珍、孙威、施尚剑等3位会员的作品获得第九届中国陶瓷名家名作展金奖。组织越窑青瓷优秀作品参加宁波市2023海丝之路文旅博览会,设立"慈溪青瓷馆",展示"秘色瓷都、智造慈溪"形象。协助上林湖青瓷文化传承园举办"越窑杯"陶瓷创意设计大赛,举办专家研讨和高端论坛,组织作品评选和展览活动。

(五)加快培育青瓷后备人才

其一,高度重视青瓷人才队伍建设。促进会成立以来致力于引进人才、培养人才、鼓励人才创业,加快青瓷人才队伍建设。2023年,工艺美术师、国家二级陶瓷工艺师叶之诗、陈彬彬夫妻落户宗汉街道,创办越来越窑青瓷工作室。目前,我市中小型青瓷生产企业已增加到16家,从业人员90多人,有中国陶艺大师2人,省级和宁波市级陶艺类工艺美术大师15人,比促进会成立之初有了明显增加。

其二,开展青瓷技能操作比武。促进会会同慈溪市人社局人才服务中心联合举办了慈溪市第二届越窑青瓷技能操作比武,共有65名来自我市的青瓷企业员工、中小学校美术教师以及宁波大学科学技术学院、慈溪职业高级中学学生参加了比武，通过拉坯和刻花，最后张悦、冯立亚、侯梦露、吴情善等4位选手获得比武一等奖，其他选手分获二、三等奖。通过技能比武的方式，不断提高我市青瓷行业从业人员技能水平，加快青瓷技能人才培养。

其三，大力推进青瓷文化进校园活动。在市教育局的支持下，2023年度又有22所中小学校申报创建青瓷文化特色学校、促进学校，累计已有6万多名在校学生直接参与了青瓷文化的教学和实践。2023年4月，促进会联合市教育局教研室在南门小学举办越窑青瓷教学专题研讨活动，交流创建经验以及《走进越窑青瓷世界》教学活动开展情况。6月，促进会委托宁波出版社第二次印刷了修订后的越窑青瓷文化教育读本《走进越窑青瓷世界》，免费发放给全市小学四年级学生，作为青瓷文化教学乡土教材。10月，促进会联合市教师进修学校在慈溪职业高级中学举行了"青瓷文化特色学校创建和青瓷技能操作专题培训"。会员施尚剑积极参与青瓷文化进校园活动，为传承弘扬越窑青瓷文化，推进学校青瓷文化教学作出了努力。

2023年，宁波行知中等职业学校积极创造条件开设了工艺美术类（青瓷方向）专业班和青瓷专业学生兴趣拓展班，慈溪市职业高中已开设了三个青瓷专业工艺美术班，目前全市共有160多名职高学生进行"中高职一体化"的青瓷专业教学学习，为培养一批本土专业瓷艺人才打下良好基础。

（六）广泛宣传传播越窑青瓷文化

其一，组织编写《秘色重光》一书。邀请慈溪籍著名作家张坚军老师担任主编,历经三年精心筹备与编撰,采访了自2001年越窑复烧以来60余位当事人,一部全面梳理当代越窑青瓷文化发展历程和成果的长篇纪实文学作品《秘色重光》于2023年10月由宁波出版社正式出版发行。在慈溪市委宣传部的指导下,2023年10月14日,促进会会同慈溪市新华书店在慈溪书城举行了《秘色重光》新书首发式,慈溪市委宣传部江再国部长出席首发式并发表讲话。随后组织的《秘色重光》新书座谈会邀请宁波出版社社长、宁波文化艺术研究院副院长等5位宁波市文化界知名人士和10多位慈溪文化界知名人士畅谈《秘色重光》读后感,并撰写《秘色重光》书评文章,在《宁波日报》《宁波晚报》《慈溪日报》先后刊登,引发社会各界广泛好评。

其二,组织编写青瓷演唱作品集。为了更好地宣传越窑青瓷文化,邀请本市著名剧作家李道一老师编写上林湖越窑青瓷演唱文学作品选《秘色瓷韵》,以青瓷文化为主题,囊括歌曲、诗歌、小品、情景剧、四句半、绍兴莲花落、小锣书等多种表演形式的剧本,印发至各镇(街道)、村(社区),供基层群众性业余文艺团队演出使用。

其三,做好青瓷文化进村(社区)试点工作。选择浒山、古塘、白沙路3个街道的9个社区(村)先行试点,以"六个一"活动(即观看一部青瓷文化专题影视片、听取一次青瓷文化专题讲座、建立一个青瓷文化专题读书角和宣传栏、体验一次陶艺制作、体验一次青瓷瓯乐、开展一次青瓷主题文艺演出)为载体做好青瓷文化宣传,促进会组织青瓷文化宣讲团成员到试点单位宣讲。浒山街道将"六个一"活动与"邻里文化节"活动相互衔接,举办以青瓷文化为主题的广场文艺演出,穿插青瓷文化知识有奖答题,取得较好的宣传效果。为进一步推动青瓷文化传播,慈溪市委宣传部下发了《关于开展越窑青瓷文化进村(社区)活动的通知》,要求在全市范围内广泛开展青瓷文化宣传活动,从而使青瓷文化进村(社区)活动更趋规范、更具力度。

其四,广泛开展青瓷文化宣讲。2023年,促进会成立青瓷文化宣讲团,组织10位青瓷文化宣讲团成员到全市14个镇(街道)的48个村(社区)及有关企业和学校,进行宣讲达50场次。在宣讲活动中,岑伯明、王小颖、朱利昀等3位会员表现尤为突出,他们认真细致备课,精心制作PPT课件,全年每人宣讲都在6场次以上。深入浅出的讲座深受群众的欢迎。

2023年,配合千场电影下乡活动,促进会会同市电影公司在每一场下乡电影放映前循环播放纪录片《秘色之城》的短视频和青瓷文化宣传标语。精心设计编印越窑青瓷文化笔记本《千峰翠色》。印发《秘色重光》会刊4期,发布公众号9期。

(七) 加强会员队伍建设

促进会分别邀请复旦大学沈岳明、郑建明教授为促进会会员、青瓷文化爱好者以及宁大科院师生作"成熟瓷器的烧造和汉六朝瓷业的发展""原始瓷与越文化"主题讲座,提高会员理论水平。协助部分会员做好2023年专业技术职称申报和2023年度宁波市工艺美术大师申报评定工作,促进会多次与慈溪市经信局领导联系对接,争取市经信局领导重视,并通过慈溪市经信局争取宁波市经信委的支持,为我市青瓷人才专业技术职称申报和宁波市工艺美术大师评定创造良好的条件。

促进会党支部组织驻会全体党员赴上虞"瓷源小镇"参观学习,赴慈溪革命烈士陵园开展党日活动。开展争创慈溪星级社团组织活动,在考核评估中,市民政局派出的第三方考评组织,对促进会工作给予了较高评价,并打出了高分,根据市民政局公布的2023年度社会组织等级评估结果,促进会被评为5A级社会组织。这一成绩来之不易,离不开全体会员对促进会工作的支持。

2023年,促进会的工作能取得一定成效,离不开市委宣传部领导的重视和关心,离不开全体会员的团结合作与共同努力,在此向各位领导和全体会员表示衷心的感谢!

但是我们也要清醒地看到存在的问题和不足,一是基础不够扎实,对照打造秘色瓷都城市文化品牌的要求,在人才队伍建设、规模企业培植、产前产后服务、瓷艺品牌打造和文化形象塑造等方面的基础还相当薄弱。二是难点有待攻克,秘色瓷工艺密码尚未最终破解,本地瓷土供应尚未跟上,产业链尚未真正形成,瓷艺产品营销公共平台尚未建立,适合新时代市场需求的越窑青瓷创新研究和开发尚未破题。三是共识有待强化,青瓷文化(尤其是秘色瓷)在社会上的影响力还不够大,知晓度还不够高,社会各界对塑造秘色瓷都城市文化形象,思想不尽统一,共识有待强化,一些工作推进还不够顺畅。四是人心有待凝聚,首先应肯定的是,绝大多数会员对参与促进会各项活动态度是积极的,团结协作氛围良好,但极少数会员中仍存在一些不和谐现象,促进会的向心力和凝聚力还不够。这一问题的存在,说明促进会与会员之间的联系还不够密切,指导、协调和服务工作还不到家。五是效果还不理想,在青瓷文化产业体系构建、人才队伍培植、文化品牌打造等很多方面,还撑不起"秘色瓷都"这块城市文化金名片。

二、2024年慈溪越窑秘色瓷文化促进会工作安排

坚持以习近平新时代中国特色社会主义思想为指导,深入贯彻党的二十大精神,紧紧围绕"秘色瓷都、智造慈溪"城市定位,认真落实慈溪市委、市政府《关于打造越窑秘色瓷文化品牌的实施意见》和《慈溪市越窑青瓷文化产业发展扶持政策实施办法》,把握"巩固、拓展、创新、提升"总基调。"巩固",就是要进一步夯实基础,把促进会工作纳入规范运行、良性循环和可持续发展的轨道;"拓展",就是要努力扩大青瓷产业规模,不断完善产业链;"创新",就是要在推动越窑青瓷发展上创出一条新路,鼓励青瓷文化企业和瓷艺家各显神通,大胆创新;"提升",就是要努力提升促进会工作的综合效益,提升为广大会员和成员单位的服务水平。

一是进一步推动青瓷文化产业发展

产业发展是促进青瓷文化发展的基石。通过多方努力,已经出台《慈溪市越窑青瓷文化产业发展扶持政策实施办法》《慈溪市越窑青瓷文化产业发展扶持政策实施细则》,2024年工作重点之一是要积极把扶持政策宣传好、运用好,针对各项扶持措施,精细分析、精准对接,充分利用政策红

利,扶持相关青瓷企业发展,进一步推动青瓷文化产业发展。大力开展招商引资,吸引外地优秀青瓷企业,优秀陶艺人才落户慈溪发展。切实强化优质服务,努力为企业排忧解难,鼓励现有青瓷企业扩大生产规模,拓宽经营业态,逐步形成较为完整的产业链。创新营销模式,鼓励青瓷生产企业依托电子商务平台,不断加大电商直播应用力度,打造线上线下融合的销售渠道。

二是进一步加快引育青瓷文化人才

探索"名师带徒"行动计划,借助慈溪本地省级以上陶艺类工艺美术大师和陶艺大师,开设"名师带徒工作室"收授徒弟,培育本地瓷艺人才。会同相关青瓷企业,引进陶艺专业高校毕业生就业创业,不断壮大青瓷人才队伍,夯实产业发展基础。

支持慈溪职业高级中学、宁波行知中等职业学校办好中高职一体化,以瓷艺为主要方向的工艺美术(青瓷)班,培养瓷艺技能人才。

会同市教育局,继续在全市小学大力推进越窑青瓷文化教育促进活动,组织开展小学生青瓷文化知识竞赛和现场陶艺技能制作比赛,并对2023年申报的青瓷文化特色学校与促进学校在调研后组织验收,印刷第三版《走进越窑青瓷世界》,免费下发给全市小学四年级学生。通过青瓷文化进校园活动,培养学生爱国爱乡、热爱青瓷文化的情怀,为未来培养高素质青瓷人才奠定基础。

三是不断研究创新越窑青瓷

完成越窑秘色瓷烧制工艺研究课题。在前期研究的基础上,将使用传统工艺烧制秘色瓷,并将烧成瓷片样本送专业机构测试,完成越窑秘色瓷烧制工艺项目研究,做好课题验收工作,研究成果将在一定范围内有步骤地进行推广。

加强产学研协同创新。开展适合新时代市场需求的越窑青瓷研究,在推动越窑青瓷守正创新发展上创出一条新路。坚持艺术创作上的百花齐放、百家争鸣,鼓励青瓷艺术家各显神通,创作个性化的青瓷艺术作品,开发符合大众需求的青瓷产品,让新时代的越窑青瓷(秘色瓷)既走进艺术殿堂又进入千家万户。

要加强与高校的联系,逐步建立完善创新平台,加大青瓷艺术创新人才培养力度,密切关注国内外陶瓷行业发展趋势,关注市场需求,支持青瓷文化企业和青瓷从业者在研发设计、瓷土提炼、釉色改良、烧制技艺、市场营销等方面走创新发展路子。

四是大力推动青瓷文化传播

做好青瓷文化进基层扩面工作。以慈溪市委宣传部下发的《关于开展越窑青瓷文化进村(社区)活动的通知》为指导,争取各镇(街道)党(工)委重视,全市全年有三分之一的村(社区)开展以"六个一"为主要内容的青瓷文化宣传活动。

做好青瓷文化宣讲。充分发挥青瓷文化宣讲团作用,配合镇(街道)和村(社区)做好青瓷文化的宣讲工作,力争全年巡回宣讲不少于100场次。

做好《慈溪日报》副刊"秘色重光"专栏宣传报道工作,加强与融媒体中心的沟通和联系,及时组织提供每个月两期的青瓷文化稿源,努力使专栏办成深受读者欢迎的青瓷文化宣传平台。通过《慈溪日报》在全市范围内组织一次越窑青瓷文化知识竞赛,进一步提高市民对越窑青瓷文化的知晓度。积极争取慈晓客户端加大青瓷文化宣传力度,扩大越窑青瓷文化影响力。

做好第二届慈溪"中国青·上林杯"国际青瓷艺术双年展作品集《千峰翠色》出版发行工作,启动第三届双年展的相关筹备工作。以秘色瓷文化的回顾、思考、展望为重点,汇集、编印一本《秘色集》。继续做好会刊《秘色重光》及微信公众号的编发工作。配合市诗词学会做好《秘色诗韵》诗集的出版工作。

五是积极组织青瓷文化展赛活动

积极组织我市青瓷企业和青瓷艺术工作者参加中陶协等上级陶协组织举办的陶艺作品展赛活动,组织参加综合性的产业博览会。

会同市级有关部门组织开展第三届越窑青瓷制作技能比赛活动,提升我市青瓷企业从业人员和院校陶艺专业师生的专业技能水平。

组织我市会员企业和青瓷艺术爱好者,举办第二届越窑青瓷茶具作品及文创产品展赛,展示和交流越窑青瓷日用品的新理念、新创意,进一步鼓励青瓷产品创新,推动青瓷文化产业发展。

六是加强会员队伍自身建设

加强会员服务。努力发挥好市级部门与会员企业、会员单位之间的桥梁纽带作用,为会员企业、会员单位提供支持和帮助,不断提高服务质量。常态化走访会员,掌握发展动态,了解会员信息,使促进会与会员之间的联系更加密切。继续组织青瓷文化系列培训和专题讲座,提高会员整体素质。

加强制度建设。按照社会组织星级评估标准,加强内部管理,提高工作绩效,提升促进会工作的综合效益。重视促进会党支部建设,定期开展"三会一课"活动,及时学习贯彻党的方针、政策,积极宣传党的主张,引导全体会员提高政治站位,自觉践行社会主义核心价值观。

各位会员,新时代呼唤我们要更加坚定文化自信,我们要传承弘扬祖先留给我们的世界级宝贵文化遗产,并且大胆探索创新,发扬慈溪人"海纳百川、包容天下"的人文精神、"自强不息、开拓进取"的奋斗精神、"勇于探索、精益求精"的创新精神,顺应大势,服务大局,振兴越窑,再创辉煌,为"秘色瓷都、智造慈溪"建设、为文化强市建设作出积极的贡献。

回顾来路与期望前程

徐尔元

慈溪越窑秘色瓷文化促进会成立至今,正好三周年。三年时间,对促进会而言,只是一个开局而已,但对于在座的大多数同志而言,不能说是一个太短的人生时段。

非常遗憾的是,在过去两年中,由于我经受了一场超乎想象的人生磨难,近一半时间未能正常参与促进会工作。感到欣慰的是,各位同仁出于对家乡特色文化的热爱,尽心付出,尽责尽力,各线工作整体推进,成效超越了预期。在此,我要向各位说一句掏心窝子的话:为了传承弘扬地域特色文化,你们辛苦了,历史将会记住大家的辛勤付出。

三年过去了,首届促进会任期还剩下两年时间。在这个关节点上,我与沈会长和黄会长商量,觉得有必要对促进会工作做一番回顾与展望。刚才同志们对照各自职责,对过往工作进行了总结和反思,对今后工作提出了设想和建议。大家都很认真,会议目的已经达到。借此机会,我再谈三点想法,供同志们参考。

2023年9月21日,促进会成立三周年召开务虚会议,笔者在会上作了讲话。此文根据现场录音整理而成。

第一点，肯定成效，增强信心

三年来，以"打基础、树形象、出效益"为工作总基调，通过全体会员的共同努力，整体工作推进初步呈现出八个亮点：**一是建立组织，凝聚力量**。2020年秋分日，慈溪越窑秘色瓷文化促进会正式成立，散布于各地各行业的青瓷艺术研究者、生产者和爱好者紧密汇集，形成了合力。根据民政部门对社团组织的要求，制定了组织章程，以求规范运作。目前，个体会员已由成立初期的74人发展到132人，团体会员20家，还聘请了42位专家和企业家担任顾问。办事机构内设一办三部，并明确了各自职责。促进会成立后，立即组织人员赴上虞、龙泉取经，并经内部务虚研讨，形成了五年工作规划，为整体工作朝正确方向推进提供了依据。**二是广泛传播，扩大影响**。促进会开展了多种形式的造势活动，以唤醒人们对沉睡近千年的越窑青瓷文化的美好记忆：动员企业家顾问联名向全社会发出《弘扬地域文化、共建秘色瓷都倡议书》；组织青瓷文化主题宣讲团已巡回宣讲48场次；组织人员创作相关文艺节目并进行专场演出；筹资30余万元拍摄电影纪录片《秘色之城》，影片先后获得第六届浙江省纪录片"丹桂奖"和第八届"根亲中国"华语电影短片大赛"十佳作品"，中国国际电视台纪录频道还先后两次向海内外播放；共编发会刊8期，印发青瓷文化宣传手册3万份。尤为可喜的是，组织由著名作家担纲的编写团队，实地采访60余人，历时两年多，数易其稿，完成了以全视角回顾越窑复烧20周年为主题的《秘色重光》一书，为慈溪越窑青瓷产业复兴积累了非常宝贵的第一手史料，出版发行后引发了社会各界的热烈反响。**三是编写教材,走进校园**。为了让青瓷文化基因扎根青少年一代,编写了越窑青瓷文化乡土教材《走进越窑青瓷世界》一书,并分期分批在全市小学中开展了创建青瓷文化特色学校和促进学校活动。目前,已创建特色学校6所,促进学校7所,正在申报的学校有22所,累计有6万多名在校学生直接参与了青瓷文化的体验和实践。此外,还在虞波、旦苑等9个社区(村)开展了青瓷文化进基层试点。**四是培养人才,拓展产业**。采用学术研讨、技术讲座、瓷艺竞赛、引进人才以及为企业排忧解难等举措,人才队伍建设和产业发展初见成效。目前中小型青瓷生产企业已增加到16家,从业人员97人,宁波和省级陶艺类工艺美术大师15人,中国陶瓷艺术大师2人,比促进会成立之初有了明显增加。**五是组织参展,喜获殊荣**。三年中,促进会先后五次发动本市青瓷艺术工作者参加由中国陶瓷工业协会举办的国家级陶瓷艺术大展,共有49人次获奖,其中特等奖3名、金奖19名、银奖27名,促进会也多次获得优秀组织奖。期间还曾组织慈溪市青瓷瓯乐艺术团赴展地演出,赢得了参展领导、各行专家和各地瓷艺工作者的满堂喝彩。**六是举办大展,确立地位**。2021年,经我们积极公关,争取到中国陶瓷工业协会、中国美术学院和浙江省陶瓷行业协会与慈溪市人民政府定期联合举办青瓷艺术大展,并经各方协商,同意冠名为"慈溪'中国青·上林杯'国际青瓷艺术双年展",从而进一步确立了慈溪在中国青瓷发展史上的重要地位。首届"双年展"共征集到国内外参评作品近800件,青瓷艺术名家参展作品23件,其中评选产生的40件获奖作品,由慈溪博物馆永久收藏。第二届"双年展"共征集到海内外作品近900件,不但数量增多,而且品质好于上届。此举有效增强了慈溪城市的知名度和影响力;慈溪由此成为国内外陶瓷艺术工作者的关注热地。**七是找准定位,塑造形象**。促进会成立后,经慈溪市委、市政府同意,受市文广旅体局委托,在市委宣传部指导下,由组织实施了慈溪城市地域特质文化形象塑造概念规划的编制工作,外聘高层次专业团队,内靠地方文化人士积极参与和市级有关部门配合,历时两年,六易其稿,目前概念规划已基本成型,将对今后城市建设注入地方特色文化元素,优化城市文化形象产生积极作用。**八是争取资源,优化环境**。慈溪市委、市政府对促进会工作高度重视和大力支持,以两办名义联合印发了《关于打造越窑秘色瓷文化品牌的实施意见》,并把任务分解落实到各相关部门;今年,又经市委、市政府授权,市文改办和市财政局联合下发了《慈溪市越窑青瓷文化产业发展扶持政策实施办法》。此外,三年中通过积极参加上级陶瓷行业协会的活动,我们与全国各主要青瓷产区建立了良好的协作关系。所有这些都为促进会工作开展创造了良好环境。

除上述八个亮点外,我们还在本地瓷土资源勘测和古代秘色瓷工艺解密等方面进行了有益探索。

在前三年的实践中,我有一个深切感受:促进会对传承弘扬越窑青瓷文化是可以有所作为的。我们这个组织是一个联合性社会团体,具有行业协会特征,还兼具政府部门助手的职责。成立之初,我们对如何促进优秀传统文化发扬光大、如何打造秘色瓷文化品牌、如何塑造城市特色文化形象一点经验也没有,只能"摸着石头过河"。经过三年探索,心里已经有底了。事实证明,促进会的成立正当其时,很有必要,路子走对了,方向找准了,作用也开始显现出来了。由于上林湖越窑已沉睡了近千年,市内外的人们对其辉煌历史和重要地位知之甚少,对慈溪是国内秘色瓷唯一产地更是闻所未闻。20多年来,通过越窑复烧、举办越窑青瓷文化节、建立青瓷瓯乐艺术团和上林湖青瓷文化传承园等举措,上林湖越窑逐渐为人们所认识,而越窑秘色瓷文化促进会的成立,更是将越窑发展推向了一个新的阶段。目前人们对我市的青瓷文化已呈现出"六多"现象:知晓者多了,关注者多了,爱好者多了,参与者多了,研究者多了,从业者多了。市外来慈参与青瓷文化活动和考察上林湖越窑青瓷的人明显增多。各级各类媒体纷纷报道和传播慈溪越窑青瓷文化,关心支持复兴越窑青瓷文化的氛围正在加速形成。这些现象正是我们希望看到的。促进会尽管只是一个"小机构",一台"小机器",一批"小人物",但在传承弘扬地域特色文化中也能发挥出不可替代的作用。对此我们一定要充满信心,朝着既定方向和目标继续前进,相信前途是光明的。

第二点,不忘初心,坚守使命

在促进会筹建阶段,慈溪市委书记办公会议专门研究了建立促进会相关事项。时任慈溪市委书记杨勇同志在会上明确指示"慈溪越窑秘色瓷文化促进会的主要职能是塑造城市文化形象"。我理解这就是促进会的核心使命,也是我们建立这个组织的初衷。

三年过去了,这一使命履行得如何?我的观点是"初见成效、差距甚大、任重道远"。主要不足反映在下列五个方面：**一是基础不够扎实**。从全局和长远看，对照打造秘色瓷都城市文化品牌的要求，前三年中我们只是做了一些最基础的工作，而这个基础目前还相当脆弱，如人才队伍建设、规模企业培植、产前产后服务、瓷艺品牌打造和文化形象塑造等方面，几乎都处于初级阶段。我有一个担心，目前的基础是如此之脆弱，一旦由于不可预料的因素导致促进会解体，那么前三年努力所产生的效益，有可能再度"清零"。**二是难点有待攻克**。时至今日，本地瓷土供应尚未跟上，产业链尚未真正形成，瓷艺产品营销公共平台尚未建立，产业孵化基地和规模化青瓷产业园项目还无法落地等。**三是共识尚未形成**。社会各界对塑造秘色瓷都城市文化形象，思想不尽统一，有不以为然者，有疑虑旁观者，有明确反对者。由于共识未形成，有些工作推进不太顺畅。由此可见，将慈溪打造成为秘色瓷都，尚需做更多的宣传思想工作。**四是人心有待凝聚**。首先应肯定的是，绝大多数会员对参与促进会各项活动态度是积极的，团结协作氛围良好，但极少数会员相互间存在一些不和谐现象，对促进会的向心力和凝聚力有一定影响。这一问题的存在，说明促进会与会员之间的联系还不够经常密切，指导、协调和服务工作还不到位。**五是效益还不理想**。对什么是打造青瓷文化品牌的理想效益，没有确切的定性和定量指标，但有一条可以衡量，即复兴不久的慈溪越窑青瓷产业，与江西景德镇、福建德化和省内龙泉等产区相比，许多方面都只是小巫见大巫而已。当然，根据目前的综合条件，慈溪在瓷器产业方面要达到国内一些著名产区的规模效益，既无必要，更无可能，但在产业体系构建、人才队伍培植和文化品牌打造等方面，必要的规模效益还是需要的，否则就撑不起"秘色瓷都"这块城市文化品牌。

上述情况表明，促进会工作正处于一个艰难的爬坡期，尤其需要我们不忘初心，坚守使命，切不可有丝毫动摇和退缩。

为什么今天要特别强调坚守塑造城市文化形象这一崇高使命？因为当下的慈溪正需要它。把这件大事办好，对慈溪全局和长远发展，意义非常重大。经过前40多年的努力，慈溪经济发展和城市建设成就巨大，已率先成为全国首批跨入Ⅱ型大城市行列的四个县级市之一，经济综合实力已连续十几年跻身全国十强县（市）行列。然而，一旦我们将发展标杆拉高，对照顶级同类城市，就会发现：慈溪作为一个新兴城市，目前还比较粗放，内涵和底蕴明显不足，其中最大的短板是城市特色不够鲜明，文化气息不够浓厚，城市品质依然不高。两年前的几乎同一天，我碰到两位在慈溪工作的外来人才，其中一位这样评价慈溪："慈溪经济发达，百姓富裕，但文化是沙漠。"另一位的评价更直截了当："慈溪这座城市太土气。"当时我心情有些沉重，也有些感慨，冷静下来后感觉他们并非在贬低慈溪，而是在谈他们的切身感受，出发点是为慈溪好，只是初来乍到，对慈溪的了解还不深入。相比于一流城市，慈溪城市有些土气应该是事实，原因在于初始阶段的城市建设重硬件、轻软件，忽视了地域文化元素的注入，致使城市面貌给人的印象是千篇一律，缺少特色，不够大气、灵气、文气、雅气和洋气；至于说慈溪文化是沙漠，那是一种错觉。事实上慈溪并不缺乏地域历史文化资源,缺少的只是发掘展示和传播弘扬,在城市建设中尤为如此,所以慈溪这座已跨入大城市行列的城市,给人的感觉有些"硬邦邦""冷冰冰"和"干巴巴",文化气、艺术性和温馨感明显不足,城市宜居、宜业、宜乐水平远不如外地一流城市。这在一定程度上对引进和留住高端人才和优质项目、实现经济可持续发展产生了不利影响。要改变这种状况,就得大力优化慈溪发展的软硬环境,尤其要注重提升城市文化品位,打响城市文化品牌,优化城市文化形象。这需要全社会共同努力,促进会作为一个小小的配角,也要在其中发挥好生力军作用。促进会有不可替代的独特优势,文化艺术人才众多,青瓷制作艺人均参与其中,还与各类文化艺术团体保持了良好的协作关系,各类工作资源日益丰富,团队战斗力在不断增强。我们有理由相信:只要不忘初心,坚守使命,不懈努力,"秘色瓷都"的城市文化形象必将会屹立于三北大地之上。

第三点,珍缘惜谊,协力前行

我们这些退休人员能走到一起合作共事,是因瓷结缘,是传承弘扬青瓷文化这件大事把我们召唤到了一起,而我们自己又有这份情怀,慈溪市委、市政府也非常支持,慈溪青瓷文化产业已有了一定基础。所有这些都是我们退休后再度相聚的缘由。正因为有这种缘由,我们就成了有缘之人。

俗话说,有缘千里来相会,无缘见面不相识。地球上目前有80多亿人,某一个人一生中与这80多亿人都碰上面的概率绝对是零,能一起合作共事的概率更是少之又少,所以相聚极其珍贵,一定要倍加珍惜。退休后,志同道合的人时常相处,有可能出现两种情况:一种是因志趣相投、相互关心而产生情谊;另一种是因观念不一、性格不合、风格不同而产生情感上的摩擦或冲突,最后导致不欢而散。我希望在我们这个团队中只有第一种情况而不发生第二种情况。为什么?因为情谊是人间最宝贵的东西,被西方大哲学家认定为人生三要素之一。衡量人生成功的最终标志我认为不是升官、发财和扬名,而是情谊资源的拥有。情谊无价,拥有真诚丰厚的情谊资源,就可以随时随地感受到人生的安逸、愉悦、温馨和美好,这种生存状态不就是每个人都想要的幸福生活吗?这里涉及一个重大问题,即每个人在团队中如何处理好人际关系,若处理不当,凡事意气用事,一有不合便相互埋怨指责,其结果必定是人心涣散,甚至导致组织解体。所以,珍惜情谊,不仅仅是人际关系问题,更关系促进会组织的长远发展,切不可等闲视之。

  人际关系的处理与人格境界有密切关系。据我观察,人格境界与人生幸福指数成正比,而"我"(私欲)在自身心目中所占的份额,则是衡量人格境界高低的根本标志:"我"的份额越重,境界越低,欲望越盛,烦恼越多,幸福感就越弱;反之幸福感就越强。我把人格境界从低到高分为五档:**最低档是"唯我"**。这类人奉行人不为己、天诛地灭的人生哲学,心中只有自己的利益和欲望,凡事只为自己着想,完全不考虑他人的感受,容不得别人掺一粒沙子。他们是唯我独尊和极端私利者,因此世上与他相关的所有人,几乎都与他结怨作对,他能不痛苦吗?**次低档为"小我"**。这类人心目中的"我"几乎只有他自己,大多数时候和大多数事情上只为自己考虑,只有在少数情况下会顾及他人的利益和感受。他们在生活中遇到的苦楚也不会少,毕竟大多数人不认可他的做法。**中间档为"半我"**。这一档次的人,可称为"凡人",占人群中的大多数,他们心目中既为自己着想,也为别人着想,已达到人之为人的境界,因为人是一种社会关系存在物,只有做到相互关心、相互帮助、相互爱护,才是一个合格的人。**次高档为"大我"**。大"我"之"我",非一人之我,而是一群、一族、一国乃至于天下人之我。这一档次的人可称为"贤人",他们虽然也会顾及自己的利益,但更多的是为他人、为大众着想,因而会受到人们的普遍尊重和爱戴,想不幸福也很难。**最高档为"无我"**。达到这一境界的人可称为"圣人",我国传统文化三大主干——儒、释、道,形式和内容各不相同,但有一个共同点,即都将达到"无我"境界作为人生修炼的最高目标。儒家追求成圣,释家追求成佛,道家追求成仙,都是无我境界的体现。这类人在人世间凤毛麟角,他们的幸福指数远非常人能及。上述五个档次中的人,因"我"在自己心目中的所占份额不同导致人格境界高低不同,而人格境界不同又导致各人所享福祉有天壤之别。由此可见,人格境界与幸福指数两者之间有非常紧密的内在联系。

通过提升人格境界获取人生幸福,是智者的选择。我们不能指望自己达到"圣人"境界,那是天方夜谭,因为人格意义上的圣人几百年、上千年才能出一个,对普通人而言,能达到次高档即贤人境界就相当了不起了。希望达到这一档境界能成为我们每个人的努力方向,途径在于"寻道",关键在于"修炼",标志在于"觉悟",目标在于"超越"。一个人若真能用心修炼,致力于改良自己的内心世界,持之以恒,就有可能实现对自身灵魂的升华,就能超越功利,超越名誉,超越是非,超越恩怨,超越生死,从而进入"人之道"的境界。孔子曰"朝闻道,夕死可矣"。尽管我们已过花甲、古稀之年,到晚年还能在获取"人之道"上有所增益,那实在是大幸之事,而且是可行之事。人到晚年,闲事少了,压力轻了,回顾多了,反思以往走过的路成为一种自觉,而且有更多的时间阅读、思考和探讨,这有利于将世事看得更加清晰,将人生悟得更加透彻;一个人凡事都能想开、看淡、放下,"人之道"便会在心灵深处开花结果,人格境界自然也会在潜移默化中得到陶冶和提升。

  以上所言,看似一番空洞无物的大道理,实则是我亲身体悟到的人生之道,是我在生活中经长期观察后发现的一条规律。如果我们都能从规律的高度去认识它,自觉珍缘惜谊,共栽友谊之树,同唱真情赞歌,不仅可以使团队有一个好的工作氛围,而且个人也可以一辈子受益匪浅。我将这点人生感悟,今天与各位同仁分享,并愿与大家共勉。

  珍缘惜谊,直接目的是把促进会的工作做得更好。促进会的工作目前正处于关键时期,退则功亏一篑,停则效益清零,进则前途光明。我想每一位在座的同志都会义无反顾地选择协力前行。

  由于身体原因,根据医嘱,我已不适合参加促进会日常工作,曾多次口头向有关领导提出过辞职请求。在组织未作决定前,暂时仍挂会长之名,但不再行会长之实,而是由执行会长全权负责。作为首届促进会创建者之一,只要身体条件允许,今后我仍会用心关注促进会工作,并对促进会的长远发展寄予厚望。根据对目前所处状况分析,我建议促进会下一步工作的总基调可把握"**巩固、拓展、创新、提升**"四个方面。**所谓"巩固"**,就是要进一步夯实基础,重视体制机制建设,重视人才队伍培植,重视壮大组织体系,进而把促进会工作纳入规范运行、良性循环和可持续发展的轨道。**所谓"拓展"**,就是要为传承弘扬青瓷文化争取更多的资源,努力扩大青瓷产业规模,从瓷土供给、产品研发、工艺创新和产后销售等领域入手,不断完善产业链;同时,要不断扩大对外联系,同国内外著名产区建立稳定互利的合作关系。**所谓"创新"**,就是不拘泥于秘色瓷的复古研究和仿制,不拘泥于瓷器釉色的单一类型,不拘泥于就青瓷产业抓青瓷文化,而是要在推动"新越瓷"发展上创出一条新路,坚持艺术创作上的百花齐放,鼓励艺术家们各显神通,大胆创新;同时,在如何让越窑青瓷文化更好地为塑造城市特色文化形象服务方面,研究提出行之有效的新举措。**所谓"提升"**,就是要努力提升促进会工作的综合效益,努力提升为慈溪城市增光添彩的贡献份额,努力提升为广大会员和成员单位的服务水平,从而为把慈溪打造成为富有特色的精神文化家园,尽到我们的绵薄之力。

最后要重申的是:我们所做的一切,都是为了让慈溪人民共有家园变得更加美好,都是为了实现我们心中的理想和愿望。在这一过程中,促进会组织及在座各位都不可有丝毫的功名心态。在塑造秘色瓷都城市文化形象过程中,促进会只是其中一个小小的配角,绝对不可与任何相关单位争名分、抢风头,因为促进会根本不需要这种所谓的"名分"。作为个人,一旦有了功名之心,做事会走偏方向,做人会陷于庸俗,这与文化工作者的人生宗旨背道而驰。促进会的工作如果有了成绩和效益,要归功于市委、市政府的重视和关心,归功于各有关方面的配合和支持,归功于全体会员的共同努力。作为促进会的组织者、管理者和服务者,我们的愿望是秘色瓷都城市文化形象能在慈溪成为现实,吾辈之人的"剩余价值"能得到有效发挥,促进会的人生经历能成为我们晚年的美好回忆。

关于越窑青瓷文化如何实现守正创新的初步思考

徐尔元

越窑青瓷文化是慈溪先人留给我们的宝贵文化遗产,是慈溪人民最引以为豪的一个地域文化品牌。

当下,各行各业都在响应习近平总书记守正创新的号召,越窑青瓷文化也不例外。下面围绕越窑青瓷文化守正创新这一主题,从三个维度与大家交流。

一、要清醒地认识越窑青瓷文化守正创新的必要性和紧迫性

首先,从事物发展普遍规律看守正创新的必要性。 西方有一位哲学家叫赫拉克利特,他说世界万物都在不断地变化和流动,没有一样东西是静止的、凝固的。一个人一生不可能踏进同一条河流。这说明万事万物都在不断地变化,都有它特定的生命周期,没有一样东西是永恒不变的,我们必须顺应这种变化规律。对于青瓷来说,最早出现的是越窑。越窑延续了一千多年,最后衰落了。所以说"天下大势,浩浩荡荡,顺之者昌,逆之者亡",兴有原因,衰有定数。为实现越窑

此文为徐尔元会长在青瓷文化守正创新座谈会上的讲话。

青瓷的守正创新和再度辉煌,必须遵循顺势而为、与时俱进的基本规律。

其次,从慈溪市情看守正创新的紧迫性。**第一个紧迫性——慈溪城市发展的地域文化支撑不够有力。**一个城市有了文化品牌,内涵、底蕴、品质就上去了,温馨感、凝聚力、向心力就体现出来了。我们这个城市有文化底蕴,却没有充分被展示出来。城市建设没有文化做支撑,没有地域文化做标识,难免给人以雷同化的感觉。"秘色瓷都"是慈溪城市形象特质的概念和提炼,目前只是一个书面化的口号,进入慈溪有谁能感受得到慈溪是秘色瓷都?没有。那就需要我们通过打造秘色瓷文化品牌,把越窑青瓷文化的底蕴挖掘和展示出来,让人们感受到独特的城市形象。

第二个紧迫性——越窑青瓷文化是一种极其宝贵的历史文化资源,外地都在竞相使用。相比围垦、移民和慈孝文化,越窑秘色瓷文化更具有稀缺性和特色性,是慈溪所有地域文化资源中最具历史存在感和国际影响力的文化,是一块世界级的历史文化瑰宝;而其他地域历史文化资源既不独特,也缺少可展示性,相比较而言越窑秘色瓷文化才是我们慈溪最响当当的地域历史文化品牌。慈溪越窑秘色瓷文化促进会有责任捍卫好越窑秘色瓷文化这个品牌。

第三个紧迫性——慈溪青瓷文化产业基础还相当脆弱,根基不够扎实。目前我市青瓷产业远不能撑起"秘色瓷都"这一文化品牌。青瓷文化从本质上讲是一种产业文化,沙滩上建不起高楼,没有产业做支撑,纯文化是没有办法撑起"秘色瓷都"这个文化品牌的。目前我们的青瓷文化产业还远远撑不起来，只是初见成效，有了一点小气候，它的品牌效应、知名度、感召力远远不够。它的短板在哪里？（1）产出能力还相当薄弱，年销售总量加起来不超过3 000万元。（2）大中小企业合计还只有16家，技术工人还不到100人。（3）产品市场半径相当短，大部分小企业产品都在本地销售，只有几家已经有品牌效应的企业开始走出慈溪，走出宁波，甚至走出国门。（4）政府花巨资建设了一个上林湖青瓷文化传承园(简称传承园)，传承园团队很努力，在工作环境条件不那么完备的情况下，还是做了大量有效的工作，但目前的管理体制以及政策体系，不利于传承园作用的发挥。（5）高层次职业人才相当短缺，宁波级以上的工艺美术大师到今年估计可以达到20多个，这个群体的形成是一个很大的收获，现在省级以上有5个，但是还远远达不到支撑产业繁荣兴旺的人才需求。（6）更重要的是16家生产青瓷的企业当中能够养活自己且获得利润再发展的不到1/3，有些企业只是季节性参与，几乎没有利润。

  为什么复烧20多年了，产业发展远未达到理想状态？我们从两个方面进行了总结和反思：首先，从政府角度讲，为了获取世界历史文化遗产点的荣誉，一次性上马建设慈溪市上林湖越窑青瓷博物馆、上林湖青瓷文化传承园等多个大型政府文化项目，还在传承园、瓯乐团等单位的管理营运上每年投入1 000多万元。十多年来，累计投入不少于3个亿。这个财政支出不是个小数字，但实际效益却不太理想。其次，从企业角度讲，有创新能力的企业占比很小。慈溪市现有16家企业，大体可分为以下7种类型：**第一种叫作仿古复**

原型。以闻长庆、闻果立父子为代表,他们的仿古复原应该说已经取得了显著成绩。他们制作生产的秘色瓷的相似度正在接近原始的秘色瓷。他们走这条路,精神非常可嘉,投放了大量的资金,但这么多年了却少有回报。**第二种叫作移植融合型**。代表性人物是孙迈华、孙威父子和施珍。孙迈华、孙威制作生产的青瓷脱胎于龙泉青瓷,落户慈溪后经过不断探索,完成了越窑青瓷与龙泉青瓷的融合。施珍有中国江西景德镇、中国台湾以及韩国的学习和工作经历。她把多种陶瓷基因融入越窑。他们本质上都推动了越窑与外地制作技艺的融合。**第三种叫作本土学院派**。代表性人物是沈燕荣。沈燕荣是慈溪人,中国美术学院硕士,可称为本土学院派。她有两点值得肯定:其一是把其他釉色融合到青瓷中;其二,她的先生现在着手搞营销创新——电商直播。**第四种叫作复合团队型**。以落户龙山工业区的尤耀明为代表。他开设的艺术馆中的作品主要包括陶瓷、水晶和东欧油画三大类,很有观赏性。**第五种叫作兴趣爱好型**。以沈小波为代表,他自己爱好并参与,雇用了龙泉的技工,季节性地做一些作品,偶尔也能获一些奖。**第六种叫作窗口代销型**。以高明为代表,他在慈溪开了一个销售窗口,销售景德镇的瓷器,自己不参加制作,在慈溪没有工厂。**第七种叫作外地引入型**。以鲍祁茗和侯梦露为代表。她们是高峰老师的嫡传弟子,从外地引进而来。她们制作的瓷器面貌与传统青瓷截然不同,是由高峰老师带徒创新实践后再被移植到慈溪。

从上可以看出:作为政府,要考虑将有限资源用在刀刃上;作为企业,要大胆走创新发展的路子,单纯靠移植、模仿、复古是不太会有前途的。

二、要清醒地看到越窑青瓷文化守正创新的艰巨性和可行性

守正创新非易事。什么是守正？就是坚持优良传统，坚持优良基因，坚持正确的艺术观和审美观。我们发展青瓷产业，为社会进步服务，为城市发展服务，就是最大的"守正"。

守正与创新是有机统一的，相比守正，创新更为不易。对此，我们应从多个角度认识慈溪越窑青瓷文化创新发展的艰巨性与可行性。

第一要看到创新的艰巨性。创新讲起来容易，做起来很难。青瓷产业创新在慈溪主要有**五方面制约：第一个制约是创新人才严重不足**。90多名工匠人员，基本上以模仿、借鉴、跟随居多，有独创精神、有独创技艺的凤毛麟角。**第二个制约是思想观念闭塞滞后**。制约我们创新的思想有哪些？一是畏难思想，觉得创新很难；二是保守思想，认为守正创新重在继承传统；三是观望思想，认为可以慢慢来，不要急，迟早会有的。为了我们慈溪这块世界级的文化瑰宝再放异彩，为了城市有更深厚的文化底蕴，我们要有一万年太久、只争朝夕的紧迫感。**第三个制约是产业体系还不完备**。慈溪的产业环境不配套，比如研发设计、瓷土供给、工艺创新、产品营销这些环节仍比较薄弱，促进会的公共服务更多的是行政层面的服务，也就是说对于生产要素方面供给的服务我们无能为力，因为我们没有掌握这些资源，现在能争取到每年400万元的扶持政策已经很不容易了。**第四个制约是管理体**

制不太科学。我们的管理是多头管理,这么一个小众产业,但是现在市委宣传部在管,市文广旅体局、促进会、传承园在管,如今又增加了一个文旅集团,多头管理的效率和效果不太好。如果由市委宣传部来总牵头,统筹协调,促进会主要做会员的服务管理工作,文旅集团主要搞文化企业,传承园主要搞展示,搞大师的引入,市文广旅体局主要抓文化活动,这样围绕一个核心,各自分工,团结协作,推上去是完全可能的。**第五个制约是环境条件不太理想。**青瓷产业很苦,当地青年一代不愿意从事这个行业,我们90多名员工大部分都不是本地人,几位骨干也大多是从外地来的;慈溪劳务成本高,企业养员工负担比较重。

为此,慈溪是否还能创新发展,闯出新路,复兴越窑,再创辉煌?当然,只要有信心,有决心,这一宏伟事业必定能成。因为我们也有五个优势。

第一个,人文精神非常独特。我们在去年做的一个城市文化形象塑造专项规划,把地方文化人士集中起来,综合分析出慈溪人的三大精神特质,就是慈溪人精神中的包容性、开拓性和创造性非常突出。实践证明慈溪人很乐于追求卓越,追求精致,做任何事情都能达到一个很高的境界。**第二个,区位条件非常有利。**最近国务院批复了《浙江省国土空间规划(2021—2035年)》,规划提出浙江要打造世界级的大湾区,一旦世界级大湾区打造完成,这个地方将成为一方热土,这个板块将来不但能引领长三角地区,而且能引领全中国,甚至会引领全世界。这个板块经济发展得快,人文素养高,对精神文化的需求越来越旺,这是我们打开市场的大好时机。**第三个，产业基础已形成**。20年前我们从零起步，从头开始，经过不懈耕耘，尽管成效还不尽理想，但毕竟已形成了一批企业和一批人才，这是我们再度出发的重要依托。**第四个，背靠大树可乘凉**。我们有几棵"大树"，中国美术学院、中国陶瓷工业协会和浙江省陶瓷行业协会、中国青瓷学院、宁波大学科学技术学院文化创新学院以及高峰团队、嵇锡贵团队都是可以依靠的。有这些高科技因素做依托，对我们推动创新、更新观念、理清发展方向和思路肯定有用。**第五个，市场需求正趋旺盛**。这是有规律的，艺术品市场可持续发展必须建立在民众对艺术品市场的喜爱和需求上，好的艺术品动人心魄，令人流连忘返，视之若宝，而这个趋势近年来正在悄悄地走进千家万户。

三、要清醒把握越窑青瓷文化守正创新的方向性和操作性

第一点，要明确守正创新的终极目标。守正创新即使地位再高，也只是一种手段、一种工具，它是为我们的目的和目标服务的。我们的终极目标概括来讲是顺应大势，服务大局，复兴越窑，再创辉煌。前面两句是终极目的，就是越窑青瓷文化搞好了，品牌叫响了，为我们这个城市的综合发展提供服务，即服务大局，这是最大的守正。后面两句是终极目标，即复兴越窑，再创辉煌。目前我们青瓷行业尚未复兴，只是星星之火，还没有真正燎原，距辉煌差距甚远。我们既要看到成绩，更要看到差距，只有看到差距，才会继续去努力。怎样算复兴和辉煌呢？要满足四个标准，第一，从现在开始花10年时间争取年销售突破3个亿。第二，年销售超千万的

规模型企业力争达到或超过 10 家。第三，形成一个总量不少于 60 名的宁波级以上工艺美术大师，其中省级以上大师力争达到 10—15 个。第四，形成一个比较完整的青瓷产业园。

　　第二点，要确立守正创新的正确观念。我们怎样理解守正创新，说白了就是要坚持优良传统，坚持正确的艺术观和审美观，坚持正确的指导思想，比如越窑秘色瓷在釉色上的一贯传统是什么呢？是青，现在说越窑就是青瓷，但青瓷不一定是越窑，因为其他地方都有。传统的角度讲越窑是青瓷，于是我们有些人把守正创新理解成守"青"创新。我认为坚持以青为主是慈溪应该长期坚持的一条正道，因为青瓷仍然有生命力，仍然有发展、提升、创新的空间，仍然受到了真正懂艺术的人喜爱，它有一种淡雅、简洁、纯粹的艺术美。我们放弃了青，就是否定自己的历史。"青"要坚持，但是我们不能把自己局限于守青，否则就会束缚我们的思想观念和创新空间。所以我们在守正创新上的一个总体要求就是在学术上要百家争鸣，在艺术上要百花齐放，在技术上要百舸争流。三个"百"：百家争鸣，百花齐放，百舸争流，很笼统抽象，但确实是我们希望看到的一种局面，是我们实现创新目标的大前提。有了这样一种氛围和前提，我们的创新之路一定走得出来。

　　联系到慈溪青瓷艺术的现状，需要我们在下列五个问题上形成共识：第一，怎样看待坚持以青瓷为主与包容其他瓷种的关系。第二，怎样看待培养本土人才和引进外地人才的关系。第三，怎样看待利用本地瓷土和利用外地瓷土的关系。第四，怎样看待当地拿订单，外地搞加工。第五，怎样看待传统越窑与新越窑的关系。"新越窑"这个概念是高峰老师20多年前最早提出来的，他说越窑沉淀了近千年，现在又恢复了，但是我们不能拘泥于古代的越窑，在新的历史条件下，我们要搞出新的越窑才能迎合时代和市场的需求。对上述这五个问题，我们的基本态度如下：首先，我们要坚定不移地走改良创新本地青瓷的路子。在当前和今后很长一个历史时期，仍然应该坚持以青为主的发展道路，坚持将青色作为越窑的本色。其次，对于外来的一些生产要素，只要其适合在慈溪土地上生存和发展，只要其不破坏慈溪的生态环境，只要其对复兴越窑有利，对加快塑造城市文化形象有利，我们就应该开放包容，热情欢迎。

第三点，要明确守正创新的基本标准。标准有**五个方面**：**第一**，顺应时代进步趋势，就是艺术品要迎合时代的需求。**第二**，切合市场消费需求。**第三**，满足大众审美心理。艺术是一种审美活动，要迎合受众，才能打动受众。**第四**，形成新的艺术面貌。艺术的关键是什么？就是要独特新颖，精致典雅。因为独特才有自己的面貌，模仿跟随就落伍了。**第五**，获得专家高度认可。人民的检验、市场的检验固然重要，但是专家的认可也非常重要。当专家觉得这个东西确实好，有前途，我们发展它就更容易成功。

第四点，要创立守正创新的工作机制。**第一**，要加大青瓷艺术创新人才的培养力度，这是根本。**第二**，鼓励企业良性竞争，竞争是一种创新的动力，我们每年都要组织开展瓷艺创作、创新大奖赛。**第三**，要建立创新公共平台，促进会研究部的工作重心要逐步由考古复古研究,转向新型越瓷的研究。**第四**,要加强与中国美术学院等可以依托的一切力量,借助外力发展自身不断创新提高。**第五**,待青瓷文化产业扶持政策第一个三年期满以后,调整产业政策时,要进一步加大对艺术创新的支持力度。**第六**,促进会每一个成员单位只要是有产业的都要作为青瓷艺术创新的主体。今后每年会长会议要把守正创新作为每年的会议主题。**第七**,密切关注国内外陶瓷行业发展新趋势、新功能和新特点。**第八**,要组织力量,对契合时代需求的新工艺、新样式、新设计精心攻关。创新设计是一个很重要的环节,创新的起步在于设计,在于理念的更新。**第九**,鼓励所有的会员,尤其是瓷艺从业者要争做越窑青瓷艺术守正创新的有心人。世上无难事,只怕有心人,用心不一定成功,但不用心肯定不成功。**第十**,要努力拉长市场半径,走出慈溪,今后一个时期要将长三角周边地区作为主攻方向。当然从长远看,要力争走出浙江,走向全国,甚至走出国门,所以越窑青瓷产业创新,要贯穿于研发设计、瓷土提炼、样式设计、釉色改良、烧制技艺、市场营销等各个环节,不能只局限于釉色的改良,要博采众长,及时吸收兄弟瓷种的长处为我所用,来不断改良我们青瓷产品的基因,逐步形成独特、典雅的崭新面貌,争取产生更大的影响,形成一个响亮的文化品牌。

改进工作方法,提升运行效率

徐尔元

我今天发言的主题是改进工作方法,提升运行效率。

促进会成立三年来,我们做了大量的工作,研究出台了大量举措,也取得了比较明显的实际效果,大家非常辛苦,从某种意义上说这些成果是用我们的心血、汗水换来的。有些同志讲我们已经退休了,还在这么忙,确确实实是这种情况。上次的务虚会从工作举措的角度总结了八大亮点,今天从实际效果角度讲,总结我们取得了哪些成效,如何再接再厉更上一层楼。

一、成效显著,环境改善

其一,我们争取到了四种宝贵资源,为促进会工作的开展创造了良好的环境和条件。第一种是争取到了政治资源,由慈溪市两办发文要求各部门分工落实抓好秘色瓷文化品牌建设的实施意见,使我们有了"尚方宝剑",借助各部门力

此文根据徐尔元会长在 2024 年 2 月 23 日促进会新年开局会议上的发言录音整理而成,这是徐尔元的最后一次会议发言。4 月 17 日由李小平整理完毕尚未征得会长确稿,会长却于 4 月 18 日凌晨不幸病逝,后由沈建国再次修改确稿。

量有了政策依据。第二种是争取到了政策资源,在市财政非常困难的情况下,去年终于出台了青瓷文化产业扶持政策,总量比我们预计少了一半,只有400万元,但400万元也难能可贵。慈溪有几千个社团组织,有政府背景的社团组织有六七个之多,但没有一个社团组织由市委、市政府做后盾,由市财政局、市文改办来出台扶持政策。第三种是争取到了规划资源,市委宣传部、市自然资源和规划局根据我们的提议,由市文广旅体局出面委托促进会,实际由我们促进会运作,耗费了两年多的时间和大量精力,编写了《慈溪城市地域特色文化形象塑造专项规划》,最后命名为概念规划,出资160万元。这个规划资源也是以后我们推动工作的一个重要抓手,但不能寄予过高的期望,我们本来想五年有所成效,但各方面共识还没有形成,我们希望用十年时间,十年中每年上马一个项目,十年下来城市面貌就会有新的改变。第四种是争取到了品牌资源,我们争取到了中国陶瓷工业协会、中国美院和省陶协与慈溪共同参与,举办了"中国青·上林杯"国际青瓷艺术双年展。"双年展"如果策划得好,有望成为一个有国际影响的品牌,而且借此也能使慈溪成为国际上陶艺界人士打卡热门地。目前我们打国际品牌,还名不正言不顺,希望几届活动以后,能够扩大我们的国际知名度。

其二,完成了大量的基础性工作,实现了整体工作的良好开局。这方面在八大亮点中讲过了,我就不展开了,这也是成效,基础越扎实,今后开展工作越顺手。

其三,探索了不少行之有效的工作举措。比如说青瓷文化进校园、进村(社区)活动,专业人才的引进和培养,组织参加全国性的青瓷作品展赛,以及青瓷技能操作比武、青瓷茶具作品比赛等,都是我们这几年探索出来且行之有效的举措。还有青瓷文化宣讲团在社会宣传这一块的工作也非常突出,知晓度确实提高了。

其四,青瓷产业不断兴起壮大。短短三年,增加了五六家青瓷企业实属不易。

其五,一些形象性项目正在落实之中。第一个项目是龙耀明的琉璃馆。龙耀明一直在龙山,现在倾向到宗汉街道来,且已基本落实。这个项目落地后可以大大提升我们城市文化的形象,他有三大门类资源,有3 000张乌克兰油画,有大量的高档次琉璃作品,还有10多人的陶艺创作团队。这个项目能够落地,让我心里感到很安慰。第二个项目这个项目是旅珍的艺术馆。施珍也将重心从观海卫转移到浒山街道,艺术馆的房子已经建好,预计6月可以开馆,城区青瓷文化形象性项目又增加了一个新亮点。第三个项目,正在对接当中也基本落实,就是陈云同的吴越青瓷博物馆。这个项目经促进会从中推动,慈溪市政府章市长亲自批示,各方面都很重视,在较短的时间内得到了落实。再一个已基本落实的就是龙泉过来的陈彬彬,他的岳父在龙泉,是省级工艺美术大师,他的妻子是丽水市级工艺美术大师,夫妻俩落户到宗汉街道已经基本谈妥。

其六,市内外对慈溪越窑秘色瓷文化品牌的认知度有明显提升。这不能完全归功于促进会,慈溪越窑青瓷文化节、"越窑杯"等综合性活动都在起作用。促进会成立以后,秘色瓷文化品牌的认知度提升变得更加明显,媒体的宣传也强化了,每次大展获奖回来都在报纸、电视上进行宣传。

六方面的成效归结到这里,但最后我们还是要立足于几个方面进行比较反思,即我们有发展吗?有变化吗?有进步吗?这才是我们的终极目标。过去三年半,我们的工作压力比较大,同志们非常投入、非常辛苦,我内心感到很欣慰,靠大家的付出取得了一些成效,历史会证明,我们的付出是值得的。

二、强化服务,聚焦重点,提升运行效率

根据目前的情况,下一步我们怎么办?我们怎么样来改进?怎么样来提高?我想从五个角度给大家提供参考。

第一是要收缩战线,聚焦关键。

其一,目前调整工作格局的条件具备了,前三年开局打基础,工作架构拉得比较开,可以说是全线出击,让我们忙得不亦乐乎,不管是本职工作还是非本职工作,不管是我们应该做的,还是不应该由我们做的,最后我们也揽过来了,由我们来做,这样工作量成倍增加。这三年当中投放精力最多的是哪几件?耗时最长、牵涉面最广的就是编写《秘色重光》这部书,这是一部重要的纪实文学专著,尽管付出了很多,也几经曲折,但最后成果还是得到了各方面的肯定。我在外面也听到了,大家反映这本书,实事求是地讲述了这段历史是怎么走过来的,有承前启后的作用。此外,我们又编写了慈溪城市地域特色文化形象塑造规划文本,这应该是由市文广旅体局搞的,我们揽了过来,历时两年多时间,尤其是 2023 年确实花费了很多精力,有时甚至连日连夜奋战,我们所做的

是基础性、探索性、开拓性的工作。还有些工作像实施意见、扶持政策，本来也不需要由我们去做，但我们不做，谁来做？宁可一开始多吃点苦，做成了以后就有"尚方宝剑"了。还有花费时间最多的是国际青瓷艺术双年展，两届双年展，特别是第一届双年展，作品征集、评选、展览等一系列基础工作，还有大量的文字工作，光我亲自经手的文字材料就至少在13则以上，前后约有2万余字，包括领导讲话、策划方案、作品集序言、开幕式策划、颁奖典礼主持词等一整套策划，经过反复多次修改完善，期间会议一个接着一个。由于我们前期的付出，现在这些东西都生了根，以后我们不需要再去花大量精力做重复性的工作，不过还需要进一步完善。今后，更多的是做一些实践证明行之有效的工作举措，使之进一步落实完善，这样压力就会大大减轻，所以我想调整工作方法有这样的背景。三年半后的今天，上述多项重点工作已不需要重复去做，一些常规性基础工作的机制也已基本形成，工作经验也有了。从现在开始，我们的工作完全有条件进入一个相对宽松期，工作的战线要适度收缩，不要全面开花，不要大包大揽，工作重心和方法要进行必要的调整，尽快地把有限的人力、财力、物力聚焦到关键部位，力求产生更好的效益。

其二，今后促进会工作要紧紧围绕主旋律来展开，这个主旋律就是以促进城市特色文化品牌打造为根本目的，以推进越窑青瓷文化守正创新为根本动力，以推动青瓷产业体系建设为重中之重，以企业培植、人才培养、工艺创新、市场拓展、学校教育、社会传播和对外展示为主要抓手，要往这个方向去展开主旋律。

其三，以是否合乎上面所讲的主旋律为准则，对我们已经和正在实施的工作举措进行效益评估，就是评估这样做有没有效果，和主旋律、根本目的有没有冲突。凡是行之有效且效益明显的就要坚持强化，凡效益不太理想的就需要进行一些修改和调整。这样做的目的是减少无效和低效劳动，提高我们的运行效率。我认为我们现在所做的一些工作举措都是有效果的，有些是直接的，有些是间接的，有些是有形的，有些是无形的，有些是眼前的，有些是长远的，无需推倒重来，无需大规模缩减，基本上都要坚持下去，因为这些都是实践探索出来的经验。

其四，为了适应工作重心和方法的调整，提高运行效率，促进会内部的分工要做相应调整。调整方案按章程规定，要提交理事会讨论确定，并在会员大会中公布通过。

第二是要各司其职，相互协作。

其一，**要强化角色意识**。每个人都要强化在团队中的角色意识，我们这个团队在某种意义上就是一台机器，每个人都是这台机器中的零部件，都是这一个团队当中的一个角色，每个人都要经常地思考、反思、检讨自己的角色意识有没有到位。要思考三个问题：一是我在团队中是什么角色？二是我是干什么的，我是做什么的，我的责任职责是什么？三是我干得怎么样？脑子里经常要去思索这样三个问题，不断提醒自己，吾日三省吾身。

其二，**要强化组织大局观**。下级对上级负责，一级对一级负责，这个原则同样适用于我们这个具有联合性质的社会组织，这一点必须特别坚持。我们在工作中要充分发扬民主,每一个人有自己的想法都要大胆地提出来,直抒胸臆,但是你提出了是不是被采纳,这又是一回事情,什么事情都是一把手说了算,一个团队就死气沉沉,没有活力,容易走偏。所以,我们今后的工作既要坚持发扬民主,更要坚持由会长、执行会长来主导全局,由副秘书长和办公室主任协助执行会长开展日常工作的统筹、研究和协调,办公室不是一个只对领导负责的部门,而是在各部室工作之间相互沟通、联系、协调的部门,办公室要承担起来这个责任。在工作当中有意见要尽量发表,但是发表意见尽可能不要情绪化,一定要心平气和,更不要因为某个意见不被采纳而心存芥蒂。我相信我们都是理智的人,提意见是对组织负责,你的意见被采纳,是你的贡献;你的意见被忽视了,责任尽到了,听不听是领导的事情。

其三,要强化部门之间的协作。工作上各部室每一个同志都要相互支持,相互协作,相互关心,尤其要注意一点,不要认为我这个部门工作做得多,你这个部门工作做得少,不管多与少,我们都在尽责任,只要责任尽到了,你比别人少做点或者多做点,都是不值得计较的事情。这点我想要给大家提醒一下,要处理好同志关系,上次务虚会议提到我们有缘相聚,希望都能成为有较深层次、比较密切的朋友,既是工作的需要,也是个人人生道路上的重要收获。我总结了我的"三宝",这"三宝"是这样概括的:**一是善良,但绝不心软**,过去说心慈手软,善良的人心软手软,但实际上不成熟;**二是真诚,但绝不心直**,诚心就是赤诚无私,心地无私天地宽,但不是把心里想的东西都不加思考地讲出来;**三是心谦,但绝不**

心卑,一定要谦虚低调,待人接物要有一种谦和的态度,但我绝不自卑,绝不低三下四。这个"三宝",是我七十年人生的思考和感悟,前面的三个半句是善待别人,后面的三个半句是保护自己。我善待别人,我的生存环境就会好,我对别人好,别人也会对我好。但反过来讲,要自我保护,我绝不心软、绝不心直、绝不心卑,内心十分强大。我觉得这"三宝"是有用的。这三条最核心的是"善"。"善"在不同的学科中的含义是不一样的。一个是道德中的善,我们的社会道德讲究善,做人要做好人,这是一种规律,是一种约定,大家都要遵守。一个是哲学上的善,与刚才讲的很不相同,哲学上的善是一种智慧,道德中善由外而来,是外面灌输过来的,你接不接受很难说,但上升到哲学高度后会发现,善原来是这么伟大,由此让人内心觉得我一定要善良,抓住一切机会,做一个善良的人。在苏格拉底看来,道德就是智慧。之前我不理解,道德是做人的行为,智慧是人聪明不聪明的问题,实际上分析下去会感悟到一个人的智慧同道德之间有内在联系,智慧有了,他必然走向道德。

其四,要强化独立思考。 工作上要一起研究问题,不要随大流,不要人云亦云,不要被感觉牵着鼻子走,一定要让理性、让智慧来掌控我们的灵魂。小李有一次跟我说,徐部长我现在突然豁然开朗,我说你咋开朗?他说我在学《易经》。中国文化的源头之一是河洛文化,然后延伸出《易经》,《易经》又延伸出儒、释、道等各家各派。所以碰到事情都要用一种开放式、系统性、前瞻性的思维,经多维度地深入思考和换个角度看,呈现出来的东西是不一样的,所以说许多人只看到一点是不全面的。这就是典型的哲学上说的形而上学,片面地、孤立地、静止地看待问题,而唯物辩证法正好相反,要求我们全面地、联系地、动态地、辩证地来看待问题,才能够看得准、看得深、看得清。苏轼的《题西林壁》是所有诗歌中哲理性最强的,这首诗的哲理性在哪里?就是看问题要全面,要多角度去看,才能看出真面目,我们看问题也要这样去思考。两年多来,我身患意想不到的疾病,这也许是一种天命,但我从来没有停止过我的职业习惯——思考、思索。因为以前我在慈溪市委办是搞文字工作的,14年下来养成思考问题的习惯了。我躺在病床上,脑子也没休息,身在曹营心在汉。我在思考什么?两年多来思考最多的是三大问题:第一个思考的是前湾发展,形成了一本《前湾集》;第二个思考的是秘色复兴,现在在小李的帮助下,《秘色集》第四稿已经形成;第三个思考的就是人生,这是我思考得最多的。因为我的经历虽然表面上看有时候有点光鲜,实际上充满坎坷、充满曲折,这使我对人生有更多的思索。

其五,要营造宽松氛围。团队内部每一个成员,都要共同营造宽松、快乐、祥和、温馨的工作氛围。我们退休了,只有生活在这样的氛围中,才真正有益于身心健康。我们有缘相聚,千万不可闹是非、争高低、结恩怨,作为主要领导的职责是运筹帷幄,凝心聚力,领航掌舵,身体力行,这就是一个统帅。小团队也有统帅,哪怕是一个三人的团队也有内部分工,有人抬头看路,有人低头拉车,更何况我们的团队现在也不算小了。会长、执行会长,包括分管领导、部门负责人都要养成这个习惯,切不可纠结于具体事务,在工作当中既要有原则,有主见,大胆行使管理权,同时又不能以领导者自居,而是要以真诚、平等的态度对待每一位同志,这点非常重要。这和我们在担任职务的时候不一样,所以我们更要以平等、随和的态度对待每一位同志。他们做出了成绩,我们要及时鼓励;他们出了偏差,我们要担当责任,不要一推了之,而且尽可能少用责怪、埋怨、批评的口气,要坐下来细心分析,究竟差错在哪里?原因是什么?同时特别要强调,作为下属一定要养成尊重、支持、服从主要领导、分管领导和部门领导的意识,养成召之即来、来之能战的意识。

其六,要强化射门意识。今年2月初,我在慈溪大酒店务虚会议讲话前,曾向孙国君主任、谢纯龙老师请教,国君主任提出来要强化射门意识,我很有感触,也是我考虑我们可能需要做一些调整的重要启发点——射门,我们促进会的门在哪里?我考虑了一下,由近到远有三扇门。第一扇门是人才,人才的培养、引进是最根本的,没有人才,就没有后续的青瓷企业,也没有青瓷产业;第二扇门是青瓷产业的兴旺;产业兴旺以后进入最后一扇门,即城市特色文化品牌的塑造。概括起来就是三扇门——人才、产业、品牌,从开始启动一直到最后,三扇大门成为我们的主旋律,射门意识就是要射准这三扇门。其他的举措也要围绕这三扇门来展开,一切工作举措都要有明确的目的指向,都要有意识地融入主旋律,都要为实现促进会的根本目的服务——打造文化品牌,都要虚功实做,着眼于解决问题,产生实效,防止形式化倾向。

其七,要强化包容精神。每一个同志都要有大格局、大胸襟,尤其是负责同志,当工作中遇到不顺心的人和事,尤其是听到反面意见,不要心生怨气。这里面我们要有分析,人家提出来目的是什么?性质是什么?出发点是什么?所以我想到古人说闻过则喜、有则改之、无则加勉。这一点我们要坚持。我一生中最尊重六气俱佳的人,人是有气的,看不到,但很实在,这六个气就是大气、正气、人气、阳气、骨气,还有一个是义气,义气就是情义,只要这六气俱佳合为一个人,你就可以和他长期相处。

第三是要面向基层,强化服务。

其一,要改进联系方式。因为我们对所有团体及个体会员,过去是一刀切,全方位联系。现在我想要分类,产业类、大师类作为我们的联系重点,联系的频率要高,密度要高,使他们能够进一步增加凝聚力。其他外围与产业关系不那么紧密的人可列入松散联系的名单,基本上不需要经常去跑,避免无效劳动。但是有些企业、陶艺大师和陶艺人才很希望我们去,希望我们排忧解难,所以名单重新调整以后,可以分成几个联系组,实行紧密型联系。

其二,要加强双向互动。目前会员到促进会来得不太多,除非开会会过来几个人,这表示我们有些脱离群众,脱离基层。现在要考虑用什么方法来解决,既要我们下去得多,但也不用太多,比如紧密型的联系对象一年去四五次,松散型的联系对象一年去一次,听听大家的意见,帮助解决一些问题。鼓励会员到促进会来的方法,除了机构内部做一些调整之外,可增设一些务虚机构,如研究部增设一个创新指导组,既作为创新的公共平台,又把掌握的创新工艺传播开,同时组织一些活动,这样就会改变孤军作战、势单力薄的局面。

其三，要提升服务水平。什么是高水平的服务，没有确切的量化标准，但是有一点我觉得需要明确，凡是企业或者会员的需求是合情合法合理的，而我们这个组织又有能力办到的，要做到有求必应。办成一件就是一种贡献，就是一种价值，就是一种向心力和凝聚力。

第四是要多方联动，强化推力。

我们现在是孤军作战，封闭运营，推力不够。我一直在想怎么联动？我认为大致需要五个联动。**其一，会企联动。**企业有两类。一类是青瓷生产企业，主要是帮助他们排忧解难，听取意见建议，调动他们的积极性。另一类就是我们的顾问企业，主要是借助他们的影响力和财力，向青瓷企业订购一些作品，或者冠名举办一些活动，这个有点难度，但是有意愿的企业还是乐而为之的。**其二，会会联动，**就是协会与协会的联动，包括上级协会，还有慈溪的兄弟协会，据说慈溪的协会有几千家，可以选择一批，搞活动的时候把他们拉进来，通过发动他们的会员来参加我们的活动，提升活动效益。**其三，会校联动，**就是促进会同大专院校、研究单位的联动，加强两者的交往合作，可以依靠中国美术学院、中国青瓷学院、宁波大学科学技术学院文化创意学院这三家院校，就近联系促进发展。**其四，会团联动，**就是促进会与专业团队的联动。这类有两个团队——嵇锡贵团队和高峰团队，我们能借多少力就借多少力。他们也希望我们参与，我们确实需要他们的技术支撑。**其五，会园联动。**要与上林湖青瓷文化传承园密切合作，借助他们的力量一起做我们的事情，做成了归功于他们，使他们的考核结果年年都有提升。除了上述五个联动之外,还要重视向市级有关部门借力,通过上门走访、工作交流、项目对接等方式,寻求更多的资源支持。为了向各方借力,我们也要建立一些务虚机构,主要挂靠在促进会办公室,分担其压力。

第五是要振作精神,保持自信。

其一,不要有半途而废的想法。人的心理研究表明,一个人从事同个工作、同个岗位、同种行业,三年过后就容易产生疲乏心理,缺乏新鲜感,激情下降,半途而废的念头就会产生。我们三个会长真诚邀请原来的和新来的几位同志都能够善始善终地干下去,保持工作的稳定性、队伍的稳定性和工作的连续性。

其二,不要在乎我们所做的工作有没有被领导、被其他部门看到。我们心里必须清楚,我们是在为慈溪百姓工作,为提高慈溪城市品质尽力,我们不是为领导在工作。我们为谁工作?为百姓,为城市,为我们心中的理想、情怀和激情,这是我们工作的根本动力。当然,领导看到与没看到是不一样的,让领导看到不是为了要面子,而是领导看到了比我们跑一百遍更能解决问题。我们要相信自己所做的工作合乎历史进步趋势,合乎慈溪百姓的利益,其重大意义迟早会显示出来的,我们无须为别人的态度来改变自我。一个内心强大的人必定充满自信。庄子《逍遥游》中有两句话:"举世誉之而不加劝,举世非之而不加沮。"就是说全世界的人都诋毁我,我不觉得沮丧;全世界的人都表扬我、鼓励我,我不觉得对我是一种鼓励。这就是内心强大,不被别人所左右,而左顾右盼。内心既可以非常坚强,强于钢铁,又可以非常脆弱,弱于泥土,二者有天壤之别。

　　其三,不要浪费宝贵的工作时间。关于值班,有些人值班两天、三天,有些人值班一天,成立以来一直是这样运作的。我提出来的问题是值班不是目的,我们到促进会办公室来值班,是因为这里需要形成人气,如果你不来值班,人家走进来看到没有几个人,冷冷清清,人气就不旺;但是你来值班,是要处于工作状态,而不仅仅是处于值班状态,就是你要利用值班的一天或者两天的时间工作,把一周、一月、一年中分到你这个部门的工作任务一项一项地落实好,所以要珍惜宝贵的值班时间。

　　其四,不要忽视促进会组织对我们的人生意义。我细细思考了这个问题以后,觉得促进会是人生很有价值的平台。第一个是社交平台。退休后一定要有必要的社交,必要的社交可以保持年轻的心态。第二个是炼心平台。炼心是靠生活和实践磨炼出来的。怎么磨炼呢？一个人是磨炼不出来的,当然静心思考、感悟真理也是一种炼心,叫宅心,但最主要的是要在生活当中去炼,在人与人的相处当中去炼。我的体会是社会是最好的教室,生活是最好的教材,伙伴是最好的老师。当然在一起的人既有正面的也有反面的,正面的是我的榜样,三人行,必有我师;反面的提醒你,这个事情你看错了,刺激你,脑子清醒了,人就成长了。第三个是学习平台。尽管从1999年当慈溪市委宣传部部长开始,我和青瓷文化有所交集,但是真正对青瓷文化有系统的了解还是到了促进会以后。在和谢老师还有其他专家包括和一些艺术家交流当中,我慢慢积累了一些知识。当然不仅仅是这个方面的知识,还有其他方面的知识,比如党支部不断组织学习的一些知识,这些学习都是需要的,让我们的思想跟得上形势。第四个是价值平台,让人发挥余热,创造人生价值。退休了以后组织上安排你休息,但是力所能及做一些想做的事情,我认为是完全可以的,这个价值我认为非常大,历史会证明这一点。第五个是信息平台。我们走到一起相互交流,就会多了解一些社会上的信息。最后一个平台是友谊平台,通过社交建立友谊,这是我一生中最看重的宝贵资源。这个世上有 100 个人在背后诋毁我,我不当回事情,权当空气,影响不到我。但是在这个世界上有一个或几个彻心彻肺对待你的人,你可以深深地感受到人生的美好、人间的温暖,所以要注重友谊、健康、快乐。愿大家健康快乐过好每一天。

第四章 编写反映越窑复烧艰辛历程的专著

慈溪越窑秘色瓷文化促进会成立之际，正逢慈溪恢复越窑生产20周年。20年的历程，承前启后，成为慈溪越窑青瓷产业发展从亡到兴，进而向再度辉煌推进的重要一页，值得大书特书。于是，促进会成立后不久，便把组织力量撰写《秘色重光》一书摆上了重要工作日程，历时两年有余，几经曲折，终以其独特的身姿和韵味隆重面世，为传播越窑青瓷文化、丰富慈溪地域文化馆藏尽到了应有的历史责任。

编写《秘色重光》实施方案

2021年是慈溪越窑复烧20周年,这20年在整个越窑发展史上是承前启后的重要历史时期。为了客观反映这一时期慈溪越窑发展概况,彰显新时期慈溪地域特色文化,完善相关史料汇编,加大青瓷文化宣传推介力度,为实现"秘色重光"、创建"秘色之城"营造良好的舆论环境,经市领导同意,慈溪越窑秘色瓷文化促进会决定组织编写《秘色重光》,现将实施方案公布如下。

一、书名

《秘色重光——慈溪越窑复烧20年历程》。

二、目的

编写本书的中心目的是着眼于打造慈溪"城市金名片、文化新地标"。具体要达到以下5个功能:一是宣传功能,本书是传播慈溪越窑文化的重要载体,是宣传"秘色瓷都、智造慈溪"、弘扬慈溪地域特色文化的城市金名片。二是记忆功

2021年是慈溪越窑复烧20周年,促进会决定组织编写《秘色重光》。此文根据《秘色重光》编委会实施方案整理而成,稍有调整。成文时间2020年12月。

能,记录慈溪越窑发展的历史轨迹,以便于查阅。三是研究功能,研究特定历史条件下慈溪恢复越窑发展的原因,为以后重新发扬光大越窑提供线索轨迹。四是激励功能,赞美慈溪恢复越窑发展20年以来涌现的突出人物,鼓励更多有志之士从事慈溪越窑事业。五是共识功能,促进社会对慈溪越窑秘色瓷文化历史的认识达到一定共识。

三、体裁

纪实文学。

四、基本内容

(一) 正文

要求从以下9个侧面反映慈溪越窑发展情况:

(1) 时代背景篇,重点反映慈溪越窑在历史上的兴衰发展轨迹与历史地位。责任人:李小平,字数1万字左右。

(2) 产业复兴篇,重点反映新时期青瓷产业恢复情况。责任人:李小平,字数4万字左右。

(3) 越窑情怀篇,重点反映青瓷爱好者对古代陶瓷产品的收藏情况。责任人:沈建乔,字数2.5万字左右。

(4) 瓯乐回春篇,重点反映瓯乐艺术团的发展概况。责任人:陈珊岳,字数2万字左右。

(5) 文化交流篇,重点反映青瓷艺术节、研讨会以及其他国际交流活动的情况。责任人:陆燕青,字数1.2万字左右。

(6) 申遗之路篇,重点围绕政府在上林湖越窑遗址申报世界文化遗产所做的工作。责任人:徐伟明,字数1.5万字左右。

(7) 考古发掘篇,重点反映考古发掘以及展示陈列情况。责任人:谢纯龙,字数2万字左右。

(8) 政府推动篇,重点描写政府主管部门及分管领导为代表,推动慈溪越窑恢复发展所做出的努力。责任人:李小平,字数3万字左右。

(9) 展望未来篇,重点反映对慈溪发展越窑青瓷文化的未来展望,为下一步发展指明方向。责任人:李小平,字数2万字左右。

(二) 附录

按照时间顺序,整理汇编20年以来慈溪越窑发展的大事记,主要是市委宣传部、市文广旅体局、青瓷瓯乐艺术团、慈溪市博物馆、上林湖青瓷文化传承园以及有关人物(孙迈华、闻长庆)等的大事记。责任人:叶青,字数1万字左右。

五、前期准备工作

(一) 收集书面资料

(1)《越窑青瓷文化史》《上林湖越窑》《越窑秘色瓷》等。

(2) 20年以来政府对青瓷的投入,历届青瓷节的会议资料,20年以来有关的文件、会议资料、论坛资料等。

(二) 人物采访

(1) 慈溪市委、市政府领导及工作人员

盛悠(慈溪市委副书记、市长)、孙黎明(慈溪市委副书记):从慈溪市委、市政府的角度出发,谈对越窑青瓷文化在慈溪全局发展中的战略地位;如何重视青瓷文化;今后如何发扬光大。

沈小贤(慈溪市委常委、原慈溪市副市长)：从主管政府文化工作的角度出发，谈自己亲身经历的重大青瓷文化活动事件。

马焕勇(慈溪市委党委、观海卫镇党委书记)：从观海卫镇的角度出发，谈如何谋划在市镇联动的前提下，青瓷文化在观海卫镇的发展；目前已取得成果及今后发展方向。

胡建国(慈溪市人大常委会副主任、原慈溪市副市长)：谈为孙迈华落户慈溪开展了哪些工作。

华红(原慈溪市委常委、宣传部部长)：回顾主管慈溪市委文化工作以来，与青瓷文化有关的重大活动、重要事件和重大工作决定。

徐尔元(慈溪越窑秘色瓷文化促进会会长、原慈溪市委常委、宣传部部长、政协副主席)：回顾主管慈溪市委宣传部工作以来，对恢复青瓷发展做了哪些工作；从促进会的角度，谈如何促进青瓷文化(尤其是秘色瓷文化)的发展。

龚建长(原慈溪市文卫分管副市长、慈溪市人大常委会副主任)：从主管文卫工作角度与参与邀请孙迈华的角度，谈自己的亲身经历。

赵利明(原慈溪市匡堰镇党委书记)：谈如何引进孙迈华，关心青瓷文化发展。

黄学舜(慈溪越窑秘色瓷文化促进会副会长、原慈溪市土地管理局局长)：系统回顾2001—2020年亲身经历的有关青瓷文化的事件。

王骏琪、沈建国、张伯传、虞银飞、虞卡娜、方向明[均曾相继担任慈溪市文化局(市文广局)局长]:回顾在任期间亲身参与的青瓷文化事件以及所做的工作。

房伟迪(慈溪市文广旅体局局长):谈近年来,为推动青瓷文化发展、塑造地域特色文化品牌所做的主要工作。

施唯一(慈溪市文广旅体局党组成员、文化科科长):谈自己参与或经历的有关青瓷文化的重要活动。

王迪(慈溪市横河镇党委书记)、夏赟(慈溪市匡堰镇镇长)、胡啸峰(慈溪市桥头镇镇长):从镇的角度出发,谈基层政府推动青瓷文化发展的谋划和实践。

(2) 专家学者

余秋雨(慈溪籍著名文化学者):谈如何打造慈溪城市文化特色品牌。

傅维杰(中国陶瓷工业协会名誉副理事长):从国家协会的角度出发,谈慈溪恢复越窑的意义以及自身看法。

沈岳明(复旦大学教授、考古专家)、郑建明(复旦大学教授、考古专家)、谢纯龙(原慈溪市博物馆副馆长、正高级研究员、上林湖考古专家):谈越窑兴衰发展的轨迹与重要历史地位。

嵇锡贵(中国工艺美术大师、国家级越窑青瓷烧制技艺传承人):从展望的角度出发,谈慈溪发展越窑秘色瓷文化的对策和建议。

高峰(中国国家画院陶瓷研究所所长、著名陶艺大师):谈如何发展新越窑。

陈爱民(中国陶瓷艺术大师、龙泉市陶瓷协会会长):回顾当时参与慈溪越窑恢复的亲身经历;从龙泉看慈溪越窑的发展。

孙迈华(中国陶瓷艺术大师)：回顾本人恢复慈溪越窑青瓷发展20年的创业历程。

闻长庆(中国陶瓷艺术设计大师)：从爱好秘色瓷的角度出发，谈自己如何研究秘色瓷文化与技艺，目前已取得哪些成果。

岑伯明(原慈溪市农业局副局长、越窑青瓷文化爱好者)、沈建乔(越窑青瓷文化爱好者)：谈自己爱好青瓷文化的原因与目前取得的成果。

陈珊岳(原慈溪市青瓷瓯乐艺术团团长)、谢杰锋(慈溪市青瓷瓯乐艺术团团长)、丁钊年(慈溪市青瓷瓯乐艺术团副团长)：谈瓯乐团的发展历程。

周长桥(原慈溪市博物馆馆长)、严宝如(原慈溪市博物馆馆长)、厉祖浩(慈溪市文物保护中心主任)：系统回顾参与青瓷文化活动的经历及感受。

(3) 企业(产业)人士

① 产业类：施珍、孙威、沈燕荣、董建平、宓国贤、王储、施尚剑(均为陶瓷生产企业负责人)，胡云波、朱燕珍(上林湖青瓷文化传承园负责人)：从各自创业的角度出发，谈如何进入陶艺行业，创业过程中与青瓷文化相关的故事以及取得的成绩。

② 收藏类：徐其明、陈云同、裘麒龙、费波、叶挺、胡世芳、岑长芳(均为青瓷作品收藏者)：谈自己的收藏人生与越窑青瓷情怀，主要包括收藏经历、收藏故事、收藏成果。

(4) 相关学校

王建明(慈溪职业高级中学)、王斌(慈溪市匡堰实验学校)：谈如何在中小学培养学生对越窑青瓷文化认识、兴趣和爱好。

（5）青瓷文化爱好者市民代表

蔡林强（慈溪光华实业有限公司董事长、慈溪越窑秘色瓷文化促进会特聘顾问、沈小波（慈溪九秋风露文化发展有限公司总经理）、徐伟明（越窑青瓷文化研究者、传播者）：谈自身与越窑青瓷的故事与情怀。

六、实施步骤

（一）前期准备阶段

2020年12月底完成。

（二）资料收集阶段

2021年1月10日—1月30日完成。

（三）书籍写作阶段

（1）初稿2021年5月底前完成。

（2）稿件审定2021年6月底前完成。

（3）书籍出版2022年10月底前完成。

七、组织保障

《秘色重光》编委会成员

主　任：徐尔元

副主任：张坚军、方丽川、施唯一、沈建国、黄学舜

委　员：马建君、叶青、许维森、孙国君、李小平、沈建乔、陈珊岳、陆燕青、胡蓓、徐伟明、谢纯龙

主　编：张坚军

副主编：李小平

第四章　编写反映越窑复烧艰辛历程的专著

《秘色重光》诞生记

李小平

　　历经 2 年多的精心筹备与编撰，一部记录慈溪越窑青瓷复烧 20 年的力作——《秘色重光》终于与读者见面了。这是一部记述中国千年越窑青瓷复兴史的史实专著，是一部讴歌工匠精神的活化读本，也是一部刻印传承和弘扬越窑青瓷文化奋斗者足迹的时代新作。回望它的诞生，历经了一波三折、数易其稿的过程，倾注了足下求实、笔下耕耘的汗水，凝聚了古今工匠、当代奋斗者们的智慧。在迎来《秘色重光》面世的同时，让我们揭秘其诞生背后的故事。

　　组建大平台，立足高起点。2020 年 9 月 22 日，慈溪越窑秘色瓷文化促进会成立，这是一个标注上林湖越窑青瓷文化里程碑意义的时间点。为务实、有效地开展工作，促进会在徐尔元会长的带领下，以高立意、高起点要求，在千头万绪中理出了初期必须推动的几件刻不容缓的大事，其中最有意义的一件，就是正值越窑复烧 20 周年之际，对慈溪越窑青瓷文

　　记录慈溪越窑青瓷复烧 20 年的力作——《秘色重光》于 2023 年正式出版，此文叙述了成书的过程，曾发表于 2023 年 10 月 15 日《慈溪日报》。收录此书时稍有调整。

化20年来的发展历程和发展成果进行梳理,集结编撰一本长篇纪实《秘色重光》以志纪念。促进会通过广泛征求意见和精心拟制方案后上报主管部门,方案得到主管部门认可,特别得到慈溪市委常委、宣传部部长江再国等领导的大力支持,本书得以实施编撰。

目标一经确定,起步是关键。方案确定后,徐尔元会长就当即牵头组建本书编委会,并亲自搜寻合适人选执掌主笔,盛情邀请到慈溪市文联原主席、中国作家协会会员、知名作家张坚军(车弓)出山担纲主编。张老师文学功底深厚,出版过多部有影响力的文学作品,并获得多个奖项,在文学领域取得了不俗成就,又在慈溪工作生活多年,具有浓厚的越窑青瓷情怀,熟知慈溪历史掌故,况且身体健硕,精力充沛。张老师受邀后欣然领命,不辞辛劳,于2021年春夏之际,从宁波赶回慈溪驻点采编或往返核实,以古稀之年与黄学舜、孙国君、李小平、叶青等采访组成员奔走于上林湖山水之间,穿梭于杭、甬、慈三地,连线北京、广东等省市,采访了自2001年越窑复烧以来所经历过的60余位当事人,做笔记、听录音、查资料、复旧貌,收集翔实素材,多方核实,反复斟酌,多次研讨,征求意见,耗时2年有余,力克疫情时艰,归集整理成文。

统筹众资源,注重高质量。为了确保《秘色重光》一书兼具史料性、广泛性和欣赏性于一体,编委会经历了调整结构、补充采访,甚至更改体例的反复,由编写组厉祖浩、谢纯龙、陈珊岳、徐伟明、沈建乔、陆燕青、李小平等成员分头包篇、收集素材、整理文章,并由促进会宣传部主任李小平担任副主编,协助主编做好统稿。在初稿成型后,编委会多层次召开座谈会广泛征求相关当事人、主管部门领导、本地文化人士意见,对有关事实进行反复核实,编写人员做了数易其稿,数番补充修改,最终成书。

与此同时,慈溪市委宣传部、市财政局、市文广旅体局等有关部门在综合协调、资金保障、资料提供等方面也给予高度重视和大力支持;从市级领导到工作人员、从专家学者到一线员工等当事人在采访过程中给予了全力配合和鼎力相助;文化界代表人士方若波、方向明、冯昭辉、孙群豪、童银舫、王孙荣等同志多次受邀参会,提出宝贵意见;有关部门在素材收集中,做到有求必应,竭力提供支持帮助。

值得一提的是,编委会及编写组驻会人员,做到立足岗位、夜以继日、埋头工作,做出了辛勤的付出。一些老领导甚至不顾年事已高、不辞劳苦,投注了无私的情怀。徐尔元会长,虽年事已高,身体不适,却事事躬亲,从策划到实施,从内容到风格,从结构到润笔,最后到出版校对,无不逐一把关,殚精竭虑,并时刻提醒编写组成员尽职尽责;执行副会长沈建国虽工作繁忙,名誉副会长黄学舜也年逾古稀,而他们多次前往宁波与张坚军老师对接,与出版社编校人员一次次当面详谈,对书中内容严格把关。还有副秘书长许维森、马建君认真对书稿文字做反复校对、推敲斟酌,做好插图的广泛收集、严格甄选和对号入座工作;产业部主任孙国君、办公室叶青等不仅联系相关人员、陪同采访,还全力做好相关后勤保障工作。叶青还做了大事记素材的收集、整理和核对工作。社会各界做到凝聚共识、齐心协力,共同密切关注越窑青瓷文化的发展繁荣,为宣传地域文化摇旗呐喊,为弘扬特色品牌出谋划策。

所有这些亲为者、参与者,都为《秘色重光》一书的编辑出版做出了实实在在、却默默无闻的奉献。对此,编委会深表谢意!与此同时,还要向20年来历届慈溪市委、市政府主要和分管领导对越窑秘色瓷文化工作的关心、关注表示敬意;向在编著过程中给予支持和帮助的相关人士表示衷心感谢!向因疫情反复与人事更动等客观因素,重视支持区域文化发展但未有机会当面采访或未能浓墨重述的历届地方党委政府、作出重要贡献的诸多领导表示歉意!

同时,在此做点补充说明。一是关于本书的纪实性与文学性问题。纪实性就是写实而不虚,本书还原了20年来慈溪越窑青瓷艺术发展历程的真实面貌。那文学性怎么体现呢?在编著过程中,我们也很犹豫,面临着两难境地。一方面史实不允许有虚构夸张,很多人都还在,当事人的很多经历都还历历在目,不允许我们有半点夸大其词之举,更不允许有为人立传歌功之嫌,但自古《春秋》有笔法寓褒贬,《史记》有故事彰显大道正义。另一方面虽然文学也不等于虚构,但文学必须高于生活。因为本书的性质和定位要求我们只能还原事实,但艺术一定是高于生活的,我们的青瓷艺术本身就是最有代表性的典型艺术作品,必定高于生活!如果处理不好这些关系,作品就会成为"四不像",这也是我们在创作过程中历经三年、数易其稿的原因。为了平衡史实与文学、协调生活与艺术的关系,我们在多方征求意见基础上反复修改,只能在文字的准确性、内容的深刻性以及故

第四章 编写反映越窑复烧艰辛历程的专著

事的生活性、人物的独特性上下功夫,力求语言朴实而不僵化,内容真实而不呆板,尽量使之生动起来、丰满起来。所以除了我们实地现场走访所得,我们还引用了大量当时的各类媒体报道,一则真实地还原事件发生的精彩场景,二则为本书的内容增色。这些报道本身具有极高的文学价值,可以从更广阔的角度反映慈溪青瓷文化发展史实。当然呈现的效果还是未达到我们的理想状态,留下很多遗憾和不足,还望大家多多包容我们的不足和遗漏。

二是本书为集体书写的智慧成果。一则,成书对象是我们慈溪青瓷文化界内外的一个大群体,是他们共同用实际行动书写了这一部时代的大书。当然在创作中会有不少遗漏之处,比如在成书后,我们发现采访遗漏了不少重要的亲历者,于是在后期补充采访了章钧立、丁钊年父子等人物,但还是遗漏了一位在职的曾分管文化工作的副市长董维波先生,他在任时做了很多推动青瓷文化发展的工作,特别是在越窑青瓷文化申遗方面作出了很多的贡献;还有慈溪引进的外地青瓷创作团队,为慈溪青瓷文化发展也做了不少努力,在本书中也有所遗漏;因为工作和生活的不方便未来得及采访的许多分管过青瓷文化的领导、大力推动青瓷文化发展的艺术家,也未及补充,从而留下了很大的遗憾。在此深表歉意!二则,成书的主题思想体现的是整个编委会的集体智慧结晶,在此过程中,编委会严格把关,一次次商讨,及时调整创作的方向、内容和结构,严格执行慈溪市委、市政府的文化强市思想。三则,创作的人员是整个创作团队,包括来自各行各业的青瓷爱好者,感谢他们的辛勤付出。四则,在成书过程中，多次修改时一次次汇聚了慈溪文化界代表人士意见，充分体现了整个慈溪当前的主流文化意识。在此也对各位参与代表人士表示衷心感谢！

最后，编委会真诚期望，《秘色重光》一书出版后，全市各级各界、全体市民朋友能广泛地做好该书的发行、推介、阅读和宣传工作，为关注和关爱、传承和弘扬越窑青瓷文化，尽好越窑故里新老慈溪人一份应有的责任和担当，为推动和发展慈溪"秘色重光"、擦亮"金名片"和"文化强市"等工作发挥一点光和热。这就是我们编委会编著本书的终极目的所在。

《秘色重光》举行新书首发仪式

李小平

2023年10月14日，一部展现慈溪地域文化精神的纪实作品——《秘色重光》正式发布。

该书由宁波籍作家张坚军担任主编、李小平担任副主编，自2020年开始编写，数易其稿。其间，主创团队采访了61位"秘色重光"的亲历者。

青瓷文化是慈溪最具代表性、品牌效应和影响力的文化符号，也是刻印在每个慈溪人骨子里、流淌在血脉中的文化基因。2001年12月，断烧千年的越窑青瓷在慈溪成功复烧，后续的20余年里，慈溪不仅复原了越窑青瓷烧制技艺，还将越窑青瓷元素植入音乐、影视、旅游等领域。

作为一部记录越窑青瓷复烧20年历程的纪实作品，《秘色重光》通过讲述青瓷制作工艺的发展和传承，深入挖掘了慈溪地域文化的精髓。

该书分时代背景、考古发掘、产业复兴、越窑情怀、瓯乐回春、文化交流、申遗之路等9大篇章，共计23万字，再现了

2023年10月14日，《秘色重光》举行新书首发仪式。此文为促进会内部刊物《秘色重光》专刊上的通讯稿，撰稿人李小平。

慈溪越窑青瓷复烧的全过程。这部作品不仅是一部记述中国千年越窑青瓷史的史实专著,更是一部讴歌大国工匠精神的生动读本。

出席首发式的领导和嘉宾有慈溪市委常委、宣传部部长江再国,宁波出版社社长、总编袁志坚,宁波市文化旅游研究院副院长、《天一文化》主编黄文杰,慈溪籍著名作家、《秘色重光》主编张坚军,原宁波日报社副总编沈长根,原宁波晚报社副总编何良京,慈溪市文广旅体局陈铁军,《秘色重光》编委会副主任、慈溪越窑秘色瓷文化促进会沈建国、黄学舜,慈溪市新华书店张渭根,以及部分慈溪文化名人、城区部分社区居民和学生读者、越窑秘色瓷文化促进会全体驻会人员。

首发式后,还举行了座谈会。与会专家沈长根、袁志坚、何良京、黄文杰等进行了主题发言。他们就如何更好地"讲好青瓷故事、慈溪故事"提出了建议和意见。

"这部作品凝聚了众多人的心血与智慧,是弘扬越窑青瓷文化奋斗者足迹的时代纪实新作,也是向世界展示青瓷文化魅力的重要载体。"

慈溪文化界等各界代表人士方向明、方若波、冯昭辉、孙群豪、邱雄飞、洪剑侠、童银舫、励双杰、吴雨倩等也分别做了精彩发言。他们从不同角度、不同层次和不同经历,述说了书里书外的青瓷世界和人情世故,寄予了大家对家乡地域文化的饱满情怀,是对本书的一个延伸和扩展,丰富了本书的内涵和韵味,更增添了越窑青瓷、上林湖秘色瓷的魅力和诗意!

江再国部长在《秘色重光》首发仪式上的致辞

江再国

很高兴参加《秘色重光》新书首发式,这是慈溪越窑青瓷文化传承发展的又一件值得庆贺的喜事。在此,我谨代表慈溪市委,对各位的到来表示热烈的欢迎,向在新书编辑出版过程中付出辛勤努力、提供支持帮助的有关各方表示衷心感谢!

2023年10月14日,《秘色重光》新书首发式在慈溪书城举行。慈溪市委宣传部部长江再国在首发式上致辞。此文根据现场录音整理而成,稍有调整。

习近平总书记对文化和文化传承工作非常重视。今年6月,总书记出席文化传承发展座谈会,提出了新时代新的文化使命,为传承发展中华文化赋予了重大责任、作出了科学指导。在节后第一天,党中央召开全国宣传思想文化工作会议,总书记对宣传思想文化工作作出重要指示,再次强调要赓续中华文脉、推动中华优秀传统文化创造性转化和创新性发展。会议首次提出了习近平文化思想,充分凸显了文化在振奋民族精神、维系国家认同、促进经济社会发展和人的全面发展等方面的重要作用。

慈溪历史悠久、文化底蕴深厚,在文化传承发展方面大有可为。青瓷文化,是其中最具代表性、最具品牌效应和最有影响力的地域特色文化,是刻印在每个慈溪人骨子里、流淌在血脉中的文化基因。让人欣慰的是,越窑青瓷在断档近千年后,短短20年时间,慈溪不仅复原了烧制技艺,还将越窑青瓷元素植入音乐、影视、旅游等领域,将"青瓷"这个文化符号深深刻入了城市的血脉中。刚刚结束的杭州亚运会,让人印象极为深刻,良渚文化、西湖文化、运河文化、大潮文化,让整个亚洲看到了杭州与众不同的气质之美,不仅展示了华夏灿烂辉煌的文化之美,更展示了当代中国人自信自强的精神之美,向全世界传达了中华民族以和为贵的民族精神和天下大同的价值追求。可以说,文化是一个城市立足生长的灵魂,也是一个民族生生不息的种子,更是推动人类走向进步的不竭动力。

近年来,我们陆续迎来了青瓷文化传承发展的几件大事和喜事,比如成立慈溪越窑秘色瓷文化促进会,举办越窑青瓷文化节和"中国青·上林杯"国际青瓷艺术双年展,发布越窑青瓷文化产业扶持政策,以及青瓷瓯乐团全国巡演、纪录片《秘色之城》向全球首发,等等。这些无一不是我们慈溪文化建设的大事,无一不是彰显我们城市品质和魅力的金名片,无一不是我们整个城市的重要文化工作之一,但是却由我们秘色瓷文化促进会来牵头,聚集文化界各位代表人士为城市文化发展献计献策、群策群力,其难度可想而知,其精神尤为可嘉。今天,我们迎来了《秘色重光》一书的出版发行,这是一部纪实慈溪越窑青瓷复烧 20 年艰辛历程,刻印传承和弘扬越窑青瓷文化奋斗者足迹的时代新作,也是越窑青瓷文化再续辉煌的又一个重要标志。

最近我一直在品读《秘色重光》这本书,也了解到这本书的编著出版一波三折、数易其稿,倾注了创作团队足下求实、笔下耕耘的心血和汗水。借此机会,我向大家推荐这本书,希望它能够帮助大家更加深入了解越窑青瓷文化的独特魅力,激励更多从业者们做好青瓷文化的研究转化,共同努力振兴青瓷文化产业,塑造城市地域特色文化形象,不断开辟传统优秀文化创造性转化和创新性发展的新境界。展望未来,我们有信心更好地擦亮慈溪青瓷文化这一重大文化标识,在更大的舞台上打响"秘色瓷都、智造慈溪"城市文化品牌,为高质量建设共富共美现代化新慈溪注入更加深沉、更加持久的文化力量。

最后,祝愿大家都能收获美好的阅读体验和丰硕的实践成果。谢谢大家!

| 秘色集

我做了一件想做的事

张坚军

　　诚如我在此书序言《阅读大国重器的深度》里所说的那样：2020年初冬一日，天有些冷了，我在屋前的一块"巴掌"上盖塑料薄膜，接到多年未联系的老朋友，慈溪市委原常委、宣传部原部长徐尔元先生的电话……

　　他问我有没有时间，为慈溪文化建设编写一本书。我支吾一会答应了。

　　我和妻子黄浙苏都在慈溪文联、文化系统工作过，对在世界陶瓷史上"惊鸿一瞥"的越窑秘色瓷，有着一段割舍不了的情愫。我的许多曾经的同事、朋友，也都对这片围海造地、富有"智创"精神的土地饱含深情……

　　人至晚年，有许多事要做，最为重要的就是在尚健在时，为子孙后代留下一些值得流传的记忆。现在我会每天一本书、一杯茶，枯坐在老家一个叫作袁马村的溪涧边，看那淙淙流淌的溪水沉思，脑海里常现"如水流年"四字。

　　2023年10月14日，《秘色重光》新书首发式在慈溪书城举行。慈溪市文联原主席、中国作家协会会员、知名作家张坚军作为主编在首发式上发言。此文根据发言稿整理而成，稍有调整。

178

第四章 编写反映越窑复烧艰辛历程的专著

人生,不管你挥斥方遒、波澜壮阔或默默无闻、平淡无奇,少年犹如溪水,中年奔向江河,及至晚年肉体已趋衰弱,精神却汇入历史的海洋里……

越窑青瓷文化是慈溪人的骄傲,人类汇入历史海洋的一朵精神浪花。

我退休后所做的一件事,就是参与了浙江、宁波籍作家、新闻文化人走读中国大运河的活动。虽然我知自己渺小庸常,但蕴藏在内心深处的故乡情结,却使我感到承担传播祖根文化的责任。

一条南来北去的大运河,致使宁波这个河海枢纽之城,以独特的文化成因融入世界文明之海。除了古老的河姆渡文化,东汉、南北朝时期的移民文化,还有唐、宋间青瓷文化与明清商帮文化等,构成蔚为大观的地域河海文明。

慈溪是一个富有智慧与创造性的城市,改革开放后"走遍千山万水、吃尽千辛万苦、叩响千家万户、说尽千言万语"的慈溪人,连续多年地区生产总值稳居全国县(市)前10位。世人曾有疑问:为何"同样的政策、同样的资源、同样的环境",慈溪的改革开放走在全国前列?除了物质财富的创造,其蕴含在内在的精神因素是第一位的。

我想这也是慈溪越窑秘色瓷文化促进会在市委、市政府与社会各界关心、支持与推动下,组织撰写《秘色重光》的初衷。作为一个慈溪培植的本土作家,我深感荣幸。

在此书首发式上,我想说三句话:一是相比在20年中矢志在"秘色重光"的发掘者、制作者、传播者以及管理者们,我与我的编委会同仁的付出,只是其中的"九牛一毛"。二是任何史志、纪实与宣传品,都是一门"令人遗憾的艺术",《秘色重光》作为一本"介乎新闻与文学边缘"的"抛砖引玉"之书,诚望各位行家与有志于"祖根文化"建设的同行们,各展其能,共同书写我们脚下的这块土地。三是感谢宁波出版社领导与编辑,为此书的策划、文体以及编辑校对所付出的努力,增加了图书的历史厚重感与艺术性表达。

再次感谢在座的领导、新闻文化界前辈与同仁,为弘扬传播慈溪地域文化精神的"呼"与"鼓"。

溯源　存史　立心　问计

袁志坚　（宁波出版社有限公司董事长、宁波出版社社长）

《秘色重光——慈溪越窑青瓷复烧20年纪实》是一部全面梳理当代越窑青瓷文化发展历程和成果的长篇纪实文学作品。青瓷文化是慈溪地域文化的重要瑰宝，近年来，"秘色瓷都、智造慈溪"的口号越来越响亮，今天的慈溪"智造"里有着秘色瓷技艺的基因。古人云"咫尺匠心难"，所谓匠心，不仅体现为精湛的技艺，而且归根于神奇的创造力。回顾越窑青瓷复烧20年的工作，进而解读越窑青瓷文化的基因密码，提取越窑青瓷文化的精神价值，是慈溪越窑秘色瓷文化促进会组织编著本书的立意所在。

这本书起到了为慈溪越窑青瓷文化溯源、存史、立心、问计的作用。刚才讲到了溯源的问题，越窑瓷是中国的母亲瓷，在中国文化史上非常重要，而上林湖一带又是核心产区，秘色瓷代表了越窑烧制技艺的高妙境界。"秘色瓷都"是海上丝绸之路的地域性文化符号，辨识度极高。对悠久的历史文化，有必要进行多维的解读阐发。对慈溪越窑青瓷复烧20

2023年10月14日，《秘色重光》新书座谈会在慈溪书城举行，笔者进行了主题发言。内容为发言节选。

年的当代作为,包括考古发掘、申遗保护、技艺复原、传承教育、产业复兴等,进行全面采访和客观述说,做的就是存史工作。弘扬越窑青瓷文化不是少数人的事情,不是我们一个地方的事情,大家都是默默付出、默默奉献的力量。有的人没有看到越窑青瓷深厚的文化土壤,如果没有这一方水土,就没有越窑青瓷。要看到越窑青瓷文化的地域性特征,它形成了我们的集体记忆,也启发了我们的发力方向,怎么传承、发扬,需要共同的文化价值观和共同的愿景目标,不是少数人塑造历史,不是少数几个节点关联历史。这本书采访了60多个人,方方面面的人都有,它叙述的是复数的历史。提炼越窑青瓷文化的精神内核,就是立心。这本书起码写到了精益求精的工匠精神、天人合一的生命理念、渊源有自的传承理路、敢于突破的创新思维、守望互济的合作意识。寻找越窑青瓷文化的发展方向,就是问计。越窑熊熊燃烧了一千多年,为什么又寂灭了一千年?技艺失传,产业衰落,要从文化上找原因。文化能不能与时俱进,自我更新?如果说老是重复自己,肯定会被抛弃。社会生产和生活方式不断变化,社会需求和审美倾向不断变化,如果做不到文化自觉,做不到守正创新,得不到文化认同,肯定要被抛弃。我们要思考文化所产生的深层作用,不能局限于烧制的技艺怎么样,不能局限于眼前的市场怎么样,越窑青瓷今后的发展,一定是和文化赋能关联在一起的。怎么把现代文明的新属性、新基因、新形态放进去?这是需要广泛问计的。要有人先行探路,有人出谋划策,有人积极回应。这本书的启发意义,在于文字里提出了问题,蕴含着理性。

一册透视秘色复兴之路

沈长根 （宁波日报社原副总编）

《秘色重光》的特色之一是以纪实的形式，把新闻与文学两种不同类型的文体紧密结合起来，以新闻的视角取材，以文学的手法表述，更显其真实生动、细腻感人，真切地反映了慈溪秘色瓷的渊源和慈溪越窑青瓷复烧20年的种种景象。

上林秘色遗千古。在人们视线中消失千年的秘色瓷，直至1987年法门寺地宫出土，才又进入国人的视野，但秘色瓷的源头在哪里，又成为新的谜团。《秘色重光》一书采用近乎现场新闻报道的形式，以一篇篇来自考古现场的翔实文字材料和一幅幅现场新闻图片，运用上林湖区域发掘出来的大量越窑遗存，证实慈溪上林湖区域是中国唐宋时期瓷器的中心产区，是当时宫廷所用秘色瓷的主要产地，充分说明慈溪上林湖越窑在中国陶瓷史上的重要地位，展示了越窑的发展、鼎盛、衰落的历史轨迹，读来令人信服。

《秘色重光》的另一特色是以人为中心，采用"以人叙事，以人述史"的形式，叙写了一群为寻找发掘被埋没千年的慈

2023年10月14日，《秘色重光》新书座谈会在慈溪书城举行，笔者作为与会专家进行了主题发言。内容为发言节选。

溪上林湖区域秘色瓷的工作者,历尽千辛万苦,在上林湖越窑考古发掘中留下的一串串闪光的足迹;浓墨重彩地书写了一批为让秘色重光而矢志复兴秘色瓷产业的工匠大师,以细腻的文笔讲述一个个生动的故事。这些大写的青瓷人,是慈溪复兴秘色瓷当之无愧的主力军!

《秘色重光》的再一特色是带有浓重的时代印记,与慈溪市"秘色瓷都、智造慈溪"城市品牌建设紧密吻合。这中间,既有党政部门对秘色瓷都文化建设的决策规划与推动,更书写了一批慈溪各级党政干部当好秘色瓷都传统文化薪火传承人的职责与担当,将秘色瓷都的城市文化建设体现在具体的一个个人身上。在"秘色瓷都、智造慈溪"城市品牌建设中,慈溪取得了令全省、全国瞩目的成绩,《秘色重光》对此作了图文并茂的详尽介绍。我们可以理直气壮地说,对于这些成绩的取得,慈溪的干部群众、陶瓷工作者和加盟的专家学者功不可没。

彰显地域特色文化的扛鼎之作

何良京 （宁波晚报社原副总编）

我之所以把此书誉为扛鼎之作，最根本的一条就是题材特别重大。为什么说《秘色重光》的题材重大呢？晚唐诗人陆龟蒙的《秘色越器》中名句：九秋风露越窑开，夺得千峰翠色来，不仅指出了该瓷的名称、产地，还对器物作了直观的雅述。一句"千峰翠色"，给人无限遐想。令人遐想的还不止这一画面。号称秘色瓷，在江湖上更是神秘。有关文字记载，由于品质高端，秘色瓷仅限于宫内使用。因此，即使在它最辉煌时期，秘色瓷的数量也极其有限。至北以降，由于战乱等种种原因，在此后近千年的历史中，秘色瓷从难觅踪影到仅存传说了！此外，我们之所以说秘色瓷在业界具有崇高的地位，不仅仅是指它的品质，还有它的历史。相比秘色瓷，在中国的五大名窑，都是后辈了！此外，秘色瓷还有一个神秘之处，即它的名字，一个说法是该器物"为贡奉之物，不得臣庶用之，故云秘色"。还有一个传说更有意思。把秘色两字通过拆字方式予以解读，最后引申为"秘色"的意思是"保密

2023 年 10 月 14 日，《秘色重光》新书座谈会在慈溪书城举行，笔者作为与会专家进行了主题发言。内容为发言节选。

的釉料配方"。结合起来说,所谓的"秘色瓷"就是用保密的釉料配方涂抹器物表面而烧成的瓷器! 上述说法不仅让秘色瓷更为神秘,也激发了让后人寻找发现秘色瓷的强烈好奇心。于是,早些年不断有"发现"秘色瓷的新闻,然终苦于没有确切的证据认定。直到1987年,随着法门寺地宫的打开,发现了里面存藏的众多稀世珍宝中的一批精美瓷器,更为珍贵的是,内有一份储藏物品的"账单",所载文字与实物一一对应。也就是说,秘色瓷终于有了实物铁证,至此,近千年的悬案终获破解! 现如今,秘色瓷的实物有了,那如何来确定它的"身世"呢? 即它来自何处,又如何证明? 这个过程的重要性甚至不亚于秘色瓷实物的发现。我说《秘色重光》是一本扛鼎之作的本意也即在此。因为寻找、发掘、确认的过程,虽然充满了失望与艰辛,但最终却收获满满的成就感。上林湖后司岙这么个弹丸之地,最终被确认为秘色瓷的"出生"地,意义自然非凡! 秘色瓷作为一个文化物质现象,说它是世界级的,也毫无愧色。而《秘色重光》所记载的就是这一文化现象的前世今生,从发现、确认乃至传承弘扬的全过程。

不止如此,《秘色重光》不仅让读者了解了秘色瓷的前世今生,更让读者分享到了"秘色重光"! 书中记述了今天的烧瓷人如何通过艰苦探索,经过千百次的试验完善,近乎完美地复制出了当年的秘色瓷。而这一切,堪称"智慧创造文化"的一个经典案例,如今《秘色重光》的编著者把这一切以文字的形式完整地记录下来,此举对彰显慈溪以至宁波地域特色文化实在是功莫大焉!

越窑青瓷的复兴显现着
中华民族现代文明建设的大国气象

黄文杰 （宁波市文化旅游研究院副院长）

这是一本饱含文化气象的书，讲述了大国重器、民族骄傲——越窑青瓷。这是一本洋溢着时代气息的书，讲述一个被打碎的、被尘封的大国重器，在一群励志图兴的考古专家、文化学者、瓷艺专家、艺术家、收藏家、各级领导等等共同努力下，让越窑青瓷的极品秘色瓷重回人间、绽放魅力光彩的故事。可以说越窑极品秘色瓷的复兴之路，是一部恢宏的交响曲，是新时代慈溪文化史上最耀眼的篇章之一，也是中华文化复兴梦在慈溪的最生动、最具光耀的实践之一。作者用如椽的大笔，把这个故事完整地讲述出来，以文学的动人魅力、纪实的亲切风格，让人感到满目生辉。这本书讲述了一个非常优秀的时代故事、中国故事，如同清亮的瓯乐，是动人的慈溪好声音，是新时代的青瓷文化现象。

伟大的时代孕育伟大的故事，讲好中国故事是时代命题。作者采用个体叙事与宏大叙事相结合的方式，既生动记

2023年10月14日，《秘色重光》新书座谈会在慈溪书城举行，笔者作为与会专家进行了主题发言。内容为发言节选。

录和展现中国叙事,也深刻展现故事背后的理论逻辑和思想力量。作品清晰地勾勒出60余位秘色瓷复兴的当事人——这些新时代坚毅而勇敢的奋斗身影。他们以宏伟目标所赋予的精神力量,克服着作为个体生命的现实困难。他们的个体经历映照的是国家发展,抒发的是家国情怀。"欲扬其美,必知美之所在。"我非常喜欢作者的恢宏笔墨,比如每一篇的卷首语,在淋漓地体现语言功力和行文气势之余,立于文学、史学、哲学、美学等各个学科的角度,联系古今、放眼中外,以真挚的人文情怀对历史和人文景观、事件意义进行了多层次的诠释,增加了文章浑厚的艺术和文化思辨质感,容易将读者带入其所构建的特定意境之中,进而引发读者的思考和共鸣。

2023年6月2日,习近平总书记在文化传承发展座谈会上指出:"只有全面深入了解中华文明的历史,才能更有效地推动中华优秀传统文化创造性转化、创新性发展,更有力地推进中国特色社会主义文化建设,建设中华民族现代文明。"从越窑青瓷这个命名中,我们可以看到这个伟大的中国创造是南北文化的交汇创造的新产品。中国南方孕育着由陶向瓷的再发明过程。瓷器是陶器发展到最高阶段的产物,是青铜文化与陶文化融合发展基础之上产生的一种新的艺术形象;而青瓷是中国南方文化区绝对主流的器物,它的器型、纹饰等特点的每一次重大变化都显现着时代风尚的变化,显现着南北文化融合的步伐。

在慈溪上林湖,越窑青瓷生产从发源进入鼎盛期,都代表了越窑发展的最高水平。唐宋越窑是全国的窑业中心,也是我国最早生产宫廷用瓷的窑场。青瓷真正进入了中华文化主流，风靡唐宋社会数百年之久。秘色瓷是科技创新、中国技艺与中国尚青文化、佛教文化的融合，作为中国古代文明和世界文化遗产中的瑰宝，其轻盈灵动的俗世审美风卷天下。慈溪上林湖越窑成为中国对外输出瓷器中规模最大、影响范围最广的窑口之一，中国最早以民营生产为主的产业基地之一。瓷器与茶叶、丝绸并列为古代中国三大外销商品，让世界看到中国制造的高端品质与文化内涵，看到中国的开放包容与和平合作。瓷器、茶叶等新兴产品的外销推生了新型商业城市明州（今宁波）在唐开元盛世的形成，三江口州治海港、河口港、内河港三港合一。宁波与扬州、广州等并列为全国的主要对外贸易港口，被称为"海上陶瓷之路""海上茶路"启航地。

上林湖青瓷畅销世界。尽管在过去，海运并不安全，十艘船可能有六七艘将沉没海底，但世界还是怀着对青瓷的向往纷至沓来。在这里，我们深刻感受到文化赋能的巨大力量，青瓷之所以为世界所认可，最关键的是中国文化让世界倾慕：青瓷与茶叶组成的生活方式，是那个时代世界最为高雅、最为时尚的生活方式。没有大国气象，没有大国崛起，就没有青瓷的世界影响力。

我们还要看到青瓷等新产业全面繁荣，引发经济中心南移。中华文明内在结构和发展体系在新历史环境下已经产生了重大变革。从青瓷产业发展可以看到港口城市宁波汇聚海洋贸易，拥有新产品的产生与定价，科技文化人才集聚，并成为中国社会与文化发展的重要新动力。

从南北交汇，我们看到青瓷文化的统一性；从跨越数千年的演变，我们看到青瓷文化的连续性和创新性；从海外贸易，我们看到青瓷文化的开放性、包容性、和平性。慈溪仍然是中华制造重地，慈溪市长期以来坚定"工业立市""实业兴市"战略，全面推动制造高质量发展。在新时代，对比青瓷畅销世界，我们需要在文化赋能上继续努力。很多时候，我们的制造缺的不是技术，而是文化。文化复兴不仅仅是个人渴望的梦想，更是国家战略。青瓷与文化的关系更坚定了我们建设中华民族现代文明的意志与决心。

祝愿慈溪进一步提炼、展示青瓷文化这一中华优秀传统文化的精神标识及其所具有的当代价值、世界意义，从青瓷文化中汲取思想智慧、历史借鉴和精神动力，推进以中华民族现代文明为基础和支撑的中国式现代化发展。

一个城市的文化自信

童银舫 （慈溪市地方志专家）

关于越窑青瓷，特别是秘色瓷的历史记载，十分欠缺。由此给后人带来两大遗憾，一是秘色瓷的生产制作技术在南宋以后便神秘失传，二是秘色瓷的器物从此不再现身，即便流传后世，世人也不知其为何物。

上林湖越窑是唐宋贡瓷的烧造地，秘色瓷是晚唐五代越窑的最高等级产品。据当代的考古证明，上林湖越窑正是秘色瓷的集中产地。但自古以来现存文献只见诸私人笔记中有寥寥数语的记载。除地方志中有所记载，但也都抄撮几条唐宋史料，或者语焉不详。

正因为历史资料的缺失，越窑青瓷尤其是秘色瓷的研究和恢复生产经历了重重的困难和困惑，这个难题在经历了几百个春秋轮换之后，终于在公元2001年的12月，在青瓷的故乡——上林湖畔凤凰涅槃，重燃窑火。

《秘色重光——慈溪越窑青瓷复烧20年纪实》一书，以全方位的视角，记录了与慈溪越窑的历史脉络、考古成果和

2023年10月14日，《秘色重光》新书座谈会在慈溪书城举行，笔者进行了主题发言。内容为发言节选。

第四章　编写反映越窑复烧艰辛历程的专著

复烧以后 20 年来的辉煌历程,全面生动,史料翔实,人物众多,精彩动人。

　　这是一部记述全面、文笔朴实的纪实作品,并无半点虚构,这在一个小说家笔下,尤显得格外地凝重和难能可贵。也正如作者在后记中所说,"为后人留下一些值得记忆的东西"。全书在追溯越窑秘色瓷的历史时,征引的文献、出处明确,有一说一,绝无戏说成分。而在记述青瓷复烧的历程中,采访了大批当事人,查阅当时的媒体报道,征引相关学术专著,给读者留下了一部信史,并且由此证明,越窑青瓷的复烧,是历史的使命、时代的需要,是一个城市的文化自信。

嵌入时代大书的记忆

方向明 （原慈溪市文化广电新闻出版局局长、文联主席）

　　这是一部纪实文学作品，整本书格局宏大，布局合理，气韵生动，时时可令人感受到创作者涌动的情思和飞扬的文采。

　　真实是纪实文学的核心生命。这类作品需要创作者对历史文献有深刻理解。本书创作者不辞辛劳，与编写组成员一道奔波于上林湖山水，穿梭于杭甬慈三地，采访了60多位学者、专家、制瓷人、收藏家、瓯乐艺人和民间爱好者及相关政府官员，查询相关档案材料，反复斟酌，耗时2年余撰写成文，又数易其稿，终于为我们呈现了慈溪秘色重光20年历程的事实原貌，厘清了发展脉络。要产生"纪实即史"的效果，容不得半点虚构，但又不是材料的简单堆积和剪辑。书中对影响历史进程的大事件准确翔实，创作者遵循"大事不虚，小事不拘"的原则，反复核实史料，把握事件的来龙去脉。

　　关于秘色瓷，古人留给我们的文字少而又少，以至于这种器物在世人眼中变得扑朔迷离。或许是吸取古人的教训

　　2023年10月14日，《秘色重光》新书座谈会在慈溪书城举行，笔者进行了主题发言。内容为发言节选。

第四章 编写反映越窑复烧艰辛历程的专著

吧,这一次,慈溪越窑秘色瓷文化促进会做了一件大事,就是清晰地告诉今人和后人,21世纪初以来的20年,越窑青瓷文化的守护者们如何筚路蓝缕、薪火相传,全书从9个方面全景式地呈现了20年来慈溪人复兴青瓷文化的历史进程。20年的追日,如今曙光已现。

文学性,代表了纪实文学作品的质地。它不是肤浅的、通俗化了的历史资料,而是一种个人化的艺术创作,需要通过文学的形式表现人物特征,使人物个性鲜明,生动鲜活。作者捕捉到了许多当事人个性化的语言,这些都很好地展现了人物的特质。

阅读这部书,让人时时感到创作者有一种强烈的使命感和文化情怀,对现有历史文献有深刻的理解。这种理解,并非仅仅是熟悉所涉及的历史片段,更重要的是,对更广阔的历史面貌和更深层的历史逻辑有着清晰的把握。

慈溪人给世人的印象是能商善贾,有经营头脑,而这部书恰恰是要呈现慈溪人的"另一面",展示慈溪人对于文化的态度,用现在流行的话,叫"文化自觉"。

当慈溪越窑秘色瓷文化促进会会长徐尔元邀请作家创作这部书的时候,老领导直抒胸臆,表达了这样的初衷:写这部书,就是要"使子孙后代明白,生活在这块土地上的先人,曾如何创造性地拓展了中华传统文化底蕴"。这位曾任慈溪市委常委、市宣传部部长,对慈溪知之深、爱之切的老同志,知道慈溪的短板在哪里,知道从何处发力,他长于宏观思维和长远规划,又善于创造性地推动规划落地。他邀约张坚军一起来做一件大事,一起留住"嵌入时代大书的记忆"。

秘色重光,就是一次把区域文化精神注入经济与城市发展领域的实践。秘色重光,是在党委政府指挥下,有着许多热血沸腾的从业者参与的一场战役,一场继承弘扬区域优秀文化的空前的群众性运动,它带给慈溪精神和物质层面的价值和影响是巨大而深远的。

即使是做文化这样"虚"的事情,慈溪人同样展现了一种特有的品性。无论是考古人、制瓷人,还是收藏者、研究者、传播者,一切痴迷青瓷文化的人们,都倾尽心血,倾其所有,心无旁骛地珍视、传承、守护着被称为慈溪根性文化的青瓷文化。

这是一种精神,一种隐藏在人们心头、由一些代表人物构成其脉络的时代精神。在这些代表人物的带头和示范下,又有许多新老慈溪人,出于对越窑青瓷的热爱,自发地参与秘色瓷的保护、复烧、创新和传播,形成弘扬区域文化的热潮,取得了可以载入史册的骄人成果。

如果说40年前"想尽千方百计、走遍千山万水、说尽千言万语、吃尽千辛万苦",我们打响了一场摆脱贫穷、追求物质富裕的人民战争,那么,始于2001年的"秘色重光"行动,则是一场触及灵魂、追求文化原动力的精神领域的重大战役。

未来已来,但过去仍未过去。唯有从历史中汲取智慧和力量,迈向未来的脚步才会更加坚实有力。

这就是《秘色重光》带给我们的启示,这就是这部纪实文学作品带给读者的思想的力量。有价值的作品都是因为有思想。

"青丝化作青瓷魄,二十年来又一春"

方若波 (慈溪市文联原党组书记、市诗词学会会长)

记得几年前,我曾专门跟着"瓷痴"闻长庆先生拍过一个摄影专题,听他讲复烧秘色瓷的艰苦探索经过,听他讲复烧成功时父子俩抱头痛哭、一夜白头。后来我写了一首诗赠给他:"天命之时悟宿因,重光秘色有闻人。青丝化作青瓷魄,二十年来又一春。"

如今张坚军老师以他的生花妙笔为我们呈现了新世纪二十年来的历程,细读之下,感慨万千。二十年,断烧千年的母亲瓷——越窑青瓷、稀世瑰宝——秘色瓷,又重现在我们的眼前。在此,我忽然想到了两个关键词:

"二十年与二千年"。众所周知,china 是瓷器,又是中国,瓷器就是中国的代名词,而越窑青瓷是瓷器里的母亲瓷,两千多年前就已经在曹娥江流域烧造,后来其烧造中心逐渐东移到上林湖一带,并在中唐以后诞生了秘色瓷。由于种种原因,南宋以后,上林湖一带的越窑断烧了,后来转移到了丽水龙泉。因此,在一千年之前,越窑兴盛了一千年,最后孕育

2023年10月14日,《秘色重光》新书座谈会在慈溪书城举行,笔者进行了主题发言。内容为发言节选。

了巅峰之作秘色瓷。但是,之后没有留下任何的配方、技法、工匠名字、大师等文字记载,只留下一湖碧水荡漾下的碎片。而在断烧了近千年以后,我们仅仅用二十年时间,实现了越窑青瓷的复烧和秘色瓷的揭秘,这是一个十分了不起的成就,也是这本书的价值所在。

"天人合一"的美学价值和"无中生有"的创造基因。青瓷的精华是"千峰翠色",这符合中华传统文化"天人合一"的美学价值。古人崇尚自然,千峰翠色就是大自然蓬勃生机的色彩。而秘色瓷"无中生有"的特性,可以给人以无穷的想象力,这是一种比"留白"还要高级的美学技巧。这使得秘色瓷成为晚唐、五代至北宋的顶级"奢侈品",成为"臣庶不得用"的皇家专用品。而且秘色瓷制造过程中的不计成本、不达巅峰不罢休的精神,恰恰就是老慈溪人留给我们的独特的创造基因,正因为有此基因,才能产生今天"智造慈溪"的文化密码。跳出青瓷看青瓷,探索秘色开新境。在当今共富共美建设的新征程中,我们在吸收当代审美潮流和发挥科技创新作用的同时,继承和发扬秘色瓷的创造基因,显得尤其重要。相信在下一个二十年里,"新青瓷""新秘色瓷"必将再次震惊世界!

翰墨书香浸染的泛黄历史

徐宏鸣 （慈溪市文保中心主任）

今天，读完《秘色重光》这本书，我似乎把自己二十年来的职业生涯回顾了一遍。可能在书中仅仅是片言只语，看似云淡风轻地一笔带过，在我们这些亲历者的身上，却意味着实实在在的辛苦付出。只说上林湖越窑遗址参加"海上丝绸之路·中国史迹"的申遗之旅，宏大叙事下当然是举全市之力紧张地筹备，一年的争分夺秒，到最后的华丽绽放，换来上林湖越窑国家考古遗址公园授牌那一刻的辉煌。书中的寥寥几笔，于我而言可是三百多个日日夜夜的殚精竭虑。尤其当时我跟同事潘佳利一起，同一时间段内要完成慈溪博物馆新馆的青瓷主题陈列、上林湖青瓷文化传承园的越窑馆陈列和上林湖越窑青瓷博物馆的基本陈列三个越窑青瓷的展览，面临着时间紧迫、文物有限、题材接近等窘境，真可谓是挖空心思、绞尽脑汁，拼到几乎江郎才尽、黔驴技穷。过程中经历的酸甜苦辣，如今回想起来仍可以称得上"心有余悸"。

为了致敬考古前辈们的成果，我在慈溪博物馆和上林湖

2023年10月14日，《秘色重光》新书座谈会在慈溪书城举行，笔者进行了主题发言。内容为发言节选。

越窑青瓷博物馆两个青瓷展览中,特意加入了寺龙口窑址、后司岙窑址这两个斩获"全国十大考古新发现"发掘项目的场景复原,并且将其中两组人物雕塑,分别还原了谢纯龙、厉祖浩两位慈溪本土的考古工作者,和郑建明、张馨月两位省级考古部门的专家。他们与越窑秘色瓷的渊源故事,大家都可以在《秘色重光》这本书中找到答案。

只看书里提及的那些人、那些事,已然历历在目;而深读书中的一个个片段,还能勾起掩藏在文字背后的一幕幕往事。雁过留声、人过留痕,其中也有一些人已驾鹤西去,但他们的贡献早就融入青瓷文化这一特色地域文化中,永远无法磨灭。

掩卷回味,百味杂陈。相信不光是亲历者,其实每一位慈溪人,或是关心关注越窑青瓷、慈溪秘色瓷的有心之人,都能从这本书里体味出各不相同的感受来;而无论是想要初步、还是深入地了解秘色瓷,这本书都能提供一个雅俗共赏的选择。

第四章　编写反映越窑复烧艰辛历程的专著

匠心与自信

邱雄飞　（慈溪市住建局退休老干部、地域文化研究专家）

《秘色重光》是至今第一部关于慈溪越窑青瓷复烧的长篇纪实文学作品，对秘色瓷的属性、意蕴、品质、产地、流向和衰落、复兴，作了系统描述，内容新颖，语言形象，结构精巧，情节典型，有铺垫，有叙述，有描写，有评论，通过真人实事及史书记载，较好地呈现了慈溪秘色瓷丰厚的历史底蕴和其独特的文化魅力，让人油然而生亲近感、参与感，不啻一部秘色瓷发展的当代史和普及秘色文化的教科书。

作者善于发现可爱，欣赏美好，字里行间流淌着上林湖青瓷的神秘之光，并借专家、学者之口，向人们炫示它在历史、文化、科技上的地位；作者娓娓道来，带着我们走进烟水苍茫的上林湖甸深处，听历史的回音，品文明的真谛，追无痕的梦境。

这本书写了秘色瓷的兴与衰。秘色瓷以独特的生产和流通方式，惊艳晚唐、五代、北宋这二三百年间，为那个时代添上了一抹神秘的色彩。可好景不长，刀光剑影，宋室南迁，

2023年10月14日，《秘色重光》新书座谈会在慈溪书城举行，笔者进行了主题发言。内容为发言节选。

战鼓声中,一弯冷月无声无息地消失在翠屏峰峦中,上林湖畔烧了千百年的窑火,就此熄灭。至于当年的辉煌,人们只能徜徉湖山,捡一瓣青色残片,浮想"明月染春风,薄冰盛绿云"的诗情画意。

秘色瓷出于上林湖,不是捕风捉影,不是慈溪人自己说说的,而是凿凿有据、班班可考的。本书作者采访了沈岳明、郑建明及谢纯龙、励祖浩等多位国内青瓷考古专家、研究学者,是他们蹲在湖畔褐土上,一铲一铲、一笔一笔勾勒出上林湖唐宋越窑的真实风貌。

《秘色重光》也是一本励志书,它向人们宣扬追求真美、追求极致的工匠精神。

书中出现的当代上林窑工,是一群有思想、重实践的探索者,个个活灵活现,有声有色,灵动在秘色重光的第一线。20多载来,他们匠心独运,热情洋溢,用诗意方式表达人生,表达艺术,表达生活之美,表达自然之美,以一窑窑纯青的炉火、一款款精美的瓷物、一项项创新的技法、一只只耀眼的奖杯,告示世人:慈溪越窑青瓷又迈入了一个高光时刻。

可以说,上林湖越窑的再次辉煌,大半来自当代窑工的悠悠匠心。

上林湖山高水深,生发的故事真的不少,每一位窑工有故事,每一铲瓷土有故事,每一窑炉火有故事,每一件瓷物有故事。这些故事,则则出彩,故事中的人物,个个鲜活,所叙之事,都围绕着"巧手成就卓越,匠心创造非凡"这个主题,既有文化感染力,也有情感穿透力。

每个大国工匠,并非天生非凡,而是敢于非凡。上林工匠亦如此。他们匠于心,精于工,品于行,用一双泥手,捧起五彩斑斓的梦想；以一片激情，唤来千年古老的辉煌。他们聚会上林湖畔，上演了一部水、泥、火交响，天、地、人合一，心、血、汗洞见的现代大戏。

上林工匠的匠心，展露在他们的勤勉、坚韧中。

一炉红火，一片苦心，才有一窑晶莹。上林窑工们知晓，天下大事，必作于细，天下高就，必起于低，任何的成功都不可能一蹴而就。于是，静下心来，默默耕耘，用时间与汗水，在坯壁上刻下了一行行辛劳与毅力的宣言。

上林工匠的匠心，还体现在他们的敬业竟业、精益求精中。

极致，是上林工匠最高的追求。他们从历史传统、文化经典中来，崇尚自然，讲求美学，注重技巧与艺术的融通。他们认为越经典的作品越有生命力，因此在选土、淘洗、设计、配方、制形、修坯、刻花、着色、上釉、入窑、烧火等各个环节上，都绞尽脑汁，求达"增之一分则太长，减之一分则太短，著粉则太白，施朱则太赤"那种境地。

上林窑工的匠心，也表现在他们的开拓和超越中。

上林窑工师古不泥古，创新不离本，敬业竟业，不断超越自我。现在，上林窑工精雕事业、细刻人生的匠心，已转化为一种追求真美的憧憬，成了地域文化中一个闪烁不灭的亮点。在打造"秘色瓷都、智造慈溪"的今天，我们每个人都需要这种匠心，因为上林工匠的精神不会过时。

《秘色重光》这本书，也向人们传递慈溪人满满的文化自信。它向外界释放了这样一个清晰信号：唐宋时代秘色瓷窑场出在慈溪，沉寂了千年秘色瓷又在当今慈溪人手中重见，那更为经典、更为瞩目的秘色瓷也必将继续拥抱慈溪。

这种文化自信,基于得天独厚的历史底蕴和文化资源,得益于这个充满生命活力的城市,蕴藏于与时代同频共振的秘色文化践行者的从容、大气中……

这种文化自信,在当代窑工中尤为显见。

当代窑工秉承古人智慧,经过20多载创业、创新的实践,思维和技艺日趋成熟,渐入佳境。他们成竹在胸,底气十足,立志再攀高峰,引领世界陶瓷业发展走向。

这种文化自信,来自行政决策者及执行者。

"秘色瓷都、智造慈溪"这八个字,多次出现该书的各篇章中。它是慈溪市委、市政府提出的城市形象宣传口号,既体现了慈溪文化和经济的特色、底蕴,也表达了城市未来发展的憧憬、向往,在地域发展中具有决定性的引领作用。这个口号,把代表千年前最高制造水平的秘色瓷,与当今最先进的智能制造一起亮相,让秘色文化与慈溪智造同场"对话",让世界读懂慈溪,也让慈溪惊艳世界。若没有执政者坚定的文化自信和勇气魄力、使命担当,不可能把秘色文化提升到如此高度,不可能从文化发展战略高度出发做出如此的顶层设计,也不可能形成文化创造源泉涌流的大好局面……

这种文化自信,也来自与秘色瓷文化相关的各界人士的言行中。

作者采访了许多慈溪文化界人士,有从事文学、美术、音乐、影视创作及搞展览的、收藏的。这群人凭着对中国文化的自信,各显神通,做起秘色瓷文化传播的"摆渡人"。

长风破浪,未来可期。在一大批有匠心、有自信的慈溪人呵护下,那抹神秘的瓷光,必将久久地闪烁在三北大地,越来越出彩。

第四章　编写反映越窑复烧艰辛历程的专著

沧海显英雄

孙群豪　（杭州西泠印社社员、慈溪市文联原副主席）

我在此补充一件事，2009年6月，余秋雨先生给我写了一封信，让我转交时任的慈溪市委宣传部部长和市委书记。他在信中说："最近中央电视台以很大的篇幅连续播出了'越窑青瓷'专题片，反复突出'越窑青瓷在上虞'的观点，而完全忽视了慈溪上林湖作为越窑中心的存在，这是不公平的。慈溪文化在古代的主要命脉就是越窑青瓷，对此，慈溪不必生气，却也应该拍出更好的片子，在中央电视台播出。"他关心家乡的发展，关心家乡的文化，特别关注家乡越窑青瓷文化的发展。所以他在发现我们隔壁邻居上虞，在各个平台，包括中央电视台，借助各种条件大力宣传越窑青瓷，而我们慈溪却一声不响时，立即给市里主要领导反映情况和提出建议，让我们向上虞学习，加强这方面的宣传。后来，我们才有宣传部牵头发动的对于越窑、对秘色瓷的各种宣传报道，包括瓯乐到中央电视台以及出国演出等，才有了我们现在越窑秘色瓷全面立体的宣传格局。这说明了余秋雨先生对家乡的文化发展的关注和贡献，他在各种场合，都在不遗余力地推介家乡的青瓷文化，不愧是我们家乡越窑青瓷文化的传播大使。

2023年10月14日，《秘色重光》新书座谈会在慈溪书城举行，笔者进行了主题发言。内容为发言节选。

一个城市的文化记忆和精神高度

冯昭辉 （慈溪市科协原主席）

《秘色重光》虽然写的是复烧工程20年历程，却涵盖青瓷烧造的整个历史和前景展望，可谓大视野、大格局、大手笔，既有纪实性，又有文学性，还有学术性、资料性。笔者作为慈溪越窑青瓷文化发展的直接见证人和参与者，而今一书在手，思绪万千。前尘往事，历历在目。筚路蓝缕，感慨良多。抚昔追今，收益满满。

一是"秘色瓷都"是"文化定位"，并非"产业定位"。这一点需要重申，不可造成误解。近些年，慈溪市市政府提出的"秘色瓷都、智造慈溪"的"代言词"和宣传口号，集中体现了城市文化和经济的特点，也表达对城市未来发展的一种向往。这里的"秘色瓷都"与"景德镇瓷都"是不一样的，前者是指古代的"瓷都"，唐代的"瓷都"，后者是指现代的"瓷都"；前者是历史，后者是现实。我们传承和弘扬青瓷文化，引进青瓷文化人才和产业，目的在于赓续中华优秀传统文化，传承非物质文化遗产基因，并非要打造现代青瓷文化产业。宋代

2023年10月14日，《秘色重光》新书座谈会在慈溪书城举行，笔者进行了主题发言。内容为发言节选。

越窑衰落是趋势,昌南白瓷崛起是必然。现代白瓷的发展更是无法替代和扭转的。非物质文化遗产基因"传承"即可,"振兴"则大可不必,也无从谈起。慈溪的主打产业是智能家电,而不是要转到陶瓷产业上去。因而当下我们打好"越窑青瓷"这张牌,是要唤醒文化记忆,增强文化自信,彰显一种创新超越精神,弘扬专注专业、精益求精的工匠精神,而绝非"重振"陶瓷产业。我们的宣传文化工程都要立足于这一历史文化的基本定位,不能跑偏。

二是当前的"越窑青瓷"文化创意产品的开发亟待加强。传承和弘扬越窑秘色文化,不仅仅是博物馆里的展示和市容市貌的装饰,而且要以双手触摸的物质传递来深入人心。越窑青瓷,被称为"母亲瓷",是慈溪文化的一张金名片,慈溪文化的骄傲,开发"越窑青瓷"文化创意产品不失为一条很好的文宣路径。省内外许多大中型博物馆、美术馆,借鉴中国香港、中国台湾以及海外艺术馆的成熟做法,在文创延伸产品开发方面迈出了可喜的一步,许多产品在系列、品种、式样及制作上都达到相当水平,形成一个丰富的产品链条。此种传承开拓现象,颇值我市"越窑青瓷"文创产品开发行业参考借鉴。我们越窑青瓷博物馆内的文创产品聊等于无。馈赠贵宾的特色文化礼品在采购选择时捉襟见肘。我市已引进不少青瓷文化人才和产业,但其各档产品尚未与"秘色瓷都"的文宣工程产生必要的衔接。再者,"青瓷"是一个大概念,历史上的唐代越窑以及宋代官窑、汝窑、龙泉窑、耀州窑等,都属于青瓷系统,但它们的釉色是有明显差别的。我市当下复烧的应是正宗的"越窑青瓷",它的形制釉色应当区别于其他瓷窑的产品,而目前状况差强人意。慈溪越窑秘色瓷文化促进会等部门可大有作为,引导鼓励相关企业加强研发力量,提高审美品格,系统开发研制品质正宗的"越窑青瓷"产品,隆重高调推出"秘色瓷"高端产品,突出亮点,展示魅力,为打造"秘色瓷都",打响慈溪"非遗""申遗"名片进一步努力。

第五章 催化人们对越窑秘色瓷文化的认知

越窑青瓷文化曾在三北大地上辉煌了上千年岁月，自南宋后又沉寂了近千年的漫长时光，因此这一发生在慈溪的辉煌历史在人们心目中已无多少印象。鉴于此，慈溪越窑秘色瓷文化促进会在开局之际，把对越窑秘色瓷文化的广泛传播作为首要任务，旨在唤醒人们的历史记忆，增强文化自信，从而为实现秘色重光创造更好的舆论氛围。

拍摄电影纪录片《秘色之城》

李小平

促进会成立后,围绕慈溪市委、市政府塑造城市地域文化品牌的工作要求,针对如何将越窑秘色瓷文化这张国际性的地域文化金名片打得出、打得响、打得广,促进会集思广益,多方寻求合适的载体和机遇。恰逢徐伟明团队正在筹集资金摄制电影纪录片《秘色之城》,双方一拍即合,经过多轮洽谈,达成合作协议,由促进会牵头与慈溪市委宣传部和观海卫镇人民政府联合制作,由徐伟明执导拍摄高质量的人文历史纪录片《秘色之城》。纪录片历经3年,克服了新冠疫情等重重困难,终于于2021年底问世。2022年6月11日,纪录片在慈溪市上林湖越窑博物馆举行首映仪式,并通过各种渠道进行播映。《秘色之城》已经先后斩获2021年宁波市"最佳长纪录片奖"、第六届浙江省纪录片"丹桂奖"(浙江省纪录片门类的最高荣誉)和中国电影家协会参与主办的2022年第八届"根亲中国"华语电影短片大赛"十佳作品"。2023年1月25日(大年初四)该片首次在中央广播电视总台CGTN(中国国际电视台)纪录频道春节档播出,并于3月16

笔者系慈溪越窑秘色瓷文化促进会宣传部主任、办公室副主任。

日在 CGTN 纪录频道再次重播。该片配套的 3 分钟宣传短视频《秘色》同时获得 2022 宁波"NB 轰红"短视频大赛十月月评"冠军",年赛"最佳创意奖","滨海宁波 扬帆世界"宁波城市形象短视频大赛二等奖,入围第三届"美丽浙江"国际短视频大赛、2022 国际短视频大赛,2023 年获第十三届北京国际电影节短视频单元三等奖,获由中国国家创新与发展战略研究会、国家地理联合央视网等单位联合主办的"读懂中国·新青年看中国"中外短视频征集展播活动文化发现推优作品,并登录学习强国、宁波发布、中国蓝 TV 等平台。2023 年 3 月《秘色之城》在第 27 届香港国际影视展上展映。《秘色之城》成功登录各大平台展播,有力地推动了慈溪秘色瓷文化的国际国内传播,广泛推动了慈溪秘色瓷文化这张金名片的影响力。

《秘色之城》创作手记

徐伟明

初心

"秘色,究竟意味着什么?"这是我的思考,也是很多对秘色瓷感兴趣的朋友们共同的困惑。打开记忆的月光宝盒,回到2017年,那一年是中国秘色瓷文化"破冰"的一年,随着慈溪上林湖后司岙秘色瓷窑址获评"2016年度全国考古十大新发现",秘色瓷高频度进入公众的视野。当我作为一名青瓷文化爱好者去寻找秘色瓷视频资料的时候,发现唯一的一部秘色瓷纪录片是2011年在CCTV播映的《秘色瓷的真相》,这部作品的内容与最新的考古发现有很大的出入。为什么这么多年过去了,依然没有秘色瓷新的专题纪录片问世?而网上能找到的其他传统秘色瓷宣传片并不能让观众走心,对秘色瓷文化的解读缺乏完整性和深度。也许,我可以尝试去填补这个领域的空白,将秘色瓷最新、最全的真相向公众做

2023年春节,《秘色之城》纪录片自中央电视台播放以来,反响强烈,作者回顾了该片拍摄的经过,发表在促进会内刊《秘色重光》上面,此文有删减! 徐伟明,慈溪越窑秘色瓷文化促进会会员,越窑青瓷文化爱好者。

第五章 催化人们对越窑秘色瓷文化的认知

一次科普。2017年春节后,我迎来了人生的一次高光时刻,有幸因创作了国内首部瓷文化音乐主题英文微电影《青瓷乐梦》(Music Dream of Celadon)前往德国杜塞尔多夫参加第二届德国中国电影节,也是这次文化交流之行让我对青瓷文化的国际传播的信念更加坚定,对青瓷瓯乐的情感更加深厚。感恩时任电影节组委会副主席胡旭旦的赴德邀约,无法忘记中国驻德国杜塞尔多夫总领事冯海阳的寄语,鼓励我坚持做好青瓷文化的国际传播,讲出中国人的豪情;无法忘记《欧洲时报》社长张晓贝感慨原来慈溪的青瓷也这么出众,寄语我让更多青瓷文化走出去。2018年,我作为一名青瓷文化遗产志愿者,获评中国文物保护基金会主办的全国第十届"薪火相传——文化遗产筑梦者杰出个人入围奖",是此次评选浙江唯一入围者。但是当我了解了其他入选者的事迹后发现,与那些默默无闻在艰苦环境下守护国宝的志愿者们相比,自己感觉有很大差距,所做的努力十分有限,也知道入围提名既是文保所的推荐,也是因为聚焦的领域相对独特,属于冷门中的"冷门",而国家需要有一些志愿者去致力于文化遗产的国际宣传。这些年我更是感受到国家对推动文化遗产国际传播的日益重视。

2017年底二宝的出生把生活填得满满的,在适应了二娃养育模式后,我开始了纪录片的创作构思。其实从一开始,自己想做的是一部英文纪录片,因为中国还没有一部秘色瓷专题的英文纪录片。如果有机会,还是喜欢做点别人没做过的。在拥有14亿人口的中国,任何一个细分领域的中国第一都极其可贵。如果找到了,但凡有一点希望,也要去努力一回。在自己搭建的舞台里做着喜欢的事，身边有几个靠谱又热心的朋友鼓励支持着，所以一个个外人听起来天方夜谭的想法，全国第一部瓷文化音乐主题英文微电影 *Music Dream of Celadon*《青瓷乐梦》、全国第一个瓷器主题英文微信表情包"青瓷宝宝"Celadon Baby、第一个青瓷瓯乐主题微信表情包"瓯乐宝宝"、第一部将街舞与越窑青瓷结合的音乐舞蹈MV《舞动秘色瓷都》，在慈溪举办首届青瓷主题国际书法展，相继实现。

妙缘

从来没有刻意去认识文艺界的人士，但是不知不觉却有缘认识了一批中外艺术家，感觉生活也变得更有趣了。2019年下半年慈溪第一次将收藏在法门寺、故宫等地的部分秘色瓷国宝迎回故乡展览，这场展览取名"秘色在人间"，奇妙的事发生了，我遇到了来自美国的外教茉莉。茉莉是陶瓷和摄影双专业的毕业生，一条纪录片主人公的主线在我眼前瞬间形成。我与茉莉做了一个约定，找摄影师跟踪拍摄她两年，后面没想到会从2019年拍到2021年，整整三年，开拍的时候新冠疫情还没有开始，我带着她一起去寻找关于"秘色"的答案。我们的第一次拍摄是在展览大厅里举行，那次展览晚上也开放，整个大厅除了我们几个人和保安，就没有其他观众了，没有人干扰。如果没有对秘色瓷背后文化的认知，绝大多数人都不会有耐心和兴致去欣赏。我们就这样幸福地记录着与国宝秘色瓷对视的博物馆奇妙夜。

我是在爱好的状态中去做这个事情，把业余生活和创作紧密结合在了一起,有娃的 80 后都知道,一般夜晚十点后才是自己的时间,夜晚在书房里一边听着音乐,一边构思剧本,就这样坚持了一年半,一千多个小时就这样花进去了,在夜深人静中研读着外人看来枯燥的陶瓷中外文献,以研究者的心态去创作剧本,尽最大努力去映照往日历史。为了能让拍摄达到理想的画面,竟整理出了 200 多页的分镜头画面脚本给摄影和剪辑师参考。这要是熬夜工作写材料的话,必定是边写边抱怨的节奏,但是做自己兴趣爱好的事,累并快乐着,剧本能写出来还是很有成就感的,因为这不是任务。

  涉及专业的拍摄自然需要专业的团队,纪录片历史情境的拍摄自然是去找专业影视公司的朋友,需要经常与制片方沟通,以确保他们能按照我的剧本去实现拍摄。认识多年的好友制片人李晋和监制朱星光组织各自团队的专业拍摄,让脚本如愿转换成画面。李晋是居住在慈溪十多年的新慈溪人,也是慈溪市青瓷瓯乐艺术团的特邀摄影,在瓷器影像拍摄上有丰富的实践经验,平日里他高频度往返横店和各地拍摄,是一个不折不扣的"飞行"摄影人。有一次我们利用节假日到象山海边拍摄取景,而在前几天李晋刚在海南完成对谢霆锋、容祖儿等明星的海边摄影任务。虽然自己没有导演片酬,但是不能让愿意帮忙的制片人摄影师白干啊,然而同样类似的活,两边支付的摄影片酬差距巨大,有缘认识李晋这样的有情怀的摄影师也是纪录片能小成本完成制作的重要原因。同样前期遇到了青年航拍摄影人施小鑫,在他的帮忙协助下完成不少平日素材的摄影记录,他提供的延时摄影画面为影片添色不少。监制朱星光是宁波非常有实力的影视制作人，2016年初次在宁波首届微电影节遇到他的时候，我俩刚好同时接受组委会颁发的"公共传播奖"，后来加了微信。2020年9月，在慈溪完成剧本和前期部分拍摄后，我跑去宁波拜访星光。后来星光跟我说，当我一开始找他的时候，他觉得这事不会有下文，毕竟隔行如隔山，摄制难度太大，而且制作预算也不足，但是当时他看我那么有激情，为了不让我扫兴，没跟我挑明。但此后我周末一次次地赴宁波与他协商讨论，最终让星光和他的团队加入摄影和后期制作中，保证了制作的水准至少在宁波领先。

回头想想，其实另一位我拜访过的山东籍宁波导演赵成龙也说起过同样的顾虑，只是赵导说得更直接。2020年初我拿着初稿剧本找他的时候，他直言这片要能拍出来最少也需要30万元，而且还是一星期集中拍摄的最低预算。只是，谁能猜到最后统计下来拍摄的日期累计加起来有三个星期。两次拜访中，他的剧本修改建议是所有我请教过的人中指导得最具体的，为此挺感谢他的。他让我对剧本架构和故事明线暗线有了更深的理解。当赵导说他承接过某省会自然博物馆3 000万元的制作拍摄单子的时候，我就知道开不了口了，导演费给不了，委托执行导演拍摄的事没了着落。一开始只是想着找一位执行导演，自己挂名就行了，能有人把剧本拍出来就好，没想到硬是被客观条件逼成了亲自执导。

电影行业是专业分工非常强的领域，新世纪以来微电影、短视频的兴起才让一些有梦想但是专业度和资源不多的追梦人有了影视创作的可能。真正厉害的是能拍出长片，特别是能做出院线电影的。我很清楚，不能因为有了几次玩票的经历就幻想着以此为职业,这既不是主业,也不是副业,只是影视活动的深度体验,也没有导演片酬,不以营利为目的,只是为了小心呵护好对青瓷文化的这份爱好。想起朱导说的,这些年宁波的影视机构基本没人拍纪录片了,因为拍纪录片基本要倒贴,只有多拍些宣传片、广告片,影视机构才能在寒冬中生存下去。庆幸自己还有一份稳定的工作可以抒发情怀而不是为了基本的谋生。曾经也想过剧本花了一年多心思写出来,而且申请了版权,或许可以通过出让剧本获取合法的写作收入,但是在一个剧组连制作费都捉襟见肘的情况下,编剧费又从哪里来呢?想想拍摄最大的福利也就是把周末节假日去外景地拍摄理解成一种放松心情的小旅游,不然有的地方是不会去的,把和剧组小伙伴聚聚餐讨论理解成一种享受,把创造机会让身边的朋友们过把演员瘾视为一种小确幸。如果没有这个纪录片作为精神寄托,这三年的业余生活岂不是少了很多滋味。

当不熟悉的人猜想我擅长摄影的时候,我自己其实对摄影技术并未了解太多,所以平时很少制作视频。我对青瓷文化感兴趣,但对摄影本身并没有刻意去钻研,导演和摄影是两个方向,只是因为没有足够的经费委托大机构制作才会想到牵头组织整合资源拍摄。我自己真正擅长的是跨界研究青瓷文化并整合资源将瓷器故事进行国际传播,过去十多年所有业余生活中的艺术创作都好像跟青瓷有关。有一个一万小时定律想必我们都听说过,在任何一个领域坚持投入一万个小时都会有所成就。身边的人力资源成就了彼此的缘分,大家愿意投入时间精力一起合作做这类有意思的事情。

跨越

创作纪录片最大的难处是什么？作为一个业余跨界、初涉纪录片领域的新人，我曾以为是如何保证内容的专业性，同时兼顾好影像画面的艺术性，然而专业性问题可以通过找业内专家一个个求证和答疑，艺术性问题同样可以找职业影视工作者处理。其实创作纪录片最大的难处是，几十万的摄制资金从何而来？

很多时候理想很丰满，现实很骨感。无论是自己还是朋友帮忙先后接触了几个机构和个别企业家，涉及资助问题，就没有下文了。虽然有点儿心寒，不过回过头想想，也能理解，自己又不是领导，没什么资源可以反馈他们，他们帮你圆梦，你能帮他们解决实际困难或是带来实际经济收益吗？虽然纪录片的宣传形式很好，但是他们本身有自己的宣传渠道，这种采访人物众多的片子无法满足独家宣传的需要。何况，文化公益与捐资助学这样的纯公益还是不同的，既不是专业导演，又没有卫视、央视这样的大制作平台支持，又怎能轻易让别人相信你能把握好这样的题材？这种民间自发的拍片行为和一开始就由官方发起的拍摄所得到的支持显然是有巨大差异的。

在断断续续乘着假期和周末拍摄了几次后，我很快意识到拍纪录片还真是一件烧钱的事，因为新冠疫情的影响拍摄周期被大大拉长，有大半年都无法拍摄，原来计划的很多场景不得不取消或者延后，与微电影数天集中拍摄可以相对控制住成本不同，纪录片有太多的不确定性，需要足够长的时间去摄制捕捉真实有意思的镜头。按照自己撰稿的台本,只拍摄了十分之一简单场景的内容,算上围绕着这计划产生的各项相关开支,发现三四万元很快就被花掉了,虽然曾经做了自己掏腰包完成拍摄的打算,但是这样的开支节奏对于工薪族还是有压力的。一开始设想的是拍摄小成本独立纪录片,以纯同期声的方式记录影像,本以为这样最节约摄制成本,但是如果要呈现秘色瓷文化的内涵,还是要以解说词为主,同期声为辅。"人物采访+场景演绎"的专题纪录片模式更符合传播需要,按此重新估算,发现预算不是自己能承受的。朋友说,那就等等吧。一次和朋友们聚会时发了牢骚说赞助难拉时,外协的8位老友在我不知情的情况下做了一件让我深受感动的事,8个人商量好每人拿出5 000元委托其中一个朋友转给我,说是支持我追梦,用于补充后期制作费不足。我自然是将这钱退了回去,因为这些朋友的领域与青瓷没有一点儿关联,对青瓷文化也没有特别的喜爱,我实在想不出有什么方式可以回馈他们,没有需要他们演绎的历史人物镜头,而且最后出品单位也与他们无关,政府名义出品的纪录片让自己的社会朋友赞助,自己心里这关也过不去。今生瓷业的王储在没有入镜参演的情况下依然赞助了二十多套青瓷给剧组,并赠送给部分群演和一些帮忙的义工,还有的人主动提出相助。筹拍的过程中的这点体验让我更好地认清了自己,认识到做点大事的艰难,也理解各有各的难处。好好珍惜每一个愿意帮助你的人,珍惜每一个真心善待你的人,这是成年人应该有的意识自觉。

"山重水复疑无路,柳暗花明又一村。"2020年下半年慈溪高规格成立了慈溪越窑秘色瓷文化促进会,纪录片项目本身与促进会的传播秘色瓷文化使命高度契合。在促进会会长徐尔元、副会长沈建国等人的支持下,促进会愿意出面筹集部分资金资助出品,但要求优先制作中文版纪录片,至于我想要做的英文纪录片只能放在争取到新的资助资金后再实质性推进。这个行进到半途的摄制计划,从纯民间转为了半官方,并在最后以政府挂名出品的方式呈现。想想也是很奇妙的一件事,我早期研究青瓷文化的时候,在孔夫子旧书网上买的第一本关于越窑青瓷的专著,就是徐尔元会长早年组织专家撰写出版的,所以遇到对的人做成好事的概率就大大提升了。

一开始的时候并不希望让政府部门过早介入,体制内的约束多,如果遇到不理解这个文化又喜欢提要求的领导就会让创作者失去乐趣。如果拍摄变成一种强制工作,创作者都会避之不及,"不自由,勿创作"。庆幸的是,我遇到的促进会的几位领导对创作过程并不过多干涉,给予了摄制者充分的自由,这让我减少了许多不必要的烦恼,可以一心聚焦于做好这个片子。促进会的领导用了一年以上的耐心去等待一部视频作品。人文历史纪录片基本由省级以上机构组织拍摄了,县级市这些年只拍宣传片,没有有分量的本土纪录片问世,如果有,那也是需要地方政府拿出几百万元甚至千万元投入才会创作出有品质的作品。朋友们都说,这部片子给政府省了很多钱。受制于极为有限的预算,很多场景以及演员服装都有瑕疵,特效也不是一流的大制作,遗憾之处自然有很多,特别是一开始想要量身定制原创音乐,但是一问制作费需要十几万元，最后只能选择购买版权音乐。只能说从制作的角度看，这部片子的性价比已经非常高了。

感恩

感恩是解开心结、获取喜乐的良药，老子有言"善者，吾善之；不善者，吾亦善之，德善"。人到中年，对自我深入分析，我认为我的优点是自始至终没有放弃过对认定的梦想的追求，我对梦想的界定范围是有一定实现可能的目标才可被视为梦想，否则只是梦。我一直坚定不移地相信这么好的题材，是行于大道，得道多助。《秘色之城》历时三年多时间创作，跨越时空，在慈溪、宁波、绍兴及美国曼哈顿市等中外城市取景。创造梦想靠自己，成就梦想靠团队，在纪录片后期制作时做的一次统计让我自己也吃惊了，竟然有合计150人参与了这个纪录片，这三年时间就这样与很多人有了交集。早读时曾看过这样一段话："What we do during our working hours determines what we have; what we do in our leisure hours determines what we are."（我们工作时间所做的事情决定了我们拥有了什么，我们闲暇时间所做的事情决定了我们会成为哪种人）。感恩遇见，大家一起为家乡、为中国的陶瓷文化传播做了一件有意义的事。其实每次拍摄最多没有超过30人，更多时候是四五个人的迷你团队组合。但是每次的场景不同，会有不同的人参与其中，对于历史纪录片，一个镜头的实现可能需要辗转三四个人的协助。在后期制作阶段，朋友中数张科迪投入时间最多。特效耗时巨大，除了五六个特效是专业公司之前做的，委托张科迪为本片量身定做的视觉特效有 20 多个。我一直觉得他是体育老师中计算机最厉害的人,他愿意和我慢慢地一个个地琢磨特效,真是感恩遇见他。在前中期的拍摄阶段,百位热心朋友的友情协助让拍摄如愿实现;在中后期的摄制和剪辑制作中,徐尔元、沈建国、马建君等促进会老领导以及孙威、谢杰锋等促进会会员的牵线,让我得到了政府的间接资助,在拼拼凑凑的筹积经费中终于如愿完成了中文版的后期剪辑宣发。促进会成员,同是青瓷文化遗产志愿者的余孟立多次协助拍摄,并为道具四处奔波,生动地塑造了陈万里的人物形象。慈溪电视台主持人罗维娜和朗诵协会周永启老师的配音为影片增加了许多听觉魅力,期间慈溪著名主持人琼姗老师在配音上给予了热情指导。当时还在上海交通大学南加利福尼亚联合文创学院工作的胡武牵线介绍了美国教授参与访谈,诗人龚奇俊老师、好友宁波大学徐挺博士百忙中配合了档期拍摄,慈溪越窑秘色瓷促进会会员同时也是本土最有代表性的一批青瓷匠人如孙迈华与孙威父子,闻长庆与闻果立父子,施珍、沈燕荣、沈小波老师以及复旦大学郑建明教授,慈溪市青瓷瓯乐艺术团丁钊年老师,慈溪青瓷文化独立研究学者沈建乔,宁波大学科学技术学院陶艺老师胡成,慈溪文保中心谢纯龙老师等均参与了采访拍摄,能把大家汇聚在一个片子里非常难得,感恩各位的包容和支持。因为预算的原因,很多前期拍摄的内容都做了删减,有的只有数秒入镜,掐着预算制片也是挺无奈的,好在大家都很理解。著名书法家马华林老师不仅友情参演还题写了片名,西泠印社篆刻家孙群豪老师应邀篆刻了片名印章,音乐家林璐馨和韩立军老师在配

第五章 催化人们对越窑秘色瓷文化的认知

乐选择和录音合成上给予了充分支持。青年书法家田肖锋、陆潇乐在历史人物书法表演中给予指导。田肖锋老师还本色扮演了北宋第一书法家。服装设计师张益女老师为陆龟蒙扮演者量身制作了一套古装服饰。平面设计师沈颖颖、美术家沈醉分别为制图和历史人物画像提供了不少帮助。外语协会老友杨丽娟给力提供了字幕翻译。汉服协会励晓庆秘书长和汉服社的朋友们给予了精彩的古典服饰友情出演。北京青年导演杨洲为纪录片海报耗费了很多精力、数个星期。绍兴越国文化博物馆馆长孙一琼、原慈溪市博物馆馆长厉祖浩、北京瓷器研究者李少先生、广东东莞瓷器专家黄理平先生、杭州瓷器专家沈健杰在海内外素材研究上给予了充分协助和学术指导。慈溪市文物保护中心王丽莉、黄松松、徐宏铭,慈溪市博物馆潘佳利、娄雪,苏州博物馆陈溪磊和慈溪市融媒体中心卢晔、胡贝贝协助寻找提供了部分早期视频和图片资源。慈溪市上林瓷苑文化传播有限公司孙威和宁波行知中等职业学校青瓷教师蒋泽为片中部分青瓷道具手工制作。收藏家陈云同提供了精美秘色瓷藏品拍摄,家谱收藏家励双杰先生友情客串。余姚市四明美术馆馆长陈冲、陈丹华父子拿出馆藏珍宝做道具并友情参演。还要感谢很多给予拍摄场地协助的朋友们,宁波市五磊寺宗立方丈与明戒师傅、慈溪市鸣鹤古镇小五房陈艳萍与李晴女士、上林湖青瓷文化传承园胡云海先生等给予剧组的协助。促进会李小平在后期制作及宣发推广中给予宝贵的策划建言。特别要感谢的还有茉莉,为了配合拍摄档期她牺牲了很多业余休息时间,无数个周末和假期跟着剧组一起走访,也在茉莉的帮助下联系了美国密歇根大学艺术博物馆寻找到一些珍贵的历史资料。茉莉的先生泰森（Tyson）和同事布兰登（Brandon）的友情出演，让珀西瓦尔·大维德爵士和约翰·弗雷德里希·伯特格尔等历史人物生动了起来。感谢阿邹等三十年好友们的友情出演，他们献上了老友记的本土版演绎。同时还要感恩家人，感恩学习精神上的导师及师兄陈迪，有些力量是有形的，有些力量是无形的。

感恩所有参与这个纪录片创作的朋友们，纵然有的情深，有的情浅，有的支持多些，有的支持少些，但感恩遇见，不管是帮助解答了自己的一个困惑，还是提供了摄制场地或是接受了一段采访，都是与己为善。这个民间发起的项目，汇聚了这个时代全中国对秘色瓷研究和传承最有发言权的一批人，记录了这个时代的秘色人物影像，用影像著史，让古与今有了呼应，让东方与西方有了对话。

一直喜欢一句话："人还是一定要有梦想，因为，万一实现了呢？"马丁·路德·金说得好"The time is always right to do what is right"（做正确的事情，什么时候都是好时间），"If you have a dream, just go for it"（有梦就去追吧，不负青春）。

叙意

虽然作为纪录片专业性上仍有很多不足，但是不妨碍片子本身的意义，总结了一下，大概有以下4个方面。

这是一部讲好中国故事、城市故事的纪录片

一部优秀的纪录片能承担起讲好中国故事、城市故事，

构建好中国形象和城市形象的使命和责任。纪录片《秘色之城》通过一位美国青年陶艺家讲述在中国秘色瓷都慈溪等城市寻找秘色的经历,这比中国人"自己讲自己的故事"更容易让海外观众接受。纪录片《秘色之城》对秘色瓷存世文物"前世今生"的故事以"讲述+演绎"的形式展现。通过影视化语言的呈现"让文物活起来",让秘色瓷文物不再是一件件博物馆中的陈列品,而是能够让观众在懂得如何欣赏秘色瓷之美的同时,也能了解秘色瓷所承载的东方文明和中华文化延续的精神内核,在共建"一带一路"的背景下,唤起拥有秘色瓷文化遗迹的城市对这一宝贵文化遗产守护、传承的重视,以城之名,唤醒秘色之魂。

这是一部以国际视野弘扬中国青瓷文化的纪录片

长久以来,纪录片被视为国际传播的硬通货,是文化传播的绿色通行证。《秘色之城》是国内首部国际视野解读皇室御用秘色瓷的人文历史纪录片,它跳出了传统器物学和考古学的解读思路,从全球视角寻找秘色答案,它把以往中国青瓷文化国际传播中的"我说"模式改为"她讲"模式,不仅能吸引国内外观众的关注点,而且让纪录片更具有说服力和国际性。通过透物见史、见人、见精神的方法,以及东西方皇室瓷器使用制作历史的对比,解读国宝秘色瓷背后鲜为人知的东方文明密码及其传奇故事。正是因为纪录片具有记录历史、传承文化、传播国际的独特价值,它天然地成为传承和弘扬中华优秀传统文化的重要载体,助力实施国际传播战略。

这是一部系统走心地解读秘色瓷历史的纪录片

纪录片记录当下,为后世流传史料;再现过往,让历史照进现实。它被赋予了辩证的史学品格,是影像化的历史书。国内现有解读秘色瓷历史文化的专题影视作品极为稀少,多是以媒体宣传短片形式存在,内容碎片化,许多表述与获得全国十大考古新发现的"上林湖后司岙秘色瓷窑址"考古研究成果有很大出入,一些宣传片中呈现的照片相当一部分都不是秘色瓷。在这部纪录片之前,绝大多数听说过秘色瓷的人对于秘色瓷文化的理解局限在陆龟蒙的"九秋风露越窑开,夺得千峰翠色来"诗句中,但是这部纪录片告诉我们,秘色瓷文化内涵远不止这些。纪录片《秘色之城》填补了近十年国内系统介绍秘色瓷文化纪录片的空白,将秘色瓷的最新最全的真相和秘色瓷文化中最核心的内容呈现给了观众,是迄今为止有关中国秘色瓷最权威、最专业的一次集中呈现。可以说,人文历史纪录片《秘色之城》是一部影像化的秘色瓷历史教科书,是了解秘色瓷历史脉络的简明"大纲",是一部有经典教科书式意义的瓷器社科普及影像作品。

这是一部增添文化自信感悟自然哲学的纪录片

一部好的纪录片应该是既能让观众长知识又能带来灵魂思想上的促动。这部纪录片给慈溪这座沿海城市注入一股文化自信的强心剂。看完这部纪录片我们将对"皇室御用,道法自然"这八个字有更深刻的认识,从中国乃至世界皇室瓷器的起源以及国家治理提供智慧的老子哲学中找到尊重自然的"普世价值"。正是无数的过去造就了现在,正是无数的现在指向了未来。纪录片《秘色之城》从沿着古老海上陶瓷之路漂流到沙滩上的青瓷碎片开始了主人公的深情叙述,在当下的思考与探寻中,在考古学家与青瓷工匠等现代人的多元解读中,最终在上林湖畔的山顶之巅、在大自然的千峰翠色中找到了秘色的答案,找到了与东方文明共语、与伟大自然共存的未来发展之道。

收获

纪录片《秘色之城》之所以拍摄三年多,与疫情影响有关,更主要的是要凑周末或节假日,还要凑其他人档期,这中间的时间成本就没法算了,当你遇到了那么多有意思的人的时候,真心会觉得值得。毕竟事在人为,所有的一切都由人创造、由人解读,器物本身没有生命,是我们赋予了它背后的意义。这些年访遍秘色瓷领域所有能请教的权威专家学者及青瓷匠人,研读查找的学术和历史文献肯定有几十万字了。我对自己的民间定位是青瓷文化独立研究者,研究成果的展现形式是青瓷影像作品,无论是之前的《青瓷乐梦》还是现在的《秘色之城》都是自己的研究成果。刚开始的时候也经常在公众号上写文章,现在不敢轻易写青瓷文章了,专业性太强。但是影视作品不一样,其受众数量远超文博读者,用这样的方式和同好者交流,又没有太大学术压力,因为能看到指出意见的只有文博专业人士,多数专家还是宽容的,毕竟这种冷门题材能有人关注就已经难能可贵了。一件事要人人都说好是不可能的,对于三观不合的哪怕多说一句话都是浪费时间和感情,对于那种动不动就拿着"崇洋媚外""为什么找老外合作"质疑的狭义极端民粹主义者,那种歧视曲解正常中外跨文化交流的人,多辩有伤身心。

在2023年春节正月初四这天,迎来了人生中又一次高光时刻，《秘色之城》登上了中央广播电视总台 CGTN 纪录频道全球播映，而且还是春节档。CGTN 是中国国际电视台的缩写，CGTN 纪录频道是中国纪录片海外播映的国家级电视平台。央视选中该片后，CGTN 纪录频道又免费为片子制作了英文配音版，找了资深英文历史纪录片配音员配音。这个工程其实是很大的，从片尾译制人员清单我知道省下了这一大笔制作费，纪录片终于拥有了中英文两个版本，最初的目标得以完美实现。

想起《我在故宫修文物》同名书中看到的一段话："没有人能告诉我们，生活到底应该过成什么样。在被庸碌现实俘获之前，在被琐碎生活招安之后，还有能力为那个用烂的词'情怀'而稍稍动容。"从 2012 年到 2022 年，以情怀的名义，十年爱好研究修得正果，在可预见的未来我估计是不会再自筹发起拍长纪录片了，条件不允许，情怀无法总是面对柴米油盐。但是我依然会用聚焦瓷器的光影记录来丰富业余生活，如有资源和机会再拍点短视频也是可行的，对青瓷文化的传播初心不会改变，30 分钟以上的长片不是我等普通人可以多次去涉猎的。期待未来，做个普通观众也好，只愿有人能牵头去拍出来，这个文化值得也需要有人去复兴。

若是真心付出总有回报，也主要是在精神层面，现实是长纪录片主办单位对获奖者没有任何直接资金奖励，但是短视频主办方会设资金奖励。无怪乎长纪录片低产了，要是有谁说拍纪录片出发点是为了营利，那真是听了要捶胸。从 2021 年底作品问世，到 2022 年 6 月 11 日在全国"文化和自然遗产日"首映，再到 2023 年开始进入收获的时节，《秘色之

第五章 催化人们对越窑秘色瓷文化的认知

城》已经先后斩获2021年宁波市"最佳长纪录片奖"、第六届浙江省纪录片"丹桂奖"(浙江省纪录片门类的最高荣誉)和中国电影家协会参与主办的2022年第八届"根亲中国"华语电影短片大赛"十佳作品",2023年1月25日(大年初四)首次在中央广播电视总台CGTN(中国国际电视台)纪录频道春节档播出,并于3月16日在央视CGTN纪录频道重播,两次播映都是与《航拍中国》《舌尖上的中国Ⅱ》等央视纪录大片同期播出。该片配套的3分钟宣传短视频《秘色》同时获得2022宁波"NB轰红"短视频大赛十月月评"冠军"、年赛"最佳创意奖","滨海宁波 扬帆世界"宁波城市形象短视频大赛二等奖,入围第三届"美丽浙江"国际短视频大赛、"2022国际短视频大赛",2023年获第十三届北京国际电影节短视频单元三等奖(全球3 053部短视频报名,入围120部),还获得由中国国家创新与发展战略研究会联合国家地理、央视网等单位主办的"读懂中国·新青年看中国"中外短视频征集展播活动文化发现推优作品(全球1 008部短视频报名,获得最终推优资格49部),并在学习强国、宁波发布、中国蓝TV等平台上线,有力地推动了慈溪秘色瓷文化的国际国内传播。2023年3月《秘色之城》在第27届"香港国际影视展"这一亚洲最大的跨媒体、跨业界影视博览会上展映,进一步有力地传播宁波慈溪秘色瓷文化。未来,这部纪录片会在时空中走多远、传多广,无人可以知晓,但是我对它满怀期待,世界这么大,梦想可以飘很远。

跨界传播需要载体,研究性创作也是如此,慈溪越窑秘色瓷文化促进会在中国越窑秘色瓷文化的传播推广中发挥了重要的平台作用,感恩会员间的遇见,和而不同,求同存异,美美与共,在传承弘扬中国越窑秘色瓷文化初心这点上彼此一致。最近一直在学习总书记重要讲话文摘,学习心得之一是习近平总书记特别强调文化传承发展,"让收藏在博物馆里的文物、陈列在广阔大地上的遗产、书写在古籍里的文字都活起来",纪录片《秘色之城》让青瓷文化更好地走入当下,走向世界,彰显文化自信。在秘色重光中,昔日陌生的秘色瓷不再是冰冷的青瓷器物,而是带着故事与情感寄托的存在,让我们为慈溪这片瓷文化沃土,为中华优秀传统文化,为伟大的东方文明,由衷地感到自豪!

越窑青瓷文化传播活动——形式多样

向全社会发布倡议书

越窑秘色瓷文化促进会成立后,全市对青瓷文化情有独钟的有识之士纷纷团结到促进会身边,建言献策,积极支持慈溪独具特色的地域文化发展,并于2021年1月24日由促进会全体特聘顾问马剑波、方国洪、叶建荣、冯嘉耀、阮立平、孙平范、孙迈华、励国庆、吴杰、岛田文雄、应永军、沈东平、沈岳明、宋红杰、宋佰春、张平、张忠良、陆忠植、陈爱民、茅忠群、罗国明、胡永焕、胡培能、俞黎明、闻长庆、姚国宁、徐其明、徐明强、徐定昌、徐娣珍、徐银昌、徐朝兴、高峰、黄金德、黄新华、梅法钗、嵇锡贵、蔡林强等人联合发起,在《慈溪日报》上向慈溪全体市民发布了倡议书,发动全市人民共同努力,携起手来传承弘扬家乡的越窑秘色瓷文化。倡议书发布后,在全市上下产生了积极反响。　　（李小平、叶青）

组织越窑青瓷文化巡回宣讲

为了进一步提升全市广大市民对越窑青瓷文化的知晓

促进会开展了形式多样的青瓷文化传播活动,此文收集整理了各个时间段活动的相关信息。

度,增强对地域特色文化品牌的自豪感、归属感和参与感,根据《关于打造越窑秘色瓷文化品牌的实施意见》文件精神,促进会在慈溪市委宣传部统筹安排下成立宣讲团,在全市范围内广泛开展越窑青瓷文化巡回宣讲活动。各单位根据需要向慈溪越窑秘色瓷文化促进会发出授课宣讲邀请,由慈溪越窑秘色瓷文化促进会统筹派遣宣讲团成员到各单位进行宣讲,宣讲内容为统一制作的课件"齐心协力 共建秘色瓷都"。宣讲团成员有马建君、陈凤丽、谢纯龙、徐伟明、岑伯明、余孟立、朱利昀、王小颖、王丽莉、谭静、叶挺、邱群杰、杨存凡、陈焕根、彭泽仙、李机刚、唐建明、叶青、施琦等。促进会还组织在全市各机关、事业单位,村、社区,中小学校、商会、企业进行宣讲。

从2021年起,促进会根据各单位需要和预约,会同市文广旅体局利用"百姓讲堂"平台,分别在浒山、桥头等14个镇(街道)48个村(社区)、市老年大学、有关企业和学校进行了宣讲。三年来,促进会已在全市范围内组织宣讲52场次,授课人数近2 000人次。为了更广泛、更方便地传播越窑青瓷文化,促进会还会同市融媒体中心,将本会会员徐伟明为市老年大学学员现场宣讲制作成学习视频,经宁波市委组织部批准上传至"宁波党员干部学习网",后又在"学习强国"平台上推广,还作为促进会宣讲团成员的范本,制作成U盘下发至有关镇(街道)、村(社区)进行广泛宣传。

(马建君、李小平)

开展青瓷文化进校园活动

青瓷文化进校园活动是促进会更好地推动弘扬和传承青瓷文化发展的重要举措之一。

2021年4月,市教育局、市越窑秘色瓷文化促进会联合下发了《关于在全市小学开展越窑青瓷文化教育促进活动的通知》,青瓷文化进校园活动正式启动。青瓷文化进校园活动重点是组织实施对小学四到六年级学生青瓷历史文化知识的教育和青瓷(陶艺)的动手制作操作实践,同时开展了青瓷文化特色学校和促进学校创建活动。

开展青瓷文化教育活动,创建青瓷文化特色学校和青瓷文化促进学校,目的是在小学普及越窑青瓷文化知识,传承家乡优秀文化基因,弘扬地域特色文化,加强学生素质教育。活动坚持因校制宜、分步实施、分类指导、注重实践的原则,提倡学校在美术课和综合实践教学活动中有计划地拓展慈溪青瓷文化乡土教育内容。通过开展形式多样、富有成效的推进活动,在全市小学营造浓厚的越窑青瓷文化氛围。同时根据不同学校实际,分别创建越窑青瓷文化特色学校和越窑青瓷文化促进学校。力争通过五年努力,全市有10%—15%的小学创建成为青瓷文化特色学校,50%以上的小学创建成为青瓷文化促进学校,实现越窑青瓷文化教育在小学全覆盖。创建越窑青瓷文化特色学校和越窑青瓷文化促进学校活动要求组织在校学生积极参加"四个一"教育活动,即学习一本《走进越窑青瓷世界》乡土教材、接受一次越窑青瓷文化知识讲座、参加一次越窑青瓷文化知识竞赛和青瓷(陶艺)操作制作比赛活动、体验一次越窑青瓷文化研学旅行活动。

2021年5月25日,促进会会同市教育局在匡堰实验学校联合召开了创建青瓷文化特色学校和促进学校现场会议,申报创建的16所学校校长和主抓负责人参加了会议,市教育局基础教育科胡迪波科长主持会议,匡堰实验学校介绍了他们学校开展青瓷文化教育的基本做法和取得的成效,谢柏南副局长、沈建国副会长分别进行了动员讲话和具体部署。此次会议明确了创建目标和创建工作任务,布置了创建工作要求和步骤,为积极推进青瓷文化进校园活动、开展青瓷文化特色学校、促进学校创建打下良好基础。

2022年3月15日,促进会与市教育局联合召开了青瓷文化特色学校、促进学校创建工作交流座谈会,申报创建的16所学校的校长或分管负责人分别进行了汇报和交流,市教育局胡迪波科长主持会议,谢柏南副局长作了工作部署,许维森代表促进会进行了总结并作了具体部署。

与此同时,为了利于传播青瓷文化,推动青瓷文化特色学校创建,市教育局与促进会联合抽调相关专业人员,成立编委会,花了大量的精力、财力于2022年上半年联合编写了《走进越窑青瓷世界》一书,该书作为越窑青瓷文化特色课程学习资料,适用于小学四到六年级学生学习使用,由宁波出版社正式出版,慈溪市新华书店负责发行。《走进越窑青瓷世界》一书已于2022年秋季按全市小学四年级学生数(从2022年秋季开始小学新四年级按每生人手一册发放),由慈溪市新华书店免费发放到各校,所需经费由市越窑秘色瓷文化促进会全额负担(不含前湾新区),到目前已免费发放2年共4万册。全市各小学根据学校实际组织开展了对学生《走进越窑青瓷世界》读本的教学工作。

2022年12月,促进会联合市教育局组织开展了全市小学青瓷文化知识竞赛和青瓷(陶艺)技能操作比赛活动,青瓷文化知识竞赛由市教育局提供统一样卷,各校翻印后由学校自行组织竞赛和评奖。青瓷(陶艺)技能操作比赛分作品选送和现场比赛两个阶段进行,全市共有18所小学参赛,共选送69件作品,入选44件作品,经专家现场评审,最终评选出一等奖7名,二等奖15名,三等奖22名。此外,2023年8—9月,市教育局、市纪委市监委派驻第七纪检监察组会同促进会联合市组织了中小学"清慈廉韵·廉洁教育"主题越窑青瓷创作大赛。

2022年10月中旬开始,促进会组织人员成立调研组,对全市申报青瓷文化特色学校和促进学校的创建情况进行了实地调研和指导,对各校组织领导、师资教材、教学设施、宣传氛围、创建成效等方面情况进行了摸底,为推动创建打下扎实基础。2023年初,根据市教育局文件要求和相关标准,促进会联合市教育局组织相关人员对全市2021年申报创建青瓷文化特色学校和促进学校的学校进行了统一考核,有13所学校通过了验收,创建成为青瓷文化特色学校或促进学校。其中,匡堰实验学校、实验小学教育集团、白云小学、观海卫镇中心小学、观海卫镇卫前小学、宁波行知中等职业学校等6多学校创建成为青瓷文化特色学校,匡堰镇上林小学、第四实验小学、南门小学、观海卫镇文棋小学、观海卫镇鸣鹤小学、桥头镇桥南小学、桥头镇实验学校等7所学校创建成为青瓷文化促进学校。在第一批创建学校创建成功的基础上,2023年上半年又开始了第二批特色学校和促进学校创建申报工作,全市共有22所学校进行了申报。通过这些行之有效的创建活动,逐步推进青少年的青瓷文化普及教育。

(许维森、李小平)

开展越窑青瓷文化进村(社区)活动

为更好地传播弘扬越窑青瓷文化,扩大青瓷文化影响力,提升广大市民对青瓷文化的知晓度,以慈溪市委提出的建设文化强市为目标,坚定文化自信,大力宣传越窑青瓷文化，弘扬慈溪市优秀文化遗产、历史文脉和工匠精神，2023年初，促进会在慈溪市委宣传部的重视和支持下，在全市范围组织开展越窑青瓷文化进村（社区）活动，活动内容包括组织越窑青瓷文化专题讲座、组织观看青瓷文化主题影视片、设立越窑青瓷文化阅读角和专题宣传栏、体验青瓷瓯乐、体验青瓷制作、开展越窑青瓷主题文艺演出等。

整个活动采取分步实施、逐年推进的方法，力争通过3年的时间，全市各村的越窑青瓷文化"六个一"活动覆盖面达到100%：第一步，自2023年4月至2024年3月为试点阶段，选定浒山街道虞波社区、浒西社区，古塘街道新潮塘村、界牌社区、旦苑社区，白沙路街道轻纺村、白河社区、滨河社区、望湖社区等9个社区（村）为试点单位，按照活动内容进行逐项展开，并根据实际可开展一些特色性、独创性的拓展活动，尤其是2023年10月慈溪市委宣传部下发青瓷文化进村（社区）活动通知后，使活动得到了规范和提升，试点单位更加重视。

一年来，9个社区（村）先后不同程度开展各项活动，如观看《秘色之城》人文纪录片、邀请促进会宣讲团老师来村（社区）为居民群众宣讲青瓷文化、开辟青瓷文化书籍阅读角和宣传栏、制作青瓷文化宣传展板进行展出、组织部分居民和青瓷爱好者到青瓷企业和上林湖青瓷文化传承园等地参观和体验、利用各种活动上街设摊宣传青瓷文化和组织青瓷文化专场文艺演出。同年底，促进会经初步验收，大多数村（社区）基本完成了试点任务，达到了预定目的，为其他村（社区）的推开树立了样板，为整个活动的全面开展打下了基础，积累了经验。

第二步，自2024年4月起，在继续巩固9个试点单位宣传工作的基础上，在全市全部村（社区）分三年实施，并完成"六个一"活动的全覆盖。

（马建君、李小平）

瓯乐团赴全国巡演

青瓷瓯乐曾是我国古代伴随越窑青瓷的发展而盛行的一种艺术形式。2009年3月,慈溪成立青瓷瓯乐艺术团,承担"青瓷瓯乐"非遗保护传承与创新发展、地域特色文化品牌打造的重任。近年来,瓯乐团紧紧围绕打造慈溪"秘色瓷都、智造慈溪"城市文化形象,深耕越窑青瓷文化底蕴,从创新解码"瓯乐基因"入手,着力打造有声有色的地域文化标识。

瓯乐是慈溪地域文化的"活化石",2021年,瓯乐团与保利院线和上海晶英文化有限公司签订巡演协议,开展瓯乐全国巡演,于当年5月、7月和10月分别赴北京、上海、重庆、广州、深圳等21地巡演22场,社会反响热烈。据统计,在疫情防控常态化的背景下,每场演出上座率平均保持在60%左右。瓯乐也是城市形象推广的"金名片"。2022年以来,通过在剧目创排、服化道设计等方面下功夫,在瓯乐表演中融入"诗画浙江""海丝古港"等浙江省、宁波市城市形象宣传要素,将无形的文化底蕴转为悠扬的乐音,参与完成《记住乡愁》《寻找宁波的声音》等6个宁波城市主题宣传片录制。商演剧目《海丝瓷韵——时间与水》,在慈溪市大剧院首演于2022年底,并通过中国新闻网等平台直播。目前,已形成《诗瓷》《听瓷》等代表性剧目5台,其中有多部作品入选省、市文艺精品重点扶持项目,并先后获得省级以上大奖。

2022年底,瓯乐团接连收到了三份来自央视的节目邀约。在主流媒体密集邀约的背后,是在品牌宣传推介上的"久久为功"。作为独特的艺术表现形式,瓯乐在传承和发扬过程中一直面临受众面相对有限、市场影响力较为薄弱的问题。为破解这一瓶颈,瓯乐团在做好剧目和表演形式创新的

基础上,与央视、浙江卫视、湖南卫视、广东卫视等国内主流电视媒体建立良好的合作关系,借助央视国际频道《传承中国》、湖南卫视《美好年华研习社》、广东卫视《国乐大典》等知名度高、传播面广的栏目,提升"曝光量",同时,积极争取在国内外各大节庆展会中"发声"。青瓷瓯乐坚持"走出去"的品牌化发展之路,以交流展演为平台,提升瓯乐文化品牌影响力,先后参加了德国石勒苏益格-荷尔斯泰因州国际音乐节,"欧洲,宁波周",新加坡第24届"春城洋溢华夏情暨欢乐春节"文化行,赴泰国、柬埔寨、老挝开展"澜湄文化行"等文化交流活动,受到了主办方的欢迎和赞赏。截至目前,瓯乐团累计赴美国、德国、法国、日本等13个国家和地区开展文化交流演出50余场次。2023年8月,随浙江省非遗中心赴香港参加"茶和天下"展,9月受浙江省文化厅委派,赴伊朗和土耳其参加"诗画江南 活力浙江"亚运主题文化和旅游交流推广。接下去将随文化和旅游部赴伊朗参加"青风海上来：浙江考古与中华文明——浙江青瓷巡礼"线下大展暨云上展开幕式，还将随浙江省委赴东南亚进行文化交流。截至目前，瓯乐团已累计参加 APEC 会议"东亚文化之都·韩国济州文化节"线上直播、"良渚揽秀·诗路寻音"诗画浙江主题推广盛典、中国国际版权博览会、中国驻塞浦路斯大使馆等重大外事活动 70 余次，赴新加坡、美国、德国、捷克等 10 余个国家开展文化交流 50 余次。

青瓷瓯乐艺术团先后获评"宁波市文化建设示范点""宁波市文化创新团队""国际交流示范基地"等荣誉，是首批厅市共建文旅融合"金名片"和浙江省文旅融合 IP 重点扶持项目。青瓷瓯乐演出超过 1 000 场次，受邀出访 10 余个国家和地区，"青瓷瓯乐"已与全国重点文保单位——上林湖越窑遗址一并成为慈溪青瓷文化和"秘色瓷都"最核心的支撑元素。

如何让瓯乐既"出圈"又"出彩"？只有走市场化发展道路，才能使传统文化在创造性转化、创新性传承中获得源源不断的"生机活力"。要走好市场化道路，就要做好"借力"文章，借助更大平台、更广渠道，提升核心市场竞争力。前期，已与保利文化、港中旅集团、上海晶英文化、西安大唐文化有限公司等国内主流演艺企业或平台达成合作意向，其中完成正式协议签订 3 家，如与港中旅集团签订文旅演艺合作协议，拟共同打造"锦绣东方·青瓷瓯乐"文旅演艺项目，后续将进一步加强洽谈对接力度，力争在商业巡演、文创开发、品牌外宣等方面建立全维度的"朋友圈"，让瓯乐通过多元渠道、载体更加"声入人心"。

（谢杰峰、李小平）

定期编写《秘色重光》专刊

促进会成立后，为了经常性发布促进会工作动态和青瓷行业内部信息，加强会员之间及会员与各有关单位间的相互交流，了解慈溪秘色文化发展动态，学习借鉴先进地区经验，掌握国内外青瓷文化发展信息，扩大慈溪越窑秘色瓷的影响力与传播面，同时确保本会信息资料的内部记载和查阅，促进会组织力量创办了内部刊物《秘色重光》，作为交流学习的有效载体。

《秘色重光》会刊由徐尔元会长担任编委主任，沈建国副会长、黄学舜名誉副会长担任副主任。开辟栏目有工作动态、经验交流、专题活动、会员动态等，内容主要包括本会重大活动，领导讲话，有关单位、企业和会员的工作情况，专家和会员的理论文章和实践体会，以及本会下发的文件、通知等，内容广泛，图文并茂，设计精美，每半年刊发 1—2 期，还采用专项活动编印专刊的形式。

三年来，《秘色重光》已刊发 9 期，每期编印 300 本，主要发送至本会会员、团体会员，本市市级及相关部门领导、本会专家和企业家顾问，与此同时还作为对外交流赠送。出刊后，得到了领导及广大读者的认可和支持，为促进会与会员间搭建了一个信息沟通、业务交流的平台，为领导了解、掌握促进会工作开通了一个呈报和检查的途径，为对外交流建立了一个展示和互鉴的窗口。

（马建君、李小平）

编写发行宣传手册

促进会除了刊发内部刊物《秘色重光》以外，为快速方便传播越窑秘色瓷文化,开辟越窑秘色瓷文化传播途径,在促进会成立后,及时组织编印了《瓷艺圣地·秘色重光》宣传手册。手册采用图文并茂、彩页设计、多重折叠的形式,信息量大、中英双文、方便携带,先后共印发3万份。

三年来,宣传手册作为一张宣传我市越窑青瓷文化的名片,利用各种渠道进行广泛传播,先后发放给全市各机关单位、村(社区)、中小学校,以及重要会场、活动现场的与会人员,作为接待来宾、外出交流的宣传品。与此同时,还通过慈溪博物馆、上林湖青瓷文化传承园、上林湖越窑博物馆发放给参观者,通过有关酒店赠送给宾客,通过游客传播到全国各地,从而有效扩大了越窑青瓷文化传播范围,扩大了慈溪在外的知晓度和影响面,使慈溪"秘色瓷都、智造慈溪"这张金名片更加靓丽,发挥了传播使者的作用。同时,为了配合宣传推广越窑青瓷文化,促进会还与慈溪市新华书店合作,印制了越窑青瓷文化宣传笔记本《千峰翠色》。笔记本将慈溪越窑青瓷文化发展的来龙去脉进行介绍宣传,还将各个时期精美的越窑青瓷代表作品、全国各地重要遗址和文化遗存出土及国内外著名博物馆收藏的越窑青瓷珍品等图案选印其间,进行展示和解读,作为来客来访高档文创产品及文化爱好者收藏物进行赠送,精心的制作和精美的内容相得益彰,广受好评。

(马建君、叶青)

附件一

弘扬地域文化、共建秘色瓷都倡议书
——致全市广大市民

瓷器被誉为中国古代第五大发明。慈溪是中国瓷器重要发源地之一,上林湖越窑青瓷被称为"母亲瓷"。上林湖是唐宋时期我国越窑青瓷中心产区和秘色瓷唯一产地,被国际陶艺界人士视为瓷艺圣地。越窑秘色瓷是世界级的文化瑰宝,是慈溪最具地域特色和国际影响的历史文化品牌,是慈溪先民对人类文明进步作出的杰出贡献。

越窑秘色瓷于9至11世纪站上了世界陶瓷艺术的历史巅峰,前后兴盛长达三百余年,至南宋停烧,至今已有近千年。2001年12月26日,上林湖越窑炉火重新点燃,沉寂千年的秘色之光重现人间,"秘色瓷都"优美旋律再度唱响九秋长空,"星星之火"在三北大地又成燎原之势。二十弱冠不负青春韶华,青瓷企业汇聚上林湖畔;各级陶艺大师相继加冕,青瓷瓯乐艺术名扬海外;海上丝绸之路重焕生机,世人目光再聚秘色之城。昔日皇家专享的精美绝伦的珍宝之物,如今正以灵秀高雅之姿踏入寻常百姓家。

为响应党和国家创建文化强国的宏伟战略,传承弘扬地域历史文化,努力建设文化强市,将慈溪越窑秘色瓷文化打造成为"城市金名片、文化新地标",2018年慈溪市将慈溪城市形象提炼为"秘色瓷都、智造慈溪"。2020年9月22日,经慈溪市委、市政府研究,决定成立慈溪越窑秘色瓷文化促进会。正逢九秋好时节,再谱秘色新华章。在新的历史时期,借天时地利之东风,将慈溪打造成为"秘色瓷都"是全市人民的共同责任。为此,我们作为慈溪越窑秘色瓷文化促进会的特聘顾问,联名向慈溪各界人士发出如下倡议:

一要牢固确立文化自信。要充分认识慈溪是一个富有历史文化底蕴的城市,越窑秘色瓷文化更是慈溪的骄傲,对此我们要有自豪感、认同感、归属感和使命感,从而唤起共建"秘色瓷都、智造慈溪"的热情。

二要广泛传播青瓷文化。每个慈溪人都要成为越窑秘色瓷文化的"知音",了解它的文化内涵,关注它的发展态势,争做秘色瓷文化传播的志愿者,推动秘色瓷文化进机关、进学校、进企业、进乡村、进社区,全面营造秘色瓷文化的浓厚氛围。

三要亲身参与文化共建。文化是城市的灵魂,更是每一个人健康成长的精神养料。全体市民要积极参与参观、体验、鉴赏、收藏等各类秘色瓷文化活动。在参与活动中,增强对秘色瓷文化的认知,陶冶情操,提升自身综合素养。

四要积极推动陶艺事业。传承弘扬秘色瓷文化,复兴拓展秘色瓷产业,是一项塑造城市灵魂的宏伟工程。我们呼吁更多的有志之士投身秘色瓷行业,壮大秘色瓷产业,复兴秘色瓷文化,为传承、弘扬、创新好越窑秘色瓷文化夯实基础,让秘色瓷文化融入慈溪经济社会发展大格局。

让我们并肩前行,携手共进,为"秘色瓷都"描绘最美画卷,为"智造慈溪"奏响最强乐章。

附件二
《走进越窑青瓷世界》全市小学乡土教育读本前言

中华优秀传统文化是中华文明的智慧结晶和精华,是中华民族的根和魂,是我们在世界文化激荡中站稳脚跟的根基。传统文化是中华优秀文化的重要组成部分,是中华文明绵延传承的生动见证,是连结民族情感、维系国家统一的重要基础。保护好、传承好、利用好中华优秀传统文化,对延续历史文脉、坚定文化自信、推动文明交流互鉴、建设社会主义文化强国具有重要意义。党和政府高度重视文物和文化遗产保护工作,特别是党的十八大以来,在以习近平同志为核心的党中央领导下,我国文物和文化遗产保护工作取得了显著成绩。

越窑青瓷文化是慈溪市四大地域特色文化之一,是慈溪地域文化之宝、城市精神之根。上林湖越窑遗址于2006年、2012年两次被列入《中国世界文化遗产预备名单》。为更好地传承和弘扬越窑青瓷文化,深入挖掘越窑青瓷文化内涵,打造"秘色瓷都、智造慈溪"城市形象,真正让青瓷文化之光照进校园,让传统优秀文化润泽学生心田,特编写《走进越窑青瓷世界》一书。本书作为越窑青瓷文化特色课程学习资料,适用于小学四年级到六年级的学生,分2篇共16课,其中历史文化篇8课,制作实践篇8课。各校可根据本校实际适当安排课时开展教学,课时由学校从地方课程、校本课程及综合实践活动中进行调节。

本书由匡堰实验学校王小颖主编,匡堰实验学校罗亚萍、实验小学教育集团蔡侃侃、第二实验小学余世芳等同志参与编写工作,编委会成员厉祖浩、谢纯龙、孙波、熊雪青、徐伟明等全体编委和插画师陈晓洁等同志提出了不少指导意见,在此一并表示感谢。由于编写时间紧、任务重,本书还存在不少问题和不足,恳请读者提出宝贵意见和建议,以便再版时修改完善。

附件三

《秘色重光》专刊创刊词

瓷器被誉为中国古代第五大发明。慈溪是中国瓷器重要发源地之一,上林湖越窑青瓷被称为"母亲瓷"。上林湖是唐宋时期我国越窑青瓷中心产区和秘色瓷唯一产地,被国际陶艺界人士视为瓷艺圣地。越窑秘色瓷是世界级的文化瑰宝,是慈溪最具地域特色和国际影响的历史文化品牌,是慈溪先民对人类文明进步作出的杰出贡献。

越窑秘色瓷于9至11世纪站上了世界陶瓷艺术的历史巅峰,前后兴盛长达三百余年,至南宋停烧,至今已有近千年。2001年12月26日,上林湖越窑炉火重新点燃,沉寂千年的秘色之光重现人间,"秘色瓷都"优美旋律再度唱响九秋长空,"星星之火"在三北大地又成燎原之势。二十弱冠不负青春韶华,青瓷企业汇聚上林湖畔;各级陶艺大师相继加冕,青瓷瓯乐艺术名扬海外;海上丝绸之路重焕生机,世人目光再聚秘色之城。昔日皇家专享的精美绝伦的珍宝之物,如今正以灵秀高雅之姿踏入寻常百姓家。

为响应党和国家创建文化强国的宏伟战略,传承弘扬地域历史文化,努力建设文化强市,将慈溪越窑秘色瓷文化打造成为"城市金名片、文化新地标",经慈溪市委、市政府研究,决定成立慈溪越窑秘色瓷文化促进会。2020年9月22日,慈溪越窑秘色瓷文化促进会正式成立。促进会将通过积极努力,争取实现下列目标:青瓷产业规模发展壮大,青瓷人才队伍粗具规模，秘瓷工艺创新有所突破，秘瓷之都形象基本确立，文化品牌效应开始显现，融合发展格局初步形成。

促进会为了更好地开展工作，特推出《秘色重光》内部刊物，目的是加强会员和各有关单位的相互交流，了解慈溪秘色文化发展动态，学习借鉴先进地区经验，掌握国内外青瓷文化发展信息，扩大慈溪越窑秘色瓷的影响力与传播面。希望本刊的编写和发行能得到会员与各有关单位的关心与支持。

正逢九秋好时节，再谱秘色新华章。让我们共同努力，为"秘色瓷都"描绘最美画卷，为"智造慈溪"奏响最强乐章。

附件四
《〈千峰翠色〉文化笔记本》前言

　　慈溪三北大地上，绵延着一道天然的山海屏障，这便是翠屏山脉。翠屏山脉千峰耸立的逶迤处，点缀着一汪醉人的上林湖。上林湖不但山清水碧，峰秀云祥，更涵育出灿烂了两千多年的越窑青瓷文化。越窑青瓷文化，绵延汤汤，造就了今日慈溪的诗和远方，确立了"秘色瓷都、智造慈溪"的城市形象口号。慈溪市是中国陶瓷历史文化名城。

　　回顾青瓷发展的历史，我们可以自豪地说出上林湖越窑对中国乃至世界作出的贡献：

　　第一，慈溪上林湖窑场是中国青瓷文化的重要发祥地。原始瓷经过两千多年的演变，至东汉中晚期，一种面貌全新的瓷器最先在慈溪、上虞等地烧制成功，而且在制瓷工艺技术上对后来出现的各地窑口有直接或间接影响，所以越窑瓷器被学术界称为母亲瓷。从东汉中期创烧到南宋末年停烧，上林湖窑场前后延续了约1 200年，是世界上持续烧制时间最长的窑系。正因为最早创烧和持续时间最长，上林湖窑场被国家文物局领导称为窑业圣地。

　　第二，慈溪上林湖地区，是唐宋时期青瓷中心产区。上林湖地区主要包括上林湖、白洋湖、里杜湖和古银锭湖四个片区。在唐宋间，这一区域的瓷器生产规模和影响力，类似后来成为世界制瓷中心的江西景德镇。据考古调查，这一区域内共发现近200处古窑址，其中属于唐宋时期的古窑址有

159处,被誉为世界上最大的露天青瓷博物馆。该遗址于1988年被国务院公布为全国重点文物保护单位。

第三,上林湖越窑是古代世界制瓷技术的引领者。当代青瓷考古专家复旦大学郑建明教授认为:"越窑自东汉创烧以来,一直居于瓷器制作技艺的顶端,引领着制瓷技术的发展。不仅浙江省内的德清窑、瓯窑、婺州窑等窑场受其影响,省外的洪州窑、耀州窑、汝窑以及国外的高丽青瓷等窑场亦深受其影响。可以说,越窑是一个技术扩张型的窑场,对国内外的青瓷生产具有重要的影响。"杭州南宋官窑博物馆原馆长邓禾颖也指出:"慈溪越窑秘色瓷,代表了唐宋时期越窑的最高制瓷水平,它在中国陶瓷史上第一次对瓷器提出了类玉、类冰的审美要求。这不仅是制瓷史上的一大飞跃,同时也树立起古典陶瓷美学的第一面旗帜,成了此后高等级青瓷的代名词。"相关文献证明,上林湖越窑制瓷技术大约在唐末或宋初,已经被全盘移植到朝鲜半岛。现今考古发现,在古代朝鲜半岛中西部与西南海岸地区古窑址生产的高丽秘色瓷,其母体就是慈溪上林湖越窑。

第四,慈溪上林湖地区,是目前已知秘色瓷的唯一产地。据考古证实,上林湖后司岙窑址是晚唐五代时期秘色瓷原产地。秘色瓷的存在,原来只是一个传说,人们无从知道它的真实面容,乾隆皇帝也未能亲睹芳容,说明其性质极其珍贵,非其他名窑珍瓷可以替代。1987年,文物部门对位于陕西省扶风县的法门寺地宫进行发掘,首次发现了13件在地宫藏品名录中有明确记载的秘色瓷,经专家考证认定,确系产自慈溪上林湖窑场。中国古陶瓷学会常务副会长、复旦大学沈岳明教授提出:"法门寺的考古发现,在越窑历史上具有划时代的意义,它第一次向世人揭开了秘色瓷的神秘面纱。秘色瓷成为越窑青瓷的巅峰之作,造型规正大气又不失秀美,釉色如千峰翠色和雨过天晴般的晶莹剔透,是上林湖窑工利用自然界的水、土、火制造出来的艺术珍品,是集天地人合一理念的完美体现。"秘色瓷成为后代高档青瓷的代名词,其影响深远而广泛,是中国乃至世界陶瓷史上的里程碑。秘色瓷也是中国陶瓷史上有记载、最早的皇宫用器。公元874年,大唐皇帝把秘色瓷供奉在法门寺地宫,使秘色瓷显出既高贵又神圣的气质与品位。五代的吴越国王室,北宋和南宋皇宫都把秘色瓷珍若拱璧。以秘色命名,最早出现于晚唐诗人陆龟蒙《秘色越器》诗中。后人对何为"秘色"曾有过多种解说:其一为工艺说,认为秘色瓷是运用釉封匣钵装烧的特殊工艺制作而成,正是运用了这种烧制技术,才使瓷器有了千峰翠色的神奇效果。其二为釉色说,认为秘色瓷的釉色源自自然,呈天青或淡青色,釉面均匀莹润,风格简约、清灵、淡雅,呈现如天、如水、似冰、似玉的艺术效果。其三为等级说,认为秘色不是指颜色,而是指物品的等级,含有珍稀、罕见、奇特的意思。其四为神秘说,认为秘色瓷釉色配方和制作工艺独特且秘而不宣,制作成本明显高于普通瓷器,产品数量极少,只能由皇室专享,"臣庶不得用",给人以一种神秘的感觉。

　　以上诸多说法,都从不同角度,对秘色瓷属性予以揭示。为此业内人士综合认为:等级说和神秘说,似乎更切合"秘色"一词原意。就艺术史学的意义说,秘色瓷代表了公元9—11世纪世界青瓷烧制技艺的最高成就。余秋雨先生称之为

第五章 催化人们对越窑秘色瓷文化的认知

"世界级的文化瑰宝"。沈岳明教授也明确指出:"越窑秘色瓷是中国陶瓷史上形成的第一个品牌,也是第一品牌。"

第五,流传在浙东一带的越窑青瓷瓯乐,是世界上最早的瓷乐表演形式。瓯之本义为茶碗,敲击胎体厚薄不同或装有不同水量的瓷器茶碗,会发出美妙的音乐,故被称为瓯乐。以后人们将用各种瓷类乐器演奏的音乐,通称为瓯乐。1998年,在对匡堰镇寺龙口越窑遗址的考古发掘中,首次发现了一批唐宋时期的瓯乐乐器,这是迄今发现的世界上最早的瓷类乐器。由此,该遗址获评当年度全国十大考古新发现。为传承发扬瓯乐艺术,2009年,慈溪正式成立青瓷瓯乐艺术团。此团曾赴美国、法国、德国、泰国、新加坡等近十个国家和国内十几个大城市巡回演出,因表演形式和艺术效果独特,大受听众欢迎。同时,瓯乐作为一种传统艺术,现成为慈溪传播越窑青瓷文化的主窗口,也是浙江音乐艺术对外交流的金名片。2023年6月,慈溪青瓷瓯乐亮相杭州亚运会火种采集仪式上。

第六,慈溪是有证可查的中国海上陶瓷之路重要启航地。瓷器既为重物,又是易碎品,古代一般通过海上运输销往国外,形成与"陆地丝路"相对应的"海上丝路"。上林湖窑区生产的青瓷器,在古代不但供国内民众大量使用,还通过海上陶瓷之路远销到东亚、南亚及中东的许多国家,为人类的文明进步作出了巨大贡献。唐宋时期,上林湖越窑青瓷作为最早销往海外的大宗贸易瓷器,通过明州港(今宁波),大量输出到朝鲜、日本以及东南亚、中东、北非、东非等20多个国家和地区,被誉为开拓海上陶瓷之路的先驱,为中外经济文化交流作出了杰出贡献。2005年,在印度尼西亚附近海域的沉船中，打捞出49万件10世纪的器物，其中30多万件是上林湖及周边区域越窑生产的青瓷产品。

辉煌的历史昭示着上林湖越窑在中国、世界瓷器文明发展史上的杰出地位，而今天，新一代的慈溪人正在再续秘色之梦。自2001年恢复越窑青瓷生产至今，慈溪已拥有一大批青瓷企业和知名的青瓷品牌，涌现出一批越窑青瓷烧制技艺代表性传承人，"重耀上林之光"已成为生动的现实："慈溪市上林湖越窑青瓷博物馆""上林湖越窑国家考古遗址公园""上林湖青瓷文化传承园"先后建成开放，慈溪市政府在故宫博物院主办"秘色重光"秘色瓷专题展，每两年举办中国（慈溪）上林湖越窑青瓷文化节和"中国青·上林杯"国际青瓷艺术双年展……

2020年，慈溪成立慈溪越窑秘色瓷文化促进会，致力于越窑青瓷文化的传承、创新和发展。

是次编集，我们精选了24件从全国各地重要遗址和文化遗存出土及国内外著名博物馆收藏的越窑青瓷珍品，以烧造时间先后排列，并对每件器物的造型、工艺特点予以简要介绍，旨在尽可能让更多的读者借此对青瓷文化一窥全豹，进而对包括青瓷文化在内的慈溪优秀传统文化心向往之。

慈溪市新华书店为此次编集提供了支持，在此表示衷心感谢。

附件五

创作并巡演文艺节目

为了广泛宣传推广越窑青瓷地域特色文化，促进会在组织开展越窑青瓷文化下村进社区"六个一"活动中，积极主动为基层开展活动创造条件，提供相关宣传资料和素材。活动开展期间，促进会根据基层特点和群众需求，专门邀请本市文化界名人李道一老师编写青瓷文化专题文艺演出文学作品选集《秘色瓷韵》，李老师以他深厚的文学功底，深入生活，精心创作，编印了以青瓷为主题，集歌曲、诗歌、小品、情景剧、四句半、绍兴莲花落、小锣书等多种门类，且当地群众喜闻乐见的作品集3 000册，并发放至各镇（街道）、村、社区和有关部门以及专业文艺演出团队，为基层文艺演出提供根据自身实际作品选用的节目素材。

《秘色瓷韵》尚未出刊，就得到了一些单位和个人的积极响应。浒山街道在举办2023年度第十二届邻里文化节期间，以越窑青瓷文化为主题，以《秘色瓷韵》中的6个节目为主打，于2023年10月14日举办了青瓷文化专场展演，期间还以互动的形式穿插了一些青瓷内容的知识问答，赢得了全场观众的广泛好评；慈溪市夕阳红演出团也组织排练了一台以"秘色瓷韵"为主题的节目，将定期在"送文艺下乡"活动中，到各村社区巡回演出；慈溪市文化馆将以《秘色瓷韵》中的"宁波走书"节目专门交由专业人士表演；白沙路街道白河社区酝酿在每年必办的社区春节晚会中选用《秘色瓷韵》中的部分作品进行演出宣传;"小锣书"省级非遗传承人胡新昌老人也表示积极利用《秘色瓷韵》做好宣传演出。其他单位也陆续筹划或落实青瓷文化演出宣传,为推广地域特色文化尽好自己的义务和责任。同时,慈溪市诗词学会会长方若波主编,收集编印了同名《秘色瓷韵》诗词集,将自古有关越窑秘色瓷的诗词及当代慈溪市举办的历届诗歌大奖赛的有关越窑秘色瓷的诗歌选入其中,供越窑青瓷文化和诗词爱好者学习欣赏和广泛宣传。 (马建君、叶青)

附件六
《〈秘色瓷韵〉演唱文学作品选》前言

　　慈溪,山川秀美,人杰地灵;慈溪,由溪定名,因湖显达。自汉以降,青瓷横空出世,越窑自此传名,大唐开始越窑瓷器经由河西走廊辗转西行,伴随丝绸之路贯通东西;两宋之后更是开辟海上通道,明州港通天下,瓷路空前繁荣,越窑更受西方显贵青睐,青瓷美名响彻宇内。晚唐五代更有秘色瓷器北上进宫,世为皇家独珍,千峰翠色闪耀千古。回望翠屏山间,湖光相映,上林湖畔,薪火相承,水土之精华淬炼出至臻绝品,时为东西方制瓷中心,后世学界奉之为母亲瓷,陶瓷行内尊为窑业胜地,固有秘色瓷都之谓。然物极必反,盛极而衰,有宋之后,越窑没落,秘色绝迹,徒留李唐越器人间无之感叹,上林湖畔唯有白云千载空悠悠。时光荏苒,世事无常,悠悠千年倏忽而过,法门寺高塔轰然倒塌,地宫之下重宝陡然出世,绝迹千年的神秘面纱瞬间撩开,秘色瓷器袅娜身姿昭然而揭,学界内外再次掀起秘色热潮,各处青瓷遗址一一露出真容,各种精美珍品纷纷面世,考古发掘实物为据,上林出产无可争议,由此奠定了地域文化深厚底蕴,打造出城市基因第一品牌。新世纪以来,风起云涌,群雄并起,文化兴市成为人们共识,地域特色文化成为城市最重要的核心竞争力,慈溪历届掌舵者更是慧眼独运,高度重视地域特色文化的挖掘与弘扬。由是慈溪上下众志一心,铁肩妙手各显神通,制瓷工匠勇挑重担,"秘色瓷都、智造慈溪",当之无愧成为城市金名片。传承弘扬秘色之光,一脉相承巨匠精神,志同者众，鼓呼者随，呈现了各种各类宣传展示活动。上央视、出国门、下基层、入校园、搭舞台、进社区，形式多样；宣传手册、青瓷专著、诗词歌赋、小品戏曲，不一而足。挖掘地域精华，厚植祖根基因，传播青瓷文化，普及大众知识，因之一众青瓷爱好者和文化学者为普及传播慈溪地域特色文化知识，以群众喜闻乐见的形式，推广宣传，热心创作系列雅俗共赏的文艺曲目，作为基层社区群众文化传播的蓝本。越窑秘色瓷文化促进会作为组织发起者，现今汇集成一册，在此，诚挚感谢李道一等老师们的辛勤付出和精心创作，也为志同道合的文艺创作者们鼓呼呐喊，与广大热心群众一起携手推进慈溪城市文化形象塑造，让越窑青瓷文化乃至秘色精神，走出慈溪，走出浙江，走向世界。

（李小平）

第六章 重视抓好弘扬秘色瓷文化的基础建设

复兴越窑秘色瓷文化，必须以复兴人才队伍为前提。三年来，慈溪越窑秘色瓷文化促进会将人才引进和培育作为重要抓手，做了不少行之有效的基础工作，已取得初步成效。据不完全统计，目前青瓷文化企业已发展到16家，各类瓷艺人才已有97人，为将来形成星火燎原之势打下了基础。

组织学术研讨

谢纯龙　李小平

慈溪越窑秘色瓷文化促进会成立的根本任务之一,就是推动越窑秘色瓷文化的创新发展,擦亮城市文化金名片,树立城市文化新地标,提高城市知名度。促进会成立后,为了强化理论研究队伍建设,充分发挥促进会的资源优势,不断提升理论研究能力和水平,聘请了一批行内专家和业余研究者担任促进会特约研究员,并给予一定的物质奖励,鼓励他们积极从事越窑秘色瓷的研究,定期举办青瓷文化研讨会,交流研究心得和行业发展动态。促进会成立三年来,已先后召开了2次研讨会,收集了17篇专题研讨文章。2020年12月,促进会成立伊始,就主办了越窑秘色瓷文化专家研讨会,各位行内专家坐而论瓷,论述了越窑青瓷的璀璨文化和历史地位,共同探讨秘色瓷的新时代发展之路。著名青瓷考古专家、复旦大学教授沈岳明在会上提交了题为《秘色瓷烧造与国家标准的建立》的文章,他认为,从慈溪上林湖后司岙窑址秘色瓷的烧成工艺看,越窑秘色瓷器绝不是普通人能够使用

促进会为弘扬秘色瓷文化多次组织研讨会,笔者梳理了促进会成立以来的学术研讨活动,形成此文。

的：第一，瓷质匣钵烧制成本极高且只能使用一次；第二，越窑秘色瓷的产量很低，文献记载中凡是提到进贡越窑秘色瓷的时候，都是有限的一二百件，数量很少，供应皇室都不够，所以到宋代时，文献中所见的越窑秘色瓷都是"臣庶不得用"和"不得臣下用"的记载。所以越窑秘色瓷的烧造，是后世青瓷烧造的标杆，是优质高档青瓷的代名词，秘色瓷变成了国家标准。复旦大学教授郑建明在《唐宋上林湖越窑杰出成就》中提出越窑秘色瓷具有四大突出成就和三个重要价值。其四个突出成就为：第一，越窑是唐宋时期宫廷用瓷的最重要产地；第二，越窑开创了以秘色瓷为代表的高等级青瓷的生产；第三，越窑是制瓷技术的引领者；第四，越窑青瓷是中外文化交流的重要载体。其三个重要价值为：一是上林湖越窑遗址作为唐宋时期越窑的中心遗址，是中国陶瓷史上最重要的遗址之一，代表了公元 9—11 世纪中国青瓷烧造技术和艺术的最高成就；二是上林湖越窑遗址因其独特的历史文化价值已成为慈溪市境内最重要的文化资源，同时也是浙江乃至全国文化资源价值中不可或缺的组成部分；三是瓷器是中国古代的重要发明创造，在现有《中国世界文化遗产预备名单》中，上林湖越窑遗址不仅是唯一的青瓷遗址，而且也是我国现存青瓷遗址中规模最大、保存最完整、烧造沿用时间最长的窑址，代表了公元 9—11 世纪中国青瓷工业的最高水平。

此外，在研讨交流会中，宁波博物院副院长李军做了《越窑与"海上丝绸之路"》的报告，提出越窑青瓷是"海上陶瓷之路"的重要物证。江西省文物考古研究院研究馆员张文江带来《江西地区东吴两晋墓发现的越窑青瓷》《越窑对江西地区窑业的影响》两篇研究成果，认为江西乐平南窑与越窑关系密切。同时，杭州南宋官窑博物馆馆长邓禾颖提交的《从南宋官窑如玉釉色的源流及形成看官窑与越窑的关系》和浙江省文物考古所上林湖工作站站长谢西营提交的《北宋中期越窑瓷业技术传播及相关问题研究》等文章都带来了很有价值的研究成果。这些成果有利于凝聚共识、溯本清源，为慈溪越窑秘色瓷文化正名，树立起慈溪特色地域文化自信，为促进会指正了今后弘扬地域文化的方向。2022年12月10日，促进会在慈溪国际大酒店召开了越窑秘色瓷文化研讨会，沈建国、孙威、岑伯明、谢纯龙、许维森、余孟立、翁倩、罗鹏、杨金东等20余人参加，对近期杭州、宁波、绍兴等地的越窑青瓷文化研究动态进行了交流。

同时，促进会也鼓励特约研究员积极撰写青瓷文化方面的研究文章，并面向全体会员征集相关研讨文章，积极发动会员单独或合作撰写研究论文。论文内容主要结合促进会五年工作规划提出的"六大工程"，重点围绕秘色瓷文化产业振兴、秘色瓷文化人才引育、秘色瓷制作工艺创新、城市文化形象塑造、秘色瓷文化元素融合、秘色瓷物质文化传播等方面，开展相应研究，根据越窑秘色瓷文化发展的实际，分析存在问题，提出具有前瞻性、研究性、建设性、可操作性的对策建议，为推进慈溪越窑秘色瓷文化建设献计献策。对于收集的研究文章，促进会积极推进其成果转化，将其推荐为越窑秘色瓷文化研讨会发言材料，将其中有价值的材料吸收到促进会工作计划中，并在促进会《秘色重光》会刊上发表，甚至

第六章 重视抓好弘扬秘色瓷文化的基础建设

将有分量的文化推荐至有关报纸杂志发表。促进会会员积极提交了研究成果。沈小波、岑伯明、张利东共同撰写了《试论越窑秘色瓷的内涵、外延与传承》,丁钊年撰写了《同枝共荣,瓷韵相生》,余孟立撰写了《收藏文化才是收藏的高度和厚度》,沈建乔撰写了《秘色之青》《中国画"陈万里访上林湖"创作记》《瓷与画的邂逅》,沈小波、颜利文、岑伯明撰写了《基于瓷片标本氧化钙含量测定的越窑素烧工艺探讨》等文章。这些文章都有极高的文化艺术价值,共同营造了积极热烈的研究氛围。召开专家论坛和发布会员研究成果,厘清了脉络,统一了思想,明确了方向,达成了共识,为以后促进会的工作和慈溪青瓷文化的发展提供了有益的参考和借鉴。

举办艺术讲座

谢纯龙　李小平

　　青瓷制作不仅是一种技术，更是一门艺术，需要从业者具有精深的艺术造诣。为了提高广大会员的艺术修养，促进会邀请了行内著名的青瓷文化艺术家和专家学者做艺术讲座。2020年9月27日，促进会成立不到一周时间，由促进会和上林湖青瓷文化传承园联合主办的"高峰说陶"活动在上林湖青瓷文化传承园如期开讲。促进会组织全体会员现场聆听讲座，还进行了视频直播，在线听众超过千人。高峰老师带大家走进了他的陶艺世界，讲述陶瓷烧制工艺，分享多年制陶心得，赏析陶瓷色彩艺术。高峰老师精彩的陶艺人生和精湛的陶瓷艺术、独到的真知灼见，不仅让众多陶艺爱好者沉醉其中，更为彷徨难进的陶艺工作者指点迷津。高峰老师自1978年起跟随父亲高庄先生学习陶瓷，40多年的从艺经历积累了丰富的科研成果与实践经验。他先后就职于中央工业美术学院陶瓷系、装饰艺术系和清华大学美术学院工艺美术系，参访南北方各大窑系古窑遗址，着意运用手拉坯

　　促进会为提高广大会员的艺术修养，邀请了行内专家学者进行艺术讲座，笔者对几次重要活动情况进行了整理，形成此文。

轮制技艺塑造各种器皿形态,以此来诠释传统文化之美,大胆探索实践,创新制作工艺,自成风格体系。

  高峰老师的"说陶"以一张在浙江龙泉金村拍下的全家福老照片开始。他父亲对艺术的深深执着和对美学的至高追求把他引进了青瓷艺术的神圣殿堂,打开了他从艺道路的大门,也厚植了高峰老师对浙江和对越窑青瓷的情怀。尽管他作为陶瓷艺术大家,早已名满天下,但他只潜心做一名真正的陶工,不断学习先辈制瓷经验,研究古瓷烧制技艺,创新现代陶瓷工艺,将自己对陶瓷的热爱与生命融入一件件的陶瓷作品之中。高峰老师在讲座中分享了许多珍贵的陶瓷图片,一件件精美的艺术品,让人目不暇接,一件件古代稀世珍品,让人叹为观止,其中展示的"跳刀""木业天目""剪纸天目"等高超技术与手法值得每一个陶瓷艺人去学习与传承。越瓷盛大悠远,不是三言两语可表述清楚。其中最神秘的当数越窑秘色瓷。以高峰老师的看法,秘色瓷来自美丽的邂逅,在偶遇中诞生,是大师天赋的结晶,也是上天的恩惠与馈赠,秘色瓷妙然天成,经过一代代巨匠的努力探索与精心改进,在一代代大师灵魂与自然的交融中,采用釉封匣钵装烧制作工艺,并以高温还原焰充分地氧化还原,由此达到了"千峰翠色"的神秘效果。

  高峰老师用朴实无华的语言,将自己对陶瓷的看法与情感传递给大家,以青瓷艺术的无声语言和千峰翠色的神秘之美,带给青瓷爱好者美的熏陶和艺术的享受,为听众献上一场青瓷的饕餮盛宴。高峰老师以他的丰富的人生经历、艺术道路和生活感悟,给大家上了一堂生动的艺术课、文学课、美

学课、哲学课,让人沉醉其中而受益匪浅,引起了青瓷爱好者的广泛共鸣。2020年5月28日,促进会还邀请丽水学院中国青瓷学院二级教授张建平老师来慈溪,为广大青瓷爱好者做了题为《书韵青瓷——青瓷艺术创新之路》的主题讲座。张建平教授从事文化、艺术教育和龙泉青瓷研究数十年,他通过"妙想迁得"等方式思考青瓷艺术的发展方向,将中国的诗词、书法、雕刻和瓷艺等多种文化表现样式融会贯通、巧妙架构,探索出一条将传统文化与现代文化自然结合的创新之路。在讲座中,张建平教授以亲身经历,从文化创艺、书韵青瓷、明德笃行等三个方面,深入浅出地阐述了青瓷的艺术内涵和文化魅力,形象地展示了自己创作的青瓷作品,生动地讲述了作品创作的背后故事。一堂图文并茂、精彩纷呈的专题讲座,让在场听众分享了一道高品位、有新意的青瓷文化艺术大餐,开阔了艺术视野,激发了创作动力,拓展了创新思路。

10月26日,促进会与宁波大学科学技术学院联合举办专题讲座,邀请复旦大学教授、博士生导师郑建明为促进会会员和科技学院文化创意学院师生做了《原始瓷与越文化》主题讲座。他根据考古调查发掘资料,详细地阐述了先秦原始瓷窑址考古的新进展、先秦原始瓷的时空特征、浙江原始瓷时空变化所反映的文化变迁、战国原始瓷的发展与越国的兴衰等四方面内容。通过多个节点性窑址研究,将中国瓷器的烧造历史上溯至夏代,同时初步建立从夏商至秦汉时期中国瓷器起源的完整发展过程,确定浙江的东苕溪流域是中国乃至世界瓷器的起源地。因为疫情,促进会邀请专家学者举办讲座受到一定影响,但是举办学术讲座、提高会员素养、激发创作激情依然是工作计划中的重点,今后将有计划、有步骤地邀请各类专家学者为会员指点迷津。

开展技术比武

许维森　孙国君

为促进越窑秘色瓷文化发展,慈溪市委办、市政府办联合印发《关于打造越窑秘色瓷文化品牌的实施意见》,推出了全面启动实施打造越窑秘色瓷文化品牌"六大工程"行动,作为全市地域文化发展目标和促进会重点工作任务。秘色瓷文化人才引育工程作为"六大工程"之一,一直是促进会每年的常规重点工作,开展各类青瓷技术比武,是其中的一个重要载体。三年来,促进会先后举办了越窑青瓷茶器作品比赛、小学生陶瓷(青瓷)技能制作比赛和越窑青瓷技能操作比武等活动,从青少年着手,夯实青瓷文化基因,发掘和培养青瓷后备人才,为弘扬地域文化奠定扎实基础。2022年10月,为弘扬传承越窑青瓷文化,展示越窑青瓷茶器设计与制作的最新成果,交流茶器艺术新理念、新创意,丰富茶文化内涵,展现新时期茶文化风貌,慈溪越窑秘色瓷文化促进会联合慈溪市茶业文化促进会、慈溪市收藏家协会、上林湖青瓷文化传承园共同举办了浙江省慈溪越窑青瓷茶器作品比赛。其

为培养人才推动行业发展,促进会多次开展比武活动。此文介绍了相关情况。

目的是通过以赛为媒,凝聚匠心,搭建平台,打造品牌,扩大影响,实现传承中创新,跨越间融合,促进青瓷文化与茶文化有机融合,推动慈溪地域文化深入千家万户。比赛以青瓷为材质的中西式茶器为参赛对象,广泛发动慈溪市域内的青瓷生产企业从业人员和青瓷爱好者,以及在市外的慈溪籍青瓷从业人员选送作品参加。本次比赛从 7 月 7 日发出公告至 10 月 20 日结束,经过 3 个多月的筹备,共收到 85 件(套)作品,经中国美术学院、宁波大学科学技术学院教授及浙江省内行业专家评审,按照"创新""实用""美观""环保""精致""有趣"6 个要素对参赛作品进行了评选。最后评选出金奖 5 名,奖金各 2 000 元;银奖 10 名,奖金各 1 200 元;铜奖 20 名,奖金各 800 元。颁奖典礼由越窑秘色瓷文化促进会执行副会长沈建国主持。参加颁奖的领导、嘉宾有慈溪市委宣传部副部长方丽川,慈溪市文广旅体局党委委员施唯一,浙江省陶瓷行业协会副会长孙威,慈溪越窑秘色瓷文化促进会黄学舜、陈云同,慈溪市茶文化促进会王骏琪、邹晋,慈溪市收藏家协会张立国、丁戎江,上林湖青瓷文化传承园总经理朱燕珍等。

比赛结束后,将所有参赛作品及征集到的 22 件古旧茶具和 1 件(套)荣获 2021 中国(北京)国际精品陶瓷展览会特等奖的茶具作品,共 108 件(套)作品,在上林湖青瓷文化传承园展出,并举行了开展仪式,慈溪市茶文化促进会副会长兼秘书长王骏琪代表四家承办单位做了致辞。展出持续 1 个月,供参观者赏阅。同时我们与慈溪市茶文化促进会联系,由慈溪市茶文化促进会出资了 3 万,印制了 1 000 册本次茶具作品集。

2022 年 9 月 17 日,为加快青瓷艺术人才培养,提高青瓷行业从艺人员技能水平,进一步扩大越窑青瓷文化影响力,慈溪市人力资源和社会保障局与慈溪越窑秘色瓷文化促进会联合组织开展了越窑青瓷技能操作比武活动。参加对象为本市青瓷企业（含工作室）员工、宁波大学科学技术学院陶艺专业学生、本市从事青瓷教学的相关教师、职业高中相关专业学生。技能比武内容有拉坯与刻花两项，成绩各占50%。其中拉坯包括固定器形和自由创作两项，固定器形为拉制一个25厘米高度的玉壶春瓶，自由创作由参赛者自由发挥，可拉制任意器形；刻花要求参赛者根据统一提供的花纹样式，在一个盘子上用阴刻的方式刻花。比武活动在宁波行知中等职业学校举行，此次比武共有39名选手参加，经现场比拼、评委评分，共产生一等奖3名、二等6名、三等奖10名和优胜奖若干名，奖金分别为1 500元、1 000元、800元、500元，并颁发了相应证书。2023年5月31日，慈溪市人才服务中心与慈溪越窑秘色瓷文化促进会联合组织开展了慈溪市第二届越窑青瓷技能操作比武活动。参加对象与比武内容同上届一致，活动在慈溪职业高级中学举行。此次比武共有62名选手参加，经现场比拼、评委评分，共产生一等奖4名、二等奖6名、三等奖14名、鼓励奖38名，奖金分别为1 500元、1 000元、800元、500元，并颁发相应证书。参加颁奖活动的领导嘉宾有慈溪市委宣传部副部长、市新闻出版局局长方丽川，慈溪越窑秘色瓷文化促进会特聘顾问、宁波大学科学技术学院特聘教授稻田文雄，慈溪越窑秘色瓷文化促进会执行副会长兼秘书长沈建国，慈溪越窑秘色瓷文化促进会名誉副会长黄学舜，兼职副会长孙威、闻果立、沈燕荣，慈溪越窑秘色瓷文化促进会副秘书长许维森、马建君，慈溪市人才服务中心副主任龚益松，慈溪职业高级中学校长王建明等。

附件

慈溪市越窑青瓷茶器作品大赛致辞

黄学舜　孙国君

在举国上下庆祝"二十大"、开启新征程的新形势下,我们在这里举行2022年浙江省慈溪越窑青瓷茶器作品大赛的颁奖仪式,在此,请允许我代表慈溪越窑秘色瓷文化促进会、慈溪市收藏家协会和慈溪市茶业文化促进会对大家的到来表示热烈的欢迎,对推动慈溪越窑青瓷文化和茶文化发展的参赛作者、提供参展作品的藏家和社会各界人士表示由衷的感谢!

茶,源于上古,兴于汉唐,盛行于宋。历史源远流长,经久不衰。它是中华民族具有独特魅力的文化标志之一。随着中华民族的丝绸、茶叶走向世界,茶具、茶器也随之而兴,成为华夏"三大"著名的出口产品,越窑青瓷就在这样的背景下兴起、发展,并一举为世人所瞩目。中国的历史充分证明:茶与器是一对孪生兄妹,茶因由器而更生辉,器因由茶而更显价值。茶与器虽起于民间,但历代来,上至皇公贵族,下至黎民百姓,无不取之、用之、藏之。尤其是随着中华民族的不断崛起,茶与器的地位在世上越来越高,喜欢者、青睐者、收藏者与日俱增。特别是越窑青瓷的茶具、茶器在经历千年时

2022年10月,促进会组织了越窑青瓷茶器作品比赛。促进会名誉副会长黄学舜做了致辞。此文根据现场录音整理而成。

光的沉淀后，更加孕育出充满东方神韵的茶器文化。而茶器的展示，充分反映出不同时代人们的生活行为、饮茶方式、审美趣味、创造精神。而且这些器和具承载着我们的华夏文明和工匠精神。

越窑青瓷制作源于慈溪上林湖，兴于慈溪、余姚、上虞、嵊州等一带。所以对慈溪而言，青瓷文化是我们慈溪的一张亮丽名片、城市发展的精神支柱、文化建设的重要根基。我们一定要挖掘它、研究它、发展它，使它在新时期放射出更耀眼的光芒。

今天，我们组织本次慈溪籍的青瓷爱好者举办茶器作品赛，其宗旨也在于此。我们将当代茶器与20件不同时期的茶具藏品做一次时空对话，启示参观者和研究者对器料、器形、器色、器之用的历史价值，对审美情趣做出进一步探索，使慈溪的青瓷制作更上一层楼，制作新人层出不穷，青瓷的薪火代代相传！

党的二十大已经开启了中华民族迈向世界强国的征程，今后五年的目标、方向已经确定。在文化建设方面，二十大提出了两大奋斗目标：一是健全现代公共文化服务体系，二是推动中华文化更好走向世界。在又一个文化建设的春天到来之际，我们要抢抓机遇，深研历史、创新发展、有作有为，使青瓷这颗明珠更加熠熠生辉！

第六章　重视抓好弘扬秘色瓷文化的基础建设

发动企业参展

孙国君　李小平

秘色瓷文化产业振兴工程是打造越窑秘色瓷文化品牌"六大工程"之一，鼓励青瓷企业积极参展参会是推动青瓷文化产业发展壮大和打造越窑秘色瓷品牌的重要举措，也是对外宣传推广的有利时机。促进会成立三年以来，先后组织会员企业参加了第十届"大地奖"、十一届"大地杯"中国陶瓷创新与设计大赛，第十二届中国陶瓷艺术大展，2024中国（北京）国际精品陶瓷展览会等展会。

2021年9月19日至22日，由中国陶瓷工业协会主办的2021中国（北京）国际精品陶瓷展览会在北京中国国际展览中心隆重举行。促进会成立后，首次组织会员参加大型国际陶瓷展览活动，在精心组织发动下，在这场以"精美陶瓷装点美好生活在行动"为主题的陶瓷行业盛会上，来自慈溪的青瓷作品集中亮相，为国内外参展商和观众展示了越窑青瓷的艺术魅力。在展会上，主办方有关领导对慈溪的秘色瓷作品赞不绝口，认为作品既有南方的委婉、细腻，又有北方的大

鼓励青瓷企业积极参展参会是推动慈溪青瓷文化产业发展的重要举措，此文介绍了促进会在这方面开展的各项工作。

气、阳刚,将两者的特征实现了有机兼容,形成了自己的特色。此次参展,促进会担任起组织者角色,采取抱团发展的策略,积极发动本市青瓷企业参展、参赛,共征集到作品200余件,在此基础上又组织业内专家进行内部评审,对征集作品进行优中择优,最终选送84件精品参展。其中24件作品参评第十届"大地奖"中国陶瓷创新与设计大赛,12件作品获奖,分别为特等奖1件、金奖3件、银奖8件,促进会获得优秀组织奖。其中,沈燕荣"龙腾秘色青瓷《蕉窗听雨》"获得特等奖,孙迈华《花间将军罐》、施尚剑《越窑刻花纹饰挂盘》、沈小波《开窗花卉双系瓶》分别获得金奖。展会结束后,孙迈华、孙威、沈燕荣、施尚剑、沈小波的获奖作品还参加了全国巡展。本次参展让更多的人看到了慈溪秘色瓷的能量,提升了慈溪秘色瓷在行业中的地位和影响力,为打造好慈溪秘色瓷这一特色文化品牌增光添彩发挥了积极作用。

2022年11月7日至10日,由中国陶瓷工业协会与景德镇市人民政府联合主办的"第十二届中国陶瓷艺术大展"在景德镇国际会展中心举行。本届中国陶瓷艺术大展以"最美中国风,从'新'向未来"为主题,集中展示了来自江西、广东、福建、江苏、浙江、湖南、山东、云南等29个省、区、市的4 000多件(套)参展作品。展会上琳琅满目的陶瓷作品,让人直观地感受到陶瓷之美和现代中国陶瓷艺术的繁荣发展。促进会积极动员本地青瓷企业共选送20余件精品参展,由沈建国副会长和孙国君主任带队前往。中国陶瓷艺术大展每四年一届,被誉为中国陶瓷界的"奥林匹克",历时40余年,已经举办了11届,是中国陶瓷界规模最大、最具影响力的陶瓷文化活动。展览期间,经专家组评委认真严谨的评审,慈溪共有9件作品分获金、银、铜奖。其中施珍、沈越的《英武神勇》秘色碟,孙威、张波、王欢多的《宋宴》秘色日用瓷获得了金奖。通过此次展会,提升了慈溪越窑与秘色瓷的知名度,让更多的人了解、知道慈溪的文化与底蕴,打响了慈溪地域特色文化品牌。

2023年,是全面贯彻落实党的二十大精神的开局之年,为推进文化强国战略,弘扬陶瓷大国工匠精神,演绎中国制造、中国创造的陶瓷魅力,铸就社会主义文化新辉煌,搭建共享共赢的陶瓷国际化品牌化展览交易平台,中国陶瓷工业协会于7月21日至24日,在北京举办了"2023中国(北京)国际精品陶瓷展览会"。这是两年一次的国内陶瓷界顶级规格的展览盛会,旨在挖掘、宣传和推介各产区特色陶瓷文化、杰出人才,塑造陶瓷品牌,促进全国陶瓷产业高质量发展,开启中国陶瓷文化传播之旅新征程。本届陶瓷展览会从全国20余个主产区的1 000余家陶瓷标杆企业、院校以及个人中,择优精品陶瓷同场展示,展出面积超过22 000平方米。展会共接纳18个省、区、市团组,60余个观摩采购团体,吸引前来参观交流的观众达5万余人次。参加展会的还有来自德国、日本、韩国、土耳其等多国驻华使馆、专家学者。展会规模空前,精彩纷呈。

慈溪作为中国青瓷发源地之一,作为母亲瓷代表产地、越窑主产地和秘色瓷唯一产地,肩负着弘扬越窑青瓷、推进秘色重光的艰巨任务。为此,促进会组织发动了13家企业、32位创作者选送56件(套)作品参展,并组织参加第十一届

"大地杯"中国陶瓷创新与设计大赛。本次参赛由慈溪市委宣传部方丽川副部长带队,慈溪越窑秘色瓷文化促进会沈建国、黄学舜、孙威、孙国君以及制瓷企业代表一行10余人赴京参加了本次活动。促进会为参展企业和会员统一租用和精心布置了展览场地,还邀请了瓯乐团演员现场助兴表演。一件件最具代表性的新越窑精品的靓丽展现和一场场精彩纷呈的瓯乐演出赢来了阵阵喝彩,先后受到中国陶瓷工业协会领导和十多家国内重要主流媒体的关注和重点推荐报道。经过激烈角逐,最后促进会荣获集体"最佳组织奖",孙国君荣获个人"杰出贡献奖",参赛作品共获特等奖2个、金奖10个、银奖14个,其中,孙威《绞泥盘》和覃梦薛《牡丹瓶》获得特等奖,此次参展进一步扩大了慈溪越窑的影响,取得了自越窑青瓷恢复生产以来的最辉煌成果。同时,还加强了与全国各大陶瓷产区的沟通交流,开阔了会员眼界,开拓了创作思路,使他们看到了自身不足,触动了创新灵感,进而促进了我市青瓷产业的健康发展,提升了越窑青瓷在行业内的地位和影响力。

2023年9月16日至20日在唐山举办的第二十四届唐山中国陶瓷博览会上,由孙国君选送了4件作品参赛。其中施珍、孙威、施尚剑的各1件作品都获得了金奖。

2023年10月30日至31日慈溪市委宣传部江再国部长带队,方丽川、李瀚钦、朱燕珍、孙国君一行五人去龙泉参加了第六届世界青瓷大会,同时也参观考察了景德镇陶溪川、龙泉博物馆、徐定昌青瓷艺术馆、龙泉青瓷产业园、中国美术学院龙泉研究所、景德镇陶瓷大学龙泉研究院以及丽水职业技术学院龙泉分院等地。除了组织企业走出去参展参赛以外，促进会还通过引进来，在慈溪市内组织开展各类展会活动。2021年6月16日，在第六届越窑青瓷文化节期间，在慈溪博物馆举办了吴越青瓷博物馆藏青瓷精品展"薄冰盛绿云"，慈溪市委常委、宣传部长江再国，原慈溪市政协主席胡惠强，浙江省收藏家协会会长李长平，中国古陶瓷协会常务副会长、复旦大学教授沈岳明，浙江社会科学院历史考古所原所长林华东，中国民族文博院副院长萧智明，复旦大学教授郑建明，国家动漫创意研发中心动漫发展研究院院长朱步沂，浙江省茶叶首席专家罗列万等嘉宾及市级各部门代表人士、促进会会员等100多人出席。本次展览共展出越窑青瓷精品99件，涵盖了从东汉到南宋的青瓷，其中秘色瓷有16件。2021年10月16日，促进会与上林湖青瓷文化传承园共同举办了第二届上林湖越窑秘色国际研讨大会暨中国"越窑杯"传统青瓷创意设计大赛和展览，颁奖仪式在上林湖青瓷文化传承园公共展示中心举行。慈溪上林湖青瓷文化传承园董事长胡云波为大会致欢迎辞，浙江省陶瓷行业协会副理事长兼秘书长张圣暄在开幕式上致辞，慈溪市委常委、宣传部部长江再国宣布开幕。中国美术学院教授王炜民、中国陶瓷艺术大师陈新华、中国陶瓷艺术大师钱章法、浙江省工艺美术大师王利军、浙江省陶瓷行业协会副理事长孙威、浙江省工艺美术大师施珍、浙江中立越窑秘色瓷研究所所长兼技术总监闻果立，及近百名国内外高校、陶瓷行业的专家学者、工艺美术大师、陶瓷艺术家及企业代表参加本次活动。

2021年11月18日，由中国陶瓷工业协会、中国美术学院、浙江省陶瓷行业协会和慈溪市人民政府共同举办的首届慈溪"中国青·上林杯"国际青瓷艺术双年展在慈溪博物馆开展，展品除了包括双年展40件获奖作品在内的入围作品200件以外，还有包括国内青瓷艺术国家级大师，以及国外韩国、日本、美国、德国、澳大利亚等青瓷艺术大师的参展作品23件。展期一月有余，共计接待参观群众上万人次。2022年8月，促进会会同市文联组织举办了"来我们的世界"越窑青瓷文化专题展览，展出了孙迈华父子、闻长庆父子、施诊师徒和沈燕荣夫妇等本市顶级工艺美术大师创作的部分青瓷作品。通过举办这些展览活动，大大提高了青瓷文化在市民心中的地位，深耕了城市地域文化基因。

第六章 重视抓好弘扬秘色瓷文化的基础建设

搞好人才服务

许维森 李小平

根据促进会章程及慈溪市委办、市政府办联合印发《关于打造越窑秘色瓷文化品牌的实施意见》(慈党办〔2021〕28号)的文件精神,促进会成立后,对秘色瓷文化人才引育工程高度重视,通过不同途径、以不同的方式实施人才引育计划。一方面从青少年开始,推动青瓷文化进校园活动,在全市各小学普遍组织越窑青瓷乡土教材——《走进越窑青瓷世界》教学使用工作,扎实开展青瓷文化特色学校和促进学校创建活动,组织力量为创建学校指导教师进行业务培训。另一方面注重本土青瓷工作者的培养培训工作,并多方打探人才信息,不惜代价引进优秀青瓷专业人才。

为使中小学校普及家乡地域特色历史文化,厚植城市历史底蕴,提升全市小学美术教师对越窑秘色瓷文化的认识,更好地开展慈溪青瓷特色文化教育,更好地传承与弘扬慈溪越窑青瓷文化,2021年4月,慈溪市教育局、慈溪越窑秘色瓷文化促进会联合下发了《关于在全市小学开展越窑青瓷文化

打造越窑秘色瓷品牌,培育人才是必不可少的一环。此文介绍了促进会在引才育才上采取的行之有效的措施。

教育促进活动的通知》(慈秘瓷文〔2021〕7号),青瓷文化进校园活动正式启动。青瓷文化进校园活动重点组织实施了对小学4—6年级学生青瓷历史文化知识的教育和青瓷(陶艺)的动手制作操作实践,同时开展了青瓷文化特色学校和促进学校创建活动。

2021年7月2日至3日,慈溪市教育局和慈溪越窑秘色瓷文化促进会委托宁波大学科学技术学院举办了为期2天的全市小学美术教师青瓷文化知识和青瓷制作技能培训班,全市有110名教师参加了培训活动,宁波大学科学技术学院王廷副院长、丛恒烁教授和慈溪市厉祖浩、孙威、沈燕荣、王小颖、潭晶等专家学者分别做了青瓷文化知识理论讲座和青瓷制作技能培训。

2021年上半年开始,为培养一批本土瓷艺人才,慈溪职业高级中学和宁波行知中等职业学校在慈溪市教育局、市人力社保局的大力支持下招聘了3名由中国青瓷学院、中国美术学院和韩国檀国大学等高校青瓷(陶艺)专业本(硕)优秀毕业生担任青瓷专业专职教师,在有一定基础的原工艺美术类专业教师中,通过"上挂横联、专业提升"的培养模式转任为青瓷专业教师,从而解决了职高青瓷专业专任教师不足的问题。从2021年秋季开始,慈溪职业高级中学和宁波行知中等职业学校积极创造条件开设工艺美术类(青瓷方向)专业班,通过多方努力顺利完成招生任务。目前慈溪职业高级中学有青瓷专业工艺美术班三班(高一、高二、高三各一班),宁波行知中等职业学校有青瓷专业工艺美术班一班(高一)和青瓷专业学生兴趣拓展班,共有160多名职高学生在读青瓷专业。学校正根据招生时确定的培养目标和培养模式,结合学校实际和青瓷专业特点,采用或委托瓷艺专业院校培养、"中职＋高职一体化"升学或通过高校本科招生考试等形式提升学历层次,继续进行青瓷专业教育,为培养一批本土专业瓷艺人才打下良好基础。2023年4月11日,为深化青瓷文化进校园活动,提升学校青瓷文化知识教学水平,慈溪市教育局教研室与促进会联合举办了慈溪市越窑青瓷教学专题研讨活动。活动在南门小学举行,共有35所学校参加,主要围绕活动展示——共赴青瓷之约、经验交流——畅享创建之路、各校交流——畅谈青瓷之美等三个部分展开。2023年10月16日,促进会会同慈溪市教师进修学校,在慈溪职业高级中学对已创建、正在创建的青瓷文化特色学校(促进学校)中从事青瓷文化教育和实践操作的教师和学校分管负责人,进行了特色学校创建和青瓷技能操作专项培训,培训内容包括"复兴秘色瓷都 弘扬青瓷文化"知识讲座、特色学校创建经验介绍和"走进越窑青瓷世界"教育活动开展情况交流。此外,还对青瓷制作技能进行了详细讲解,重点是青瓷拉抷技术操作现场培训,参训教师多次进行青瓷拉抷练习。本次培训是一项传承和弘扬慈溪地域特色文化——越窑青瓷文化的专题培训,作为一项特岗培训,教师进修学校为每位全程参训并完成培训任务的教师授予8个学分的学习分。通过培训提高了教师开展青瓷文化教育和青瓷技能操作水平,促进了各学校有序开展越窑青瓷文化教育活动,提升了相关学校创建青瓷文化特色学校(促进学校)创建水平。促进会非常重视对本土青瓷工作者的培养培训工作,从2022年开始,每年举办一次由本土青瓷专业从业人员、宁波大学科学技术学院陶艺专业学生、本市中小学青瓷专业教师和职高青瓷专业师生参加的青瓷技能操作大比武。促进会成立后,多次举办学术报告会、理论研讨会等多种形式强化对会员的培训工作,提升会员素质,邀请复旦大学沈岳明教授、郑建明教授,浙江省文物考古研究所副研究员谢西营,杭州南宋官窑博物馆原馆长邓禾颖,宁波博物院副院长李军,绍兴市文物考古研究所副所长罗鹏,江西省文物考古研究所研究员张文江,中国青瓷学院张建平教授等来慈做学术讲座和理论研讨,还编印了理论研讨论文集。促进会积极做好会员和会员企业的服务工作,为会员和会员企业在青瓷作品展览、青瓷作品评奖提供方便,多次集体组织赴北京、景德镇、唐山等地参加由中国陶瓷工业协会等单位组织的青瓷作品评奖活动,取得良好成绩。与此同时,促进会还积极鼓励和推荐会员参加各级各类技术职称、工艺美术大师评选等工作。2021年11月22日,浙江省文化和旅游厅公布了第六批浙江省非物质文化遗产代表性传承人名单,其中孙威被评为越窑青瓷烧制技艺项目代表性传承人,丁兆年被评为越窑青瓷瓯乐项目代表性传承人。2022年沈燕荣被推荐评为浙江省工艺美术大师,2023年10月施珍被授予中国工艺美术大师工作委员会陶瓷艺术专业委员会委员,慈溪市上越陶艺研究所被授予全国工艺美术大师传承创新基地。

为了引进优秀青瓷人才,提升青瓷人才队伍整体实力,经促进会领导徐尔元、沈建国、黄学舜等牵头协调与多方多轮努力促成下,2021年1月14日,清华大学高峰老师徒弟鲍祁茗、侯梦露与慈溪市匡堰镇人民政府正式签订合作协议，共建青瓷传承与发展协调创新基地。5月24日，祁茗工作室和侯梦露工作室正式挂牌并运行。为了支持引进人才迅速投入工作和顺利运营，促进会还牵头联系两家企业对两位专业引进人才进行了对口帮扶和资助。此外，促进会根据工作安排，每年由领导带队定期分组走访会员，了解会员的工作和思想动态，关注会员在事业发展中遇到的难题和困境，并尽力解决实际困难。促进会出面协调相关部门，顺利解决了施尚剑会员的中级职称破格晋升问题，还推荐其申报宁波市工艺美术大师，联系相关部门解决了他的工作室遇到的困难和职工个人参保等问题；促进会多次走访对接，为理事尤耀明团队解决了职工参保和职称评聘等方面问题。

深化秘色瓷解码

谢纯龙　李小平

为了破解秘色瓷的密码,印证当代瓷土烧制秘色瓷的可行性,以谢纯龙、孙国君为主,组织团队对上林湖周边瓷土进行了勘探和测量。研究小组分别到桥头镇、匡堰镇和观海卫镇进行实地勘探,先后在上林湖、白洋湖、古银锭湖、上岙湖等地共采集瓷土十余处。研究小组与慈溪市越窑青瓷有限公司合作,经烧制测试,其中古银锭湖小姑岭采集的瓷土成分与唐代越窑青瓷成分较接近,其他地点瓷土的含铁量较高,胎色较深,含铝量稍低,但都能瓷化。通过测试证明,烧制新秘色瓷的瓷土问题基本得到了解决。

2021年8月27日,由宁波市标准化研究院牵头组织制定、慈溪市越窑青瓷有限公司为主起草的宁波首个非遗"浙江制造"团队标准《越窑青瓷食具》启动。全国日用陶瓷标准化技术委员会、景德镇市市场监督管理综合检验检测中心、浙江省陶瓷行业协会、宁波市标准化研究院、慈溪市市场监

《越窑青瓷食具》标准由宁波市标准化研究院牵头组织制定,对越窑青瓷食具的术语和定义、分类、基本要求、技术要求、检验规则等各项指标进行了明确。

督管理局等来自检验机构、高校、客户和行业代表等20余位专家参加研讨。根据专家组讨论后形成统一意见,该标准编写结构合理,基本符合《标准化工作导则——第1部分:标准化文件的结构和起草规则》(GB/T 1.1—2020)的要求,内容叙述正确、层次清晰、引用标准现行有效。该标准在编写过程中广泛征求、采纳了各利益相关方的意见、建议,结合了越窑青瓷食具产品现状和发展方向,标准设置的基础指标和要求均可验证、可检测,试验方法均有相关标准做支撑,可转化为认证实施细则,可操作性强。该标准提出了越窑青瓷食具的术语和定义、分类、基本要求、技术要求、试验方法、检验规则、标志、包装、运输、贮存和质量承诺。主要技术指标达到国内一流、国际先进水平。《越窑青瓷食具》标准的建立,将有助于塑造行业质量,推动越窑发展与品牌建设,促进越窑行业良性竞争。

第七章 让越窑秘色瓷文化为慈溪城市增光添彩

慈溪市委、市政府赋予慈溪越窑秘色瓷文化促进会的使命是传承地域特色文化，塑造城市文化形象。经慈溪市规划委员会讨论同意，受市文广旅体局委托，并在市委宣传部直接指导下，促进会于2021年初，密切配合专业团队，依托地方文化人士，开启了慈溪城市地域特质文化形象塑造概念规划的编制工作，前后历时两年半，编制工作已圆满完成，为今后慈溪城市建设中有序呈现地域特色文化，提升城市文化品位，提供了有益依据。

关于城市地域特色文化形象塑造概念规划编制情况的报告

慈溪越窑秘色瓷文化促进会成立于2020年9月，近三年来，依靠慈溪市委、市政府的重视及各有关部门的支持，工作推进比较顺利。2021年初，我们根据外地经验，并鉴于慈溪城市建设的现状，向市规划委员会建议要编制以"秘色瓷都、智造慈溪"为主题的城市地域特色文化形象塑造概念规划，得到了有关领导及部门的认可。时任市委常委、常务副市长胡海达同志，召集各有关部门主要负责人进行专题研究，明确了工作要求、责任部门和经费保障。2021年底，经市委常委、宣传部长江再国同志亲自协调，明确由市文广旅体局以书面形式委托促进会组织实施。接受任务后，在市委宣传部等部门的指导下，促进会三次组织当地文化人士对慈溪地域特色文化进行了全面梳理，会同主创团队多次对城区规划范围进行实地调研，组织主创团队外出学习考察，与市级十几个部门进行规划对接，并邀请市级有关部门对初稿进行初步论证。为更好地呈展慈溪地域文化，彰显城市精神特质，在

此文是以促进会名义向慈溪市委、市政府主要领导的书面建议，由徐尔元、沈建国、李小平为主起草。

前期梳理分析基础上,现提出编制慈溪城市地域特质文化形象塑造概念规划的有关建议,供林书记和章市长参考。

一、前段工作情况

时至今日,我们已完成了下列工作:一是按规范确定上海开艺设计集团有限公司为中标主创团队,经多次双向对接协商,签订了相关合作协议;同时,委托单位市文广旅体局已将专项工作经费160万元划入促进会账户。二是数次组织当地文化人士对慈溪地域特色文化进行全面梳理,确认以下八大门类的地域文化很具慈溪特色,即息壤文化、移民文化、围垦文化、青瓷文化、慈孝文化、红色文化、徐福文化和产业文化。三是采用航标测绘和标注等方式,组织主创团队对中心城区规划范围进行实地调研,并从市自然资源规划局等部门调集了诸多城市规划资料,供编制概念规划参考。四是促进会一行考察了上虞和龙泉等地,还组织主创设计团队赴重庆铜梁和省内绍兴实地采风,以汲取外地的宝贵经验。五是概念规划初稿形成后,邀请市级各有关部门进行初步论证。由于初稿过于偏重青瓷文化而忽视兼顾其他门类,我们要求主创设计团队站位要高,视野要阔,对初稿进行大幅度调整。六是为使主创团队准确理解我们的意图,促进会从去年9月开始加大了规划编制工作的参与力度。经与十几个市级部门多次对接后,提出了《慈溪青瓷文化等城市地域特色文化形象塑造"十个一"工程》,并与主创团队进行了具体对接,要求他们在今年4月底前提交概念规划第二稿。

前段规划编制工作,总体来看正在朝着我们预期的方向推进,目前碰到的困难和问题主要有三个方面:一是少数部门对这项工作的重要性认识不足,认为市财政目前比较困难,没有必要搞这类工程。二是不少部门对实施文化形象塑造工程热情高涨,开始注重在自身管辖的项目中搞文化元素的注入,但由于缺乏系统研究和整体谋划,对本土特色文化缺乏深入理解,又未邀请本土文化人士参与其中,而市外聘请的规划主创人员对慈溪地域文化缺乏深入了解,市里又缺乏一个总体概念规划可供各部门对接,其结果很可能造成重复配置,品位参差不齐,形象不伦不类。三是概念规划编制工作进度比原计划有所放缓,主要原因是我们经验比较缺乏,精力不够;主创团队对规划内容、目的等方面的理解存在偏差,初稿明显不符合业主的要求;此外,新冠疫情频发也是一个重要因素。

二、下步工作建议

鉴于上述情况,对下一步继续推进这项工作提如下建议:

其一,要统一思想,加大力度。慈溪大规模城市建设正式起步于20世纪末和21世纪初,经过20多年快速发展,取得了显著成效,尤其在城市规模扩张上成绩喜人,已跨入全国Ⅱ类大城市的行列,成为我国首批四个县级大城市之一,非常难能可贵。但由于是新兴城市,慈溪主城整体看还比较粗放,积淀尚浅,内涵不足,主要存在四大缺陷:一是"辨识度"不高。缺乏个性特色,置身城内,映入眼帘的尽是用钢筋水泥堆砌起来的高楼大厦,很难发现具有慈溪特色的亮点建筑,风格与其他城市没有显著区别。二是"文化气"不浓。外来人士这样评价慈溪:"慈溪经济发达,百姓富裕,但文化是沙漠""慈溪这个城市太土气"。三是"艺术性"不强。尽管城市一直在大起来、高起来、新起来,但不耐看,引人注目且流连忘返的精品板块少之又少。四是"温馨感"不足。住在城里的人们总觉得我们这个城市有些"硬邦邦""冷冰冰"和"干巴巴",找不到家园的归属感。鉴于慈溪城市建设的现状,有组织、有计划地实施中心城区及其他重要地段地域特色文化形象塑造,可以有针对性地弥补以上四方面的严重缺陷,推进城市有机更新,提升城市整体品质,优化城市文化形象,彰显城市地域特色,让广大市民有归属感和自豪感,并增强对外来人才的感召力和吸引力。对此,建议市委、市政府要将这项工作摆上重要位置,通过各种场合予以反复强调,如有可能,市主要领导出面,以召开座谈会的形式来统一各方的思想认识。

其二,要明确目标,遵循原则。城市文化形象塑造概念规划编制要遵循五项原则,达到下述目标:**一**要编制一个具有开创性的概念规划。目前在同类城市中,编制文化形象塑造概念规划的尚不多见,因此做这件事具有首创意义,对今后城市建设具有一定的借鉴作用。**二**要编制一个彰显城市灵魂的概念规划。规划要以海洋文化为母体,以"息壤"精神为灵魂,将"自强不息、坚忍不拔、开拓进取"的慈溪人文精神、历史渊源和当代风貌彰显于世人面前。**三**要编制一个城市辨识度很高的概念规划,凡有代表性的地域特色文化都要适度呈现,使城市个性更加鲜明。**四**要编制一个使城市品质显著提升的概念规划,使城市变得更加美丽,更加大气、文气、雅气和洋气,让市民具有强烈文化精神归属感和自豪感。**五**要编制一个具有很强刚性的概念规划,规划编制后要努力转化为现实,能够落地生根,具有长远性指导意义和持续性的存在价值。

其三,**要突出重点,主次分明。**在慈溪八大地域特色文化中,最能体现慈溪本质特征的是息壤文化,因为这是慈溪城市的根脉和灵魂之所在;移民文化、围垦文化、产业文化等都是息壤文化的延伸和演变。而最具国际影响力和现实存在感的是越窑青瓷文化,这是慈溪先辈对人类文明作出的巨大贡献。鉴于此,城市文化形象塑造要突出这两大门类,同时对其他地域文化门类也要选择渗透其中,进行有机的优化组合,以体现慈溪地域历史文化的系统性和多样性。

其四,**要系统谋划,统筹推进。**现在,市委、市政府领导对这项工作很重视,不少部门的积极性也比较高,这对慈溪人民而言是一种"福音"。但是城市文化形象塑造是百年大计,切不可一哄而上,急于求成;凡是要上马的板块和项目,一定要反复比较,慎重决策,多走专家路线与群众路线,确保建成的每个项目都能经得起科学的检验、历史的检验和人民群众的检验。中心城区各大板块是一个有机整体,城市特色文化形象塑造一定要体现这种有机性,切不可各自为战,自行其是。为此,建议加大各方面的支持力度,高水准编制好文化形象塑造概念规划;凡中心城区及相关区域内涉及城市文化形象的市政建设项目,都要纳入市里正在编制的城市文化形象概念规划的统一盘子,努力做到有序而扎实地推进。

其五,要加强领导,保障有力。一是期待市委、市政府主要领导亲自过问、亲自抓,遇到重要工作环节要出面督促和推动。二是建立由市委副书记任组长,常务副市长、市委宣传部部长、城建副市长、文卫副市长为副组长,市规划委员会成员单位负责人为成员的协调小组,并下设办公室,负责做好统筹协调工作。三是制订五年行动计划和每个年度项目推进计划,争取在2027年前基本完成城市文化形象的整体塑造。四是强化责任落实。概念规划决策由市规划委员会负责,项目统筹由协调小组决定,各个具体项目按"谁主管,谁负责"的原则,由各部门全程负责抓好落实。五是加强经费保障。经费筹措可采用多条腿走路的方法,有些项目可以结合新建或改建市政工程同步实施,有些项目可以发动企业家冠名捐建,市财政每年也要安排一定资金用于城市文化形象塑造。

以上建议,供市委、市政府参考。如可行,请批示各部门深化研究,抓好落实。如有不妥,请批评指正为盼。

慈溪城市地域特色文化形象塑造概念规划文本

第一编 本规划编制的背景分析

引言

肯定慈溪城市建设的已有成就：城市规模迅速扩张，城市面貌不断更新，城市功能日趋完备，城乡统筹走在前列，成为全国首批四个跨入Ⅱ型大城市的县级市之一，先后获得了全国文明城市、国家卫生城市、国家园林城市、国家环保模范城市、全国首批创新型县市、中国最具幸福感县级城市等荣誉。

编制规划背景分析具体如下：

背景之一：习近平总书记对传承优秀传统文化一直非常重视

在最近召开的全国文化传承座谈会上，习近平总书记特别强调，中华优秀传统文化有很多重要元素，要共同塑造中华文明的突出特性。慈溪作为名列前茅的全国百强县市，在

此文稿由徐尔元主持编写，沈建国、马建君、李小平参与起草，成文于2023年11月。

传承弘扬优秀传统文化方面同样应捷足先登,有大的作为。

背景之二:慈溪城市地位的不断提升需要增强城市文化氛围

宁波城市总体规划已正式确认慈溪为宁波大都市北部副中心。慈溪已成为跨入全国首批Ⅱ型大城市行列的四个县级市之一。杭州湾大湾区发展战略的全面实施,对地处大湾区前沿和核心地带的慈溪,在长三角城市群中的地位将得以明显提升。鉴于此,慈溪城市很有必要提升文化品位。

背景之三:慈溪城市发展定位和形象定位要求提升城市文化品位

慈溪"十三五"和"十四五"规划提出的城市发展总目标分别是"打造品质之城、建设幸福家园"和"高质量建设共富共美现代化新慈溪"。这两大目标具有连续性和一致性,其中一个共同的关注点就是提升城市文化品质。

经专家反复论证,于十年前确立慈溪城市的形象定位是"秘色瓷都、智造慈溪"。这一凸显慈溪城市特质的形象口号和标识,目前还只是书面化和口号化而尚未形象化。

背景之四:慈溪城市发展中的缺陷决定了必须提升城市文化品位

一是"辨识度"不高。缺乏个性特色,置身城内,映入眼帘的尽是用钢筋水泥堆砌起来的高楼大厦,很难发现具有慈溪特色的亮点建筑,风格与其他城市没有显著区别。二是"文化气"不浓。外来人才这样评价慈溪:"慈溪经济发达,百姓富裕,但文化是沙漠""慈溪这个城市太土气"。其实,这是他们的一种错觉,慈溪并不是文化沙漠,而拥有非常丰富的地域文化资源，目前缺少的只是城市建设中注入和展示地域特色文化元素。三是"**功能性**"不足。农村中几乎村村有文化礼堂，而城区中市级大型文化设施虽已基本配置到位，但面向基层、面向群众的文化设施配置非常薄弱，开放式、大众化的文化服务功能明显不足。四是"**经营性**"不力。慈溪文化旅游产业缺少有吸引力的项目，在经济发展中的贡献份额明显偏低。五是"**体验性**"不强。尽管城市一直在大起来、高起来和新起来，但住在城里的人们总觉得我们这个城市有些"硬邦邦""冷冰冰"和"干巴巴"，缺乏文化艺术带给人们的温馨感和归属感。

总之，慈溪城市目前最大的短板就是文化形象塑造尚未到位。以上五方面不足与城市建设中没有文化设施配置概念规划指导有内在联系。目前我市城市规划体系已日趋完备，但时至今日，城市文化形象塑造空间布局概念规划仍是空白。

背景之五：宁波城市建设新格局要求慈溪抓紧进行有机衔接

宁波城市建设近年来的关注重心，已开始由老市区转向全大市，由规模扩张为主转向品质提升为主，因此近年中已开启了大规模的城市更新工程，对各县、市、区的城市更新每年都下达考核任务。尤为可喜的是，宁波已确定以翠屏山为中心，打造一个范围覆盖四个市和区（慈溪、余姚、江北、镇海）的中央公园，其中位于翠屏山北麓的慈溪地域将成为中央公园的主要组成部分，慈溪中心城区及南部沿山线各镇均被列入规划范围。这给我市提升城市文化品位提供了重大机遇，也提出了更高要求，需要我们去积极对接和响应。

综上所述，编制并落实城市特质文化形象概念规划，对慈溪城市发展意义重大：可以有针对性地弥补慈溪文化形象塑造不够有力的缺陷，推进城市有机更新，提升城市整体品质，优化城市文化形象，彰显城市地域特色，让广大市民有归属感和自豪感，并增强对外来人才和优质项目的感召力和吸引力。

第二编　规划编制的原则与目标

第一章　规划原则

（一）系统性原则：对列入规划范围的地域进行整体性、全门类规划，编制城市文化设施建设导则，并加强各板块、各门类之间的有机性和一体化研究。重视城市文化形象概念规划与城市总体规划及各其他门类概念规划的有机衔接。

（二）特色性原则：正确处理重点与一般、共性与个性、传承与创新的关系，突出重点，兼顾其他，让慈溪城市地域文化特质尤其是主打文化形象凸显，城市个性化精神风貌充分呈现。

（三）科学性原则：专家路线与群众路线充分结合，主创团队与地方文化人士密切配合，借鉴外地经验与坚持本地特色有机融合。概念规划形成后，列入规划的各个文化设施项目都要深化研究设计，大胆创新，使塑造的文化形象深入人心，为城市增光添彩。

（四）多元性原则：文化形象塑造和文化设施项目配置，既要注重观赏性，更要注重与功能性（如各类展馆）、体验性

(让市民参与)和经营性(如产业园、旅游区)的有机融合;同时,呈展载体和方法也要多管并用,丰富多样,最大限度地拓展审美效果,力求引人注目,流连忘返。

(五)持久性原则:纳入概念规划的各个文化项目,是一个有机整体,一经成型,在今后很长的历史时期内,不作轻易调整、变更和拆除,而是要落实长期维护措施,不断加以完善,使之长久地留在人们的心目中。鉴于此目的,用于形象塑造的各种材质要力求品质化和高档化。

第二章　目标定位

(一)编制一个具有开创性的规划。目前在同类城市中,编制文化形象塑造概念规划的尚不多见,但仍有不少城市已开始关注并付之行动,因此,目前做这件事仍具有首创意义,对今后城市建设具有重要的指导作用。

(二)编制一个彰显城市灵魂的规划。规划要以"息壤"文化为"根脉和灵魂",将"自强不息、坚忍不拔、开拓进取"的慈溪人文精神、历史渊源和当代风貌彰显于世人面前。

(三)编制一个使城市辨识度明显提高的规划。凡有代表性的地域性主打文化,尤其是息壤文化、移民文化、围垦文化和青瓷文化,都要充分呈现,使城市个性更加鲜明。

(四)编制一个使城市品质显著提升的规划。概念规划要力求使城市变得更加美丽,更加大气、文气、雅气和洋气,让市民具有强烈文化精神归属感和自豪感。

(五)编制一个具有很强刚性的规划。规划编制后要努力转化为现实,能够落地生根,具有持续性的存在价值,在慈溪今后的发展史上留下厚重的文化痕迹。

第三编　慈溪特色文化梳理和城市精神特质提炼

第一章　对慈溪地域特色文化的门类梳理

地域文化特色的形成,很大程度上取决于一个城市特殊的历史地理环境。慈溪城市历史地理最大的特殊性在于"沧海桑田、唐涂宋地",由此在茫茫大海中长出了一大块"息壤"。"息壤"的本义是能自己生长、膨胀的土壤。慈溪是我国东部沿海地区最典型的息壤之地。"息壤"尽管是一种自然文化现象,但与人类活动息息相关,现境慈溪从无到有,由汪洋大海演变为广阔陆地,息壤所起的作用是根本性的,"息壤"是慈溪地域文化的母体、根脉、灵魂和本质,犹如一条"红线"贯穿于慈溪文化的方方面面,并由此衍生出了移民、围垦和青瓷等地域特色文化。

（一）**移民文化**：早期慈溪人聚居在南部沿山一带,后来随着海塘的修建逐渐北迁,由"息壤"演变而成的三北大地,成为移民集聚之地,在长达几千年的历史长河中,历朝历代都有外地人移居慈溪。尤其是自改革开放以来,大量外地人员涌入慈溪,在这里找到了实现自身价值的平台,其中许多外地人已安家落户、扎根慈溪。目前慈溪常住人口中,本地居民和外来人员的比例已接近1∶1,在四个晋级大城市行列的县级市中高居榜首。这些来慈溪创业和工作的移民群体,带来了他们原生地的文化,与慈溪本土文化交汇产生了新移民文化和新慈溪精神。

（二）**围垦文化**：慈溪从公元1341年建成大古塘到2020

年,由南向北先后建成了 10 多条海塘,在广袤、平坦的海涂上形成了一道道人类文明的印记,最原始的"息壤"终于转变成了黄金宝地。目前已累计围垦土地约 800 平方千米,占全市区域陆地面积的近 70%。悠久的海涂围垦历史,塑造了慈溪人开拓进取的性格和吃苦耐劳的精神。

(三)青瓷文化:慈溪是中国瓷器的重要发源地之一。越窑青瓷烧制时间上始于汉,下终于宋,自晚唐至北宋的近两个世纪里,兴盛不衰,成为名副其实的唐宋瓷都。上林湖是唐宋时期越窑青瓷的中心产区,是秘色瓷的唯一产地,也是著名的"海上陶瓷之路"的重要起点,从明州港出发穿越茫茫大海抵达斯里兰卡、印度等国,最远到达西班牙。这源远流长的青瓷制作史和绵延万里的海上陶瓷之路,孕育了慈溪青瓷文化,练就了慈溪人"刻苦钻研、探索创新、精工细作、能商善贾"的文化基因。

(四)慈孝文化:慈溪得名于东汉董黯"子孝母慈"的典故。唐开元二十六年(738 年)建县时,县人既以有"子孝母慈"之掌故为荣,又基于纪念董孝子以弘扬孝道,便以慈溪名县。在漫长的历史岁月中,慈孝文化的内涵已不仅仅是遵行孝亲的伦理规则,外延已扩展至睦邻、助人、惠众等层面,并成为新老慈溪人的群体人格,对和谐社会建设发挥着不可或缺的促助作用。

(五)徐福文化:慈溪为徐福东渡的首个成功起航地。徐福东渡为我市目前唯一的传说类国家级非物质文化遗产。徐福是秦代著名方士,受秦始皇之令,率三千童男童女东渡瀛洲。他在前几次东渡失败后,没有轻言放弃,终于在慈溪达蓬山找到启航地并取得了成功。这种顽强坚韧的品格和一往无前的勇气，不仅为三北大地留下了一份宝贵的精神财富，也激励后人败而不馁、胜而不骄，坚定不移地走区域特色的发展道路。

以上五大地域文化门类中，**最具慈溪特色的是移民文化、围垦文化和青瓷文化**。"息壤"是慈溪地域文化的"母体""根脉"和"灵魂"；来自四面八方的历代移民是慈溪地域文化的创造主体，是形成我市文化多元化特征的根源之所在；围垦文化是息壤文化的演变和延伸，是慈溪历代劳动人民战天斗地、艰苦创业的真实写照；而青瓷文化则是慈溪先辈对人类社会文明进步的重大贡献，最具历史存在感和国际影响力。鉴于上述分析，慈溪城市特色文化形象塑造，应将这三大门类作为主打文化进行重点塑造。

第二章　从地域特色文化中提炼出慈溪城市的精神特质

文化形象特质只是一种外部表象，而它的背后则是人们的精神状态，即所谓特定人群的群体人格。从最具特色的慈溪地域文化中反复提炼，并经地方文化人士多次研讨后认为，相比于其他地区，慈溪城市最显著的精神特质主要反映在以下三个方面：

其一是包容性，即慈溪人普遍持有"海纳百川、包容天下"的人文精神。这是移民文化的产物，是移民群体中普遍具有的处世之道。在宁波各县市区中，慈溪是最典型的移民城市，人数之多、地域来源之广、涉及行业之多，在长三角城市群中颇为罕见。可以这样说，当代新老慈溪人都是移民或移民后裔。经过数十代移民生活方式的不断积淀,落户慈溪的各地历代移民,从最初的"在家靠父母、出门靠朋友"的朴素实用心态,逐步演化为"抱团好取暖、团结创大业"的人生理念,并养成了"热情好客不排外、和谐共处谋营生"的性格特征,孕育了非常典型且颇具特色的移民文化。由此使慈溪这座城市具有了可无限扩张的包容性,既包容外来各类人群,也包容外来各类企业,还包容外来各类文化。目前慈溪各类市场主体中由新慈溪人创办的已占一半以上,各行各业中的业务尖子也有一大半是新慈溪人,海外(境外)投资商来慈溪新办实体企业已达 1 000 余家。据市民族宗教局统计,全国 31 个省市区和 56 个民族,均有移民落户慈溪,各地各族人民在三北大地上和谐共处,其乐融融,长期以来几乎未发生过有广泛不良影响的族群矛盾。

  其二是开拓性,即慈溪人普遍持有"自强不息、开拓进取"的奋斗精神。慈溪人之所以开拓性特别强,与固有的移民文化有内在联系,但慈溪特定的生存和发展环境,是造就慈溪人特别能开拓、特别能奋斗的根本动因。历代外地移民初来乍到,面临的是一无所有、无中生有的"息壤之地",一切都得从零开始,唯有艰苦奋斗才是生存之道。这种开拓进取的精神世代相传,到改革开放后更是发挥到极致。改革开放初期,尚处于计划经济时代,慈溪的综合发展条件明显不如周边县市,交通闭塞,资源贫乏,农业经济以棉粮为主,工业基础非常薄弱,第三产业更是不值一提。尽管先天条件明显不如人家,但改革开放后的慈溪人思想不断解放,精神面貌焕然一新,"四千精神"由此应运而生。早在 20 世纪 70 年代未、80年代初,就有十万农民购销员走街串巷、走遍全国,向外寻求各种发展空间和渠道,对内大力发展乡镇企业和民营经济,使城市生产力水平极大提升,在全国百强县市综合考评中,连续多年一直名列前十强行列,而且还于去年成为首批跨入全国Ⅱ型大城市行列的四个县级市之一。这一"奇迹"之所以发生在慈溪人身上,寻根溯源是开拓进取、艰苦创业的奋斗精神成就了慈溪。

其三是创造性,即慈溪人普遍持有"勇于探索、精益求精"的创新精神。慈溪人非常聪明好学,又强于勤奋劳作,更善于探索创新,敢为天下先,做任何事情都力求达到"精致"状态。慈溪有不少先民以靠海为生,发明的具有独创性的海上鱼虾捕捞技术有几十种之多。上林湖越窑最早发明了青瓷,其中秘色瓷至今仍为世界唯一。北部沿湾海涂盐业制品曾为浙江之最,有"浙江盐仓"之美誉。慈溪作为棉花主产区,是长江以南地区第一个实现棉花亩产超纲要的县,不少棉农被邀请到国内外许多地方做技术辅导员。改革开放后,慈溪率先冲破禁区,积极发展个私经济。当时学术界认为,浙江个私经济发展是"南有温州、北有慈溪",还将以"四轮齐驱"为特征的慈溪经济,总结为"慈溪模式",并列为全国区域经济发展十种模式之一。工业经济崛起后,许多产品市场占有率成为全国单项冠军,数量之多在县级市中名列前茅,尤其是小家电产品更是享誉世界。慈溪小学生"神算子"曾名扬世界。慈溪学子高考成绩一直居省内前列。现境慈溪我国两院院士已有14名之多。凡此种种,都表明慈溪人的文化基因中具有非常旺盛的创新能力和工匠精神,这也是当代慈溪创造辉煌佳绩的重要精神动力。正基于此,慈溪于2018年被国家有关部门评为全国首批创新型县市。

综上所述,慈溪城市最显著的精神特质,主要反映在"包容、开拓、创造"三个方面。这些精神特质,既有重要的历史价值,更有长远的时代意义,很值得世世代代慈溪人民不断传承与弘扬。因此,在城市地域特质文化形象塑造中,对慈溪城市三大精神特质的展示和传播,理应作为重中之重。

第四编　对慈溪城市地域特质文化形象塑造的总体要求

(一)文化形象塑造的根本目的:呈展慈溪地域特色文化,彰显城市精神特质,充分展示城市特色文化魅力,努力提高广大市民幸福指数,为慈溪人民打造一个富有特色、内涵和活力,并集观赏、体验、经营、展示等功能于一体的精神文化家园。

(二)规划涉及范围:1.将全市域作为**形象塑造控制区**,做出概念性规划,对主要文化项目进行空间布局,画出空间布局示意图,并标出文化项目已建项目和待建项目,以示区分。2.将中心城区及周边区域作为**形象塑造核心区**,对其中需要布局的文化形象项目做出具体规划,要求明确项目的方位和名称、性质和功能定位、构成要素等,并画出空间布局示意图。3.将规划中的高铁新城板块作为**形象塑造待建区**,提前与该区块详规编制和城市设计部门进行对接,以求实现有机融合。

(三)城市文化形象塑造的风格选择:1.时间上要体现唐宋古韵。凡涉及青瓷文化和围垦文化的各类实体性项目,均要体现唐宋时代的建筑风格和韵味(图片举例)。2.空间上要展现吴越风情。慈溪作为吴越古地,文化形象项目的各类建筑要充分体现吴越元素(标志性图像说明)。

(四)与其他已有概念规划有机融合:要妥善处理好与其他各项概念规划的关系,主要包括城市色彩、城市绿化、城市廊道等,但篇幅要压缩,点明即可,有些亮点内容可渗透到"十个一"工程之中,但不宜过于展开。

(五)城市文化形象塑造的主要方法和载体:1.以山、城、海为经,以点、线、面为纬,将慈溪城市"编织"成为一幅既有地域特色,又有现代气息,并兼具生态性和文化气息的绚丽蓝图。2.多种方法有机融合使用,选择重要街区、重要河道、重要广场和重要建筑等重要区域和节点,采用广告、雕塑、牌楼、石碑、灯艺、草艺、图片等各类景观造型,大力塑造城市文化形象。

第五编　特色文化形象塑造"十个一"工程

第一章　打造一个综合性大型主题文化公园

(一)项目宗旨:用于展示慈溪的由来和历史演变轨迹,集慈溪历代最耀眼的亮点于一处,重点展示对慈溪而言具有"根脉"和"灵魂"性质的"息壤文化",以及由此延伸出的移民、围垦、青瓷、海塘文化和各种特色产业及现代文明成就,以呈现慈溪历代人民海纳百川、自强不息、艰苦创业的奋斗精神。

(二)项目性质定位:综合呈现慈溪地域特质文化及城市精神风貌、城市主客厅和慈溪地域特质文化展示主窗口、在"十个一"文化形象工程中居统率地位。

（三）项目主题：沧海桑田、杭湾明珠。

（四）项目名称：暂定为"海上明月"主题文化公园。

（五）项目构成要素：1. 建一个微型博物馆或展示馆群（思绥堂家谱博物馆等），主要反映慈溪历史演变轨迹（即息壤文化）、围海造田（即移民文化）、历史上的特色产业（渔业、瓷业、盐业、棉业、杨梅等）（即产业文化）以及现代文明最新成果等。2. 建一个用于举办各类大型文化活动的城市中心广场。3. 建一个现境慈溪籍历代名人堂，以激励后人为建设美好家园而奋斗。4. 建一个反映慈溪历史文化诗文名篇的书法碑林。5. 建一批有特色的园林景观。6. 建一个呈现主题的大型雕塑。

（六）项目选址和用地规模：建议用地面积不少于25公顷，选址在宗汉街道辖区的西潮塘文化公园板块。理由：一是地处最亮丽的城市板块之一；二是可带动西部片区发展；三是临近高铁新城，可旺人气；四是位于中横线城市高架道路旁边，交通便捷。

（七）公园及广场布局要求：新颖、独特、大气，既有古代韵味，又有现代气息，使之成为中心城区最吸引人们眼球的"点睛之笔"。

第二章　打造一个青瓷文化特色旅游区

（一）项目宗旨：增强城市个性化和辨识度，彰显慈溪城市的底蕴和魅力；推动青瓷文化产业集群化和规模化发展；实现慈溪文化旅游产业的突破。

（二）项目性质定位：宁波翠屏山中央公园的重要组成

部分；慈溪城市特质文化形象塑造工程中的主打文化项目，在各类项目中居于首要位置。

（三）**项目选址**：翠屏山西部北边、南部沿山线两侧，从观海卫镇的杜湖直至横河镇的乌山和位于浒山街道的峙山公园。理由：一是这一带是越窑青瓷文化主要发源地；二是这一带已建成一批青瓷文化设施项目；三是已集聚了一批中小型青瓷生产企业；四是作为宁波中央公园的重点组成部分，应布局一些实体性和特色性的文化旅游类项目。

（四）**主要项目构成**：从东到西的沿山线两侧平原及山地，可以考虑安排下列项目：1. 在不违反相关保护规划的前提下，利用沿山线两侧的闲置厂房或民房，引进兴办一批中小型民营青瓷企业，总量力争突破100家。2. 在匡堰镇区域新建一个青瓷文化产业园，面积不少于200亩（1亩≈667平方米），吸引一批规模型青瓷企业入驻，总量力争突破20家，作为主要生产加工基地和供游客参观购物的主要景点。3. 完善提升慈溪越窑青瓷博物馆、上林湖青瓷文化传承园和上林湖越窑国家考古遗址公园，并在上林湖青瓷文化传承园内开辟一批青瓷艺术大师工作室。4. 在上林湖附近，建一个供慈溪市青瓷瓯乐艺术团有偿演出的固定场地。5. 将峙山公园和峙山文化广场改建成为国内最大的青瓷文化主题公园。峙山坡上建一个用于纪念越窑青瓷停烧千年后又于21世纪初复烧的"重光塔"（暂名）。在塔的东西两侧制作一组用于传播青瓷文化的灯光秀，上书"越窑胜地、秘色瓷都"等宣传口号。6. 将位于峙山文化广场内原慈溪博物馆改建成为"中国青瓷博物馆"，用于集中展示通过"中国青·上林杯"

国际青瓷艺术双年展征集的国内外青瓷艺术精品,并借此塑造慈溪为当代国际青瓷艺术中心之一的城市形象。7.对沿山线两侧及山地进行青瓷文化形象塑造统一策划,并对景区内的各个文化景点进行有机串联。8.在沿山线两侧选择若干个地理位置合适的村,改造成为集制作、销售、研学、体验、用餐、住宿等为一体的青瓷文化特色村。9.在青瓷文化旅游区内拟规划布局一个青瓷文化动漫产业园。

第三章　打造一个城市特色文化形象展示中心

(一)项目性质定位:塑造城市青瓷文化形象核心板块;市级重点文化设施集聚区;民间艺术品收藏、展示、鉴定和交易中心;中心城区市民休闲活动中心。

(二)项目选址及理由:建议定位于明月湖及创意水街板块。理由:1.这一板块规划最初定位是"城市主客厅、慈溪新地标",但自建成以来,人气一直不旺,远远达不到预期要求,创意水街十来幢营业用房建成六年多了,但至今尚处于闲置状态,明月湖中的湖心岛开发也迟迟未作项目定位。因此,应尽快开展重点打造。2.作为一个已跨入Ⅱ型大城市行列的城市,很有必要有一个中心城区文化形象展示中心和市民休闲、观赏及活动中心。3.这一板块周围商务用房、购物中心和人居功能布局非常密集,如策划得当,可以有效改变城市主客厅人气不旺的局面,成为全市市民文化活动集聚地和文化形象展示核心区之一。

(三)文化形象塑造初步设想:1.将创意水街打造成为青瓷文化产品研发、展示、销售和体验中心,同时为市民提供休闲、餐饮、观赏等服务,并在空旷地段配置一些儿童乐园功能。2. 对明月湖周边文化形象,包括灯光秀等进行重新设计,重点展示青瓷文化、围垦文化和慈孝文化等方面的内容。3. 依托明月湖湖心岛,建一个湖中央水上文艺表演舞台,并把这一板块打造成为远近闻名的民间艺术品展示、鉴赏和交易中心。4. 把与明月湖紧密相连的潮塘江和新城河,打造成为富有特色、远近闻名的景观江。5. 新城河和潮塘江开通"水上巴士"。6. 明月湖附近的潮塘江两侧,要精心打造一条全长不短于 5 千米并集休闲、健身、餐饮、垂钓、购物等功能于一体的吴越风情一条街。

第四章　打造一批展示地域特色文化的艺术长廊

（一）项目性质定位：1. 带状形艺术化地域文化符号展示长廊；2. 提升城市美感,丰富地域文化符号传播手法和拓展传播空间。

（二）项目实施方位及名称：1. 横筋公路(横河—匡堰)和匡堰大道(329 国道—昌隆村)。重点塑造青瓷文化形象,其中匡堰大道建议改名为青瓷大道。两条道路改建时,路面要适当拓宽,两边灯具应呈现青瓷文化元素,两边增设绿花隔离带,用于摆放青瓷文化小品。"青瓷大道"入口处和重点道路节点,可设置若干个反映青瓷文化的大、中型雕塑或大型石碑。2. 中横线—胜陆高架路。重点塑造"秘色瓷都、智造慈溪"的城市文化形象。高架路下层道路两侧,可布局一些文化小品;上层要利用道路两侧的护栏,间隔性布置一些经过艺术化设计的传播城市文化符号的图片,内容主要是代表性青瓷作品、我市工农业名牌产品和宣传性文化口号。3. **慈甬路(浒山慈溪大厦—东三环高架桥)**。作为中心城区东西走向的城市主干道,应进行必要的拓宽改造和提升,在改造过程中,要注入青瓷、围垦、慈孝等文化元素,重要节点处要设置大中型雕塑和各类地域特色文化小品,力求文化艺术气息明显提升。4. **新城大道(慈甬路—三塘江)**。作为中心城区南北走向主干道,重点塑造移民和围垦文化形象,可采用灯幔、草艺、雕塑、灯光、石碑、铜壁等多种展示方法。5. **北三环(东三环—浒崇公路)**。(1)随着城市中心北移和城北高铁新城建设开启,北三环作为中心城区东西向交通主干道,应作为文化形象塑造的重要地段。(2)重点塑造慈孝文化形象,并建议改名为慈孝路。(3)可采用灯幔、草艺、雕塑、小品等展示手法。6. **大古塘步行街**。重点展示青瓷、围垦、移民、慈孝等特色文化。对大古塘两侧进行微改造,具体可采用由市文旅集团统一规划、设计和管理的产业化发展模式,沿线项目构成可多元化,主要功能可包括休闲、观光、步行、购物、品茶、非遗展示等。7. **新城河文化景观廊道**。在现有功能的基础上植入市民亲水平台、文化雕塑小品、水上游乐等项目和沿江桥缆处特色文化元素雕刻。8. **西潮塘江生态人文廊道**。将生态江转型为生态暨人文景观江,增添龙舟竞赛、水上巴士、江边垂钓、环江步行等功能,使之综合效益最大化。9. **百里海塘风景线**。利用对北部临杭州湾地带的原有海塘进行标准化改造的机会,在改造工程中注入围垦和海塘文化元素,展现海塘文化的特有魅力和艺术效果,使之成为一道独特的海塘风景线。

第五章　打造一批面向大众的城市特色文化街区

要求中心城区各街道和周边镇以及有条件的社区,根据各自的特点和条件,精心打造一个特色文化街区,内容和形式由各镇街道申报,由市里统一审定。如浒山街道可建抗倭文化街区;宗汉街道可建马家路红色革命街区;坎墩街道可建戏剧文化街区;白沙路街道可建非遗文化展示区;古塘街道可建围垦文化展示区;横河镇可建杨梅文化展示区;周巷镇可建古旧家具一条街;长河镇可建草帽文化街区;逍林镇可建商贸文化街区;新浦镇可建海塘文化街区等。

第六章　打造一批各具特色的中小型文化公园

(一)项目构成:1.将教场山改造成为历代慈溪人民抵御外敌为主题的文化公园,将在三北大地上发生的抗战御敌的历史陈列其中。(戚继光抗倭、胜山抗英、抗战第一枪、抗日根据地等)。2.将乌山改造成为市民体育文化公园。3.新建、改建一批城市文化公园。对中心城区内已建成公园进行新一轮微改造,适度注入地域文化元素,如潮塘江湿地公园可增设慈孝文化内容等;在街角和社区选择合适地段,新建一批城市口袋公园,注重绿化景观造型,注入地域特质文化元素。

(二)配套措施:设计制作一批反映地域特色的文化小品,在各类公园和主要街区中进行点缀式展示。

第七章　打造一个民间艺术博物馆集聚区

(一)项目性质定位:发挥好慈溪作为全国著名收藏城市

的优势,集聚民间艺术

藏品,形成规模效应,用于展示、观赏、交易和收藏,提升慈溪在长三角地区的知名度和吸引力。

(二)项目选址:建议安排在环创中心创意水街和明月湖湖心岛上,实行统一规划、建设和管理,场馆用地实行行政划拨,产权和经营权归个人所有,集聚民间博物馆不少于15家,其中优先安排越窑青瓷类博物馆。

第八章 打造一个传播慈溪历史著名诗文的书法艺术碑林

(一)项目安排理由:1. 书法是独具中国特色的艺术门类;2. 慈溪历史上有多位在我国书法史上具有重要地位的书法大家,如唐代虞世南、清代梅调鼎等;3. 慈溪书法艺术氛围浓厚,大众参与面颇广,目前已拥有国家级书协会员20多名。

(二)项目构成:1. 由地方文化人士在历史典籍中找出历代文化名人对慈溪的评说(名言、名段、名篇),请国内当代著名书法大家撰写碑文。2. 找出历代慈溪文化名人墨迹,由工匠刻上石碑。3. 收集、陈列、展示反映慈溪地域文化的历代名人石碑,供人们观赏。4. 在碑林中新建一个初唐书法大家虞世南纪念亭和复制东汉《三老碑》。

(三)项目选址:建议安排在潮塘江边文化用地功能板块。

第九章 打造一批传播慈溪地域文化形象的城市节点

(一)中心城区五个入口处标设城市文化标语,并进行艺术化包装：1. 东三环北入口标设"沧海桑田、杭湾明珠"和"海纳百川、包容天下"标语；2. 东三环南入口标设"越窑胜地、秘色瓷都"标语；3. 中心城区东入口标设"慈孝之乡、千年福地"标语；4. 中心城区西入口标设"工商名城、智造重镇"标语；5. 高铁站、地铁站和客运中心出入口标设"秘色瓷都、智造慈溪"和"慈惠三北、溪通四海"标语。

（二）选择合适地段展示文化符号：在视野开阔的高楼大厦和城市周边山地（初步考虑寺山和乌山、景观大道、文化商务区总部经济大楼、中横线高层建筑等，数量控制在20幢左右），可采用灯光秀、大型艺术化草坪等方式，营造地域特色文化氛围。

（三）建议保留名人故居：对已列入市级以上文物保护单位的名人故居，应落实好保护和展示措施；对健在的名人，如副国级以上国家领导人、两院院士、有国际影响的著名文学艺术家、全国劳动模范、在国际国内有重大正面影响的杰出人士等，凡在慈溪有旧居的都应提前列入保护名单。顶级名人可单独保留故居，次一级的可合建名人堂。

第十章　打造一批反映慈溪特色文化的大中型雕塑

重点可考虑杨梅仙子、徐福东渡、围海造田、移民归慈、青瓷制作、董黯孝母、智造慈溪等特色文化元素，雕塑安放地点待通盘考察后确定。

第六编　概念规划实施的保障措施

（一）组织保障：建立由市委副书记任组长，常务副市长、市委宣传部部长、城建副市长、文卫副市长为副组长,市级各有关部门和有关镇(街道)主要负责人为成员的城市文化形象塑造协调小组。协调小组下设办公室,负责做好统筹协调工作。建立由多门类人才组成的专家库,负责提出各个重点形象项目设计方案的会审结论,供市协调小组决策参考。

（二）**责任分解**：概念规划决策由市规划委员会负责；项目统筹由协调小组决定；根据项目性质,明确部门职责分工,各个具体项目按"谁主管、谁负责"的原则,由各部门全程负责抓好落实；各个工作部门原有规划与新的概念规划有冲突的,应通过深化研究后做出相应调整和完善。协调小组及办公室负责对各部门职责的督促落实。

（三）**深化设计**：各个项目的责任部门,要深化对项目本质及内涵的理解,在具体实施前,要牵头组织高层次主创团队和专业人才,高标准搞好项目的形象设计和施工设计,确保每个文化形象项目都能成为经得起社会和历史检验的城市文化精品。设计方案须经专家库人才会审并报协调小组同意后方可组织实施。

（四）**实施步骤**：文化形象塑造工程拟于2024年开始启动,至2034年基本完成,历时十年。根据项目难易程度和性质定位,有序安排项目实施时间,并制订十年行动计划和每个年度项目推进计划。

（五）**经费筹措**：经费筹措可采用多条腿走路的方法。有些项目可以结合新建或改建市政工程同步实施；有些项目可以发动企业或企业家冠名捐建；市财政每年也要安排一定资金用于城市文化形象塑造；凡经营性项目均由创办者为主投资,政府给予一定的政策激励。

（六）营销推广:突出一张总品牌(秘色瓷都、智造慈溪),构建两大营销系统(传统媒体和新媒体),打造三大活动体系(举办越窑青瓷文化节,举办"中国青·上林杯"国际青瓷艺术双年展,举办有慈溪特色的海洋文化艺术节)。

策划部门:中共慈溪市委宣传部,慈溪市文化和广电旅游体育局。

编制单位:慈溪越窑秘色瓷文化促进会,上海开艺设计集团有限公司。

关于集中打造慈溪城市文化新地标的建议
——在明月湖塑造"八个一"大型主题文化集群中心

文化是城市的灵魂和底蕴,彰显城市特色的地域文化则是城市的基因和个性。做精做美地域特色山水风物文章向来是各大城市建设和文化塑造的点睛手笔。当前,慈溪市委、市政府出台城市文化品牌塑造实施意见,组织编写城市文化形象塑造概念规划,借此机会提出几点不成熟的建议,供领导参考。

一、慈溪城市文化形象建设的短板

慈溪作为省内经济强县市,位居全国综合实力百强县市前列,市委、市政府历来高度重视文化建设,也渴望文化建设有所建树,却一直难有重大突破,城市地域特质和个性难以彰显,徒具金玉之表而仍未质实其里。究其原因是慈溪尚未找准适合自身城市特质的"武功秘籍",难以打出极具威力的文化"组合拳",更未精准打通提升城市形象和文化特质的"任督二脉",在打造地域特色文化塑造城市品牌中,缺少重要载体和有力抓

2021年慈溪市出台城市文化品牌塑造实施意见,促进会结合青瓷专业发展情况,提出了若干建议。原文由李小平执笔,在收录本书时稍有调整。

手。城市整体文化气质少了画龙点睛之笔,使得慈溪城市生长难有活力与灵力,慈溪城市发展难聚人气与才气,与当前慈溪城市的地位和实力极不相称,只在众多同类城市竞争中泯然众矣,难在群星争艳的万花丛中留下靓丽身影。

二、集中打造文化新地标的建议

（一）基本原则

一是凸显城市地域特质;二是融合先进技术手段;三是博采古今特色元素;四是演绎慈溪发展故事;五是妙著无中生有文章。

（二）建设目标

集中打造以青瓷文化为主体的"八个一"大型主题文化集群中心,包括"一湖、一岛、一塔、一桥、一廊、一馆、一塑、一园",即明月湖、湖心岛、重光塔、文化桥、名人廊、青瓷馆、雕塑群、亲水园。

（三）具体建议

一是精心绘就明月湖盛景区。如果文化商务区是慈溪的"城市客厅",那么明月湖就是客厅聚光灯下最亮眼的"明堂"。要依托明月湖妙著湖光山色文章,以明月湖周边为底本绘制城市形象动人蓝图,聚集八个特色文化经典,规划设计"明月湖盛景区、湖心特色文化岛、岛上青瓷博物馆、湖边秘色重光塔、跨湖文化曲桥、桥上名人回廊、水上特色群塑、岸边亲水乐园",着重打造城市文化新地标。围绕明月湖周边区域,精心设计融合江南特色和现代气质的广场园林景观,重点布设慈溪地域特色文化元素的街景和文化设施,使广场、街景与湖光、喷泉、灯饰融为一体,运用雕塑、灯光、喷泉、全息影像、水幕电影等方式展现青瓷文化、海涂文化、杨梅文化、慈孝文化等慈溪特色元素,彰显慈溪城市地域特质。借鉴杭州、湖州、苏州、重庆等城市利用西湖、钱塘江、太湖、运河、长江等布设特色街灯夜景,打造城市文化风景亮点经验,把明月湖构建成为慈溪城市的"聚宝盆",营造一个海市蜃楼般的水上世界,打造成为慈溪旅游盛景区和城市金名片。

二是高质量建设湖心特色文化岛。历来仁者爱山、智者爱水,有山有水,方能汇聚仁人志士,城市中唯有湖心小岛最具魅力,省内著名的西湖湖心岛、南湖湖心岛,天下闻名,千古流传,留下多少才子佳人传奇故事,记载了历代英雄豪杰丰功伟绩。明月湖在建的湖心岛,拟规划用于文化项目建设,目前尚未正式启动,正值城市文化形象规划设计时机,可以纳入规划方案高质量规划,设计一个可以承载慈溪历史文化的现代城市文化中心。湖心岛上可以布设一个顶级青瓷博物馆,岸边可以布置合适的文化功能设施,如雕塑小品、文化绿植、灯光布景等形式,营造整体和谐的特色文化氛围。

三是规划建设岛上青瓷博物馆。明月湖湖心岛约 2 万平方米土地,建议规划设计一个一流的中国青瓷博物馆。一者,慈溪越窑是中国青瓷发源地,在国内外青瓷业界具有崇高声望,特别是秘色瓷具有世界文化品牌潜质,慈溪在青瓷文化史上具有不可辩驳的历史地位;二者,慈溪与中国陶瓷工业协会、中国美术学院、浙江省陶瓷行业协会共同发起举办"中国青·上林杯"国际青瓷艺术双年展活动,永久落户慈溪,每两年举办一次,每届双年展的获奖作品将留在慈溪,慈溪青瓷收藏具有巨大潜力;三者,慈溪正与国内各青瓷产区达成初步共识,拟在慈溪这片青瓷发源地组建一个"中国青瓷联盟",整合国内青瓷业界资源,共同谋划青瓷发展大计,这将提升慈溪在青瓷界的话语权和号召力;四者,中国陶瓷工业协会收藏着1949年以来历届中国青瓷评选活动的获奖精品,有意向转交慈溪代为管理,届时慈溪将具有巨大的展出空间;五者,浙江省有意愿在慈溪建立一个中国青瓷博物馆,慈溪具有优越的历史和现实条件。为此,选择明月湖湖心岛规划建设一个高质量的青瓷博物馆,将是整个慈溪文化建设和城市形象提升的一个重要载体。

四是规划建设一幢湖边秘色重光塔。文化塔历来是一个城市文化的精神象征,也是城市内涵底蕴的标志,国内外的文化名城大多有自己标志性的文化塔,如雷峰塔、六和塔、大雁塔、埃菲尔铁塔、东方明珠塔等都久享盛名,广为流传。在慈溪中断千年的秘色瓷复烧二十周年之际,在明月湖周边选择合适区域,建设一座象征慈溪特色地域文化和慈溪人文精神的秘色重光塔,重点塑造城市文化形象,这既是对秘色重光的纪念,也是对慈溪当代青瓷艺术发展的肯定,还可展现当代慈溪人重光秘色文化的发展轨迹和工匠精神,更可以承载秘色瓷千古历史和文化变迁。它将成为国内外青瓷艺术家对越窑、对秘色瓷的情感皈依,成为慈溪城市文化和形象塑造的点睛之笔和整个明月湖文化集群的传神之处。

五是规划建设一座跨湖文化曲桥。桥文化历来与水文化是如红花绿叶般的最佳搭配。水上无桥,柔水无骨;水有廊桥,柔中蕴刚。长虹卧波,灵气横溢,如西湖断桥、颐和园十七孔桥等都是自古才子佳人演绎才情轶事的最佳舞台,为民间留下多少传奇佳话。在明月湖与湖心岛之间搭建一座承载慈溪文化特色的跨湖文化曲桥,使之成为慈溪的一个文化符号,满足慈溪市民的精神文化需求,配合灯光夜景,使之成为周边住户和市民夜游的一大盛景。试想每当中秋时节,慈溪举办青瓷盛会之时,各路嘉宾云集,各地友朋在座,明月湖上明月桥,明月夜望明月塔,那是多么美丽的景象,多么浪漫的情怀。

六是打造一道桥上名人回廊。慈溪自古人杰地灵,名人荟萃,然而纵观慈溪境内,却没有一处怀念观瞻慈溪名人风采的馆场,这是慈溪文化建设的一大遗憾。在明月湖上建造文化廊桥时,可以利用廊桥打造一道慈溪名人文化长廊,廊桥上一半桥面供交通步行,一半桥面建造文化长廊。文化长廊设计为慈溪名人走廊,可以利用青瓷雕塑或青瓷版画等形式,聚集慈溪各类能工巧匠,挖掘慈溪民间非物质文化遗产项目,讲述慈溪自古以来的名人故事和当代杰出人物的先进事迹,彰显慈溪文化特质。同时,可以利用廊桥,把名人文化长廊建设成为市民休闲文化娱乐的特色一条街(廊),走廊两头或中部可以开辟商业小铺,销售慈溪特色文化产品,也可供游人茶饮休憩,让市民节假日、晚上可以在此休闲娱乐。到时家人相伴、商旅携手、远朋来聚、文友雅会、网红打卡,三五成群,游览湖心岛、漫步文化桥、倚靠名人廊、观赏明月湖,聊天喝茶、谈古论今、玩物淘宝、吹拉弹唱、轻哼小调等怡然之乐,不失为对岸大剧院阳春白雪和爱琴海山珍海味的有益调剂,此刻廊居湖上、人游画中、乐寓趣间、意漫苍穹,极具江南意蕴,何等惬意情怀。如重庆的环城江堤、湖州的跨河廊桥,古今结合,文商一体,平添无限生活情趣和城市魅力,不仅是中外游客的观景平台,更是人气旺盛的休闲街区。

七是重点打造水上特色群塑。水上文化设施往往是水文化的生花妙笔,三潭印月已成为西湖标志性景点之一,留

第七章 让越窑秘色瓷文化为慈溪城市增光添彩

下了千古盛名。重庆铜梁原乡中央公园的湖心巨龙雕塑和灯饰，白天水面长龙卧波，晚上龙灯通体透亮，龙头高昂，跃水而出，飞龙在天，极为震撼。在明月湖中精心规划设计一组青瓷文化元素的雕塑群像，使其成为慈溪城市文化鲜明标志，包括最具慈溪地域特色文化元素的杨梅仙子、八楞净瓶、三足金蟾、精卫填海等塑像，聘请顶级的规划设计师和能工巧匠，选择最佳位置，设置最佳距离，制作最佳造型，设计最佳尺寸，排列最佳组合，达到最佳效果，实现最佳共存。杨梅仙子飞天雕塑，踏水凌波，飞升而去；八棱净瓶雕塑，矗立湖中，瓶口喷泉，天女洒水，与杨梅仙子遥相呼应，仙人雨露，普润四方，象征新时代党的光泽普照大地；三足金蟾雕塑，水中望月，傍依仙子，承恩雨露，象征财源广进、慈溪百姓丰衣足食；精卫填海雕塑，象征沧海桑田，不畏艰难，也象征慈溪人民填海造田的海涂文化和横跨杭州湾征服大自然的万丈豪情。同时，做活水上夜景文章，写好慈溪剧本，演绎慈溪故事，如钱江新城水幕光影吸引了无数人，成为旅游亮点。对湖心雕塑群，晚上采用灯光、特技、水幕电影、全息影像、无人机表演等方式，赋予群塑生机活力，共同演绎慈溪精彩故事。借鉴方特白蛇传、女娲补天的项目形式。除了精卫填海神话故事、杨梅仙子民间传说、三足金蟾典故外，还可把董黯孝母、徐福东渡、鹤鸣变迁、越窑辉煌、秘色传说、孙家故事、名人典故等慈溪故事，改编成精炼典雅的经典小剧，搬上水幕，甚至可以运用换脸技术等高科技手段吸引都市青年游客穿越剧中，扮演剧中主角，体验故事的悲欢离合，品味人生百态。这样，通过实体雕塑与虚拟影像结合，传统故事与现代创意交替,科技手段与文化题材融合,打造青瓷文化为主题的慈溪地域文化集群中心,推出"魅力慈溪",塑造城市特质,彰显文化自信,凝聚城市精神,形成慈溪"靓丽的城市金名片,厚重的文化新地标"。

八是精心配置一个岸边亲水乐园。城市的魅力是文化,城市的灵气是水光,城市的内涵是记忆,城市的前途是未来,城市的生机是欢笑。慈溪城市一直缺少一个孩子的天堂,缺少节假日的去处,缺少童真与灵气,缺少成长的记忆。在明月湖岸边,配备一个文化主题的亲水乐园,吸引孩子欢聚,吸纳游客体验,以接地气、聚人气,真正成为本地市民休闲乐土,成为周边城市旅游核心,成为长三角旅游集散地。

三、打造大型文化主题聚集中心的意义

通过塑造"八个一"经典地域文化的主题集群中心,打造慈溪城市文化新地标,并与方特游乐园、鸣鹤古镇观光、上林湖越窑体验等进行联通与互动,共同演绎慈溪故事,打造慈溪特色地域文化,推出城市金名片,塑造文化新地标,不仅可以提升慈溪城市形象,厚植地域文化底蕴,更可推动慈溪旅游业发展,促进文化创意产业、动漫产业、特效制作业、宾馆餐饮业、旅游购物等城市现代服务业的发展,提升城市核心竞争力。

以上项目,如果实施,必定需要大量的精力投入和雄厚的财力保障,对于经费筹集,可以采用社会化运作手段,部分由财政划拨、部分向社会募捐、部分由招商项目带动,政府、企业、社会共同推动,形成合力,凝聚士气,汇聚财力,齐心协力打造慈溪文化新地标。

第八章 把慈溪越窑秘色瓷文化推向世界

上林湖越窑秘色瓷文化，作为慈溪一个最具国际影响力的历史文化品牌，必须走出国门，走向世界，以提升慈溪城市的知名度和感召力。经慈溪市委、市政府讨论同意，经市委宣传部及慈溪越窑秘色瓷文化促进会积极公关联络，并通过有关各方多次沟通协调，决定2021年开始，由慈溪市人民政府会同中国陶瓷工业协会、浙江省陶瓷行业协会和中国美术学院联合举办慈溪"中国青·上林杯"国际青瓷艺术双年展。迄今已举办两届，共征集到国内外参赛作品1 650件（套），参展作品423件（套），其中80件（套）获奖作品全部由慈溪博物馆收藏。

慈溪"中国青·上林杯"国际青瓷艺术双年展策划方案

一、举办该项活动的目的和意义

瓷器被誉为中国古代第五大发明,中国被誉为"瓷之国"。瓷器不仅具有广泛的实用价值和经济价值,而且有很高的审美价值和文化价值,不仅在中国有重要地位,也受到世界各国普遍欢迎。为传承和弘扬中华民族特色文化,我们建议定期举办"中国青·上林杯"国际青瓷艺术双年展活动。举办该项活动具有下列意义:其一,有利于扩大中国传统文化在世界上的影响力,更好地推动越窑遗址进入世界历史文化遗产行列;其二,有利于推动中国陶瓷行业和艺术的创新发展;其三,有利于中国陶瓷工业协会及地方各级陶瓷协会组织更好地发挥行业引领作用,扩大中国美术学院在国内外陶瓷艺术界的影响力;其四,有利于丰富人民群众的精神文化生活;其五,有利于培养新时代精益求精的"工匠精神",促进陶瓷艺术人才队伍发展壮大;其六,有利于提升举办城市

慈溪举办"中国青·上林杯"国际青瓷艺术双年展活动是推动越窑青瓷发展的一个重要举措,也是促进会的一项重要工作。此方案由徐尔元、沈建国、黄学舜、李小平共同策划。

在国内外的知名度。定期持久举办该项活动,使之成为具有广泛国际影响的品牌文化活动和面向基层的陶瓷艺术盛会,从而为中国陶瓷行业和艺术繁荣发展作出积极贡献。

二、活动名称及主要依据

该项活动名称建议确定为慈溪"中国青·上林杯"国际青瓷艺术双年展。其依据如下:其一,之所以冠之以"中国青",是因为慈溪上林湖越窑青瓷是"母亲瓷",是唐宋时期中国青瓷的最重要代表。其二,之所以冠之以"上林杯",主要基于两点考虑:一是慈溪"上林湖"是专家和业内人士公认的"瓷业圣地",也是国际陶艺界人士的朝圣之地,在国际上具有广泛而深远的影响。二是"上林"不仅可以作为瓷艺活动品牌,同时还兼具多种历史文化底蕴,如汉代有皇家"上林苑"和名赋《上林赋》等,具有广泛的文化知晓度和文化衍生性,可为"上林"文化品牌的打造赋予广泛的话题性和传播性。其三,之所以冠之以"双年展",旨在将该项活动打造成为持之以恒的品牌文化活动,设定每两年举办一次,使之成为一种长期坚持的活动机制,可使国内外陶艺界人士有规律可循,并成为他们的习惯和向往,进而提升活动的影响力和吸引力。

三、活动主办单位及理由

该项活动建议由中国陶瓷工业协会、中国美术学院、浙江省陶瓷行业协会和慈溪市人民政府联合主办,理由有四:其一,中国陶瓷工业协会在行业内具有崇高威望,由中国陶瓷工业协会作为活动发起人和主办单位,对国际国内陶艺界人士具有广泛号召力。中国陶瓷工业协会具有组织同类活动的丰富经验和人才保障,可以提升活动档次,产生品牌效应。由中国陶瓷工业协会全程参与指导和监督,可以确保评奖活动的公平和公正。其二,中国美术学院是我国最具影响力的艺术类高等院校之一,对国内外陶瓷艺术界人士具有很强的号召力,同时有中国美术学院参与主办,可以有效提升该项活动的学术含量。其三,浙江是瓷器文明的发祥地,由浙江省陶瓷行业协会参与主办,可增进中国陶瓷工业协会与地方各级陶协组织的合作和互动,进而形成上下联动、共同促进中国陶瓷行业健康发展的格局。其四,慈溪是上林湖所在地,由慈溪市人民政府发起并参与主办,可使该项活动得到地方政府的大力支持。

四、该项活动由慈溪承办的理由

慈溪是由中国陶瓷工业协会命名的"中国陶瓷历史文化名城",因此我们要求该项活动由慈溪主承办,并建议将慈溪作为举办该项活动的永久性会址,理由如下:

第一,慈溪为瓷器文明发展作出过重要贡献。其一,慈溪上林湖窑场是中国青瓷文化的重要发祥地。东汉中晚期,成熟瓷器最先在慈溪上林湖和上虞小仙坛烧造成功,因此被称为"母亲瓷"。其二,慈溪上林湖窑场是最重要的越窑窑场。中国考古界泰斗陈万里曾断言:"一部中国陶瓷史,半部在浙江。"浙江最早最著名的窑系是越窑,而越窑的原产地和生产高峰主要在慈溪上林湖及周边地区,上虞小仙坛窑场只是"先越窑",龙泉窑只是广义上的越窑。上林湖越窑创烧于东汉,停烧于南宋,前后持续了约1 200年,是世界上持续烧制时间最长的窑系。其三,慈溪上林湖地区是唐宋时期南方青瓷的中心产区。据考古调查,这一区域内共发现200多处古窑址,其中属于唐宋时期的有159处,因而被誉为世界上最大的"露天青瓷博物馆"。该遗址于1988年被国务院授予全国重点文物保护单位。其四,上林湖越窑是古代世界制瓷技术的引领者。复旦大学郑建明教授认为:"越窑自东汉创烧以来,一直居于瓷器制作技艺的顶端,引领着制瓷技术的发展。不仅浙江省内的德清窑、瓯窑、婺州窑等窑场受其影响,省外的洪州窑、耀州窑、汝窑以及国外的高丽青瓷等窑场亦深受其影响。"其五,慈溪上林湖地区是目前已知的秘色瓷唯一产地。秘色瓷代表了公元9至11世纪世界青瓷烧造技艺的最高成就,是中国陶瓷史上形成的第一个品牌,也是第一品牌。其六,慈溪是中国海上陶瓷之路的首个起航地。唐宋时期上林湖越窑青瓷作为中国最早销往海外的大宗贸易瓷器,通过明州港(今宁波),大量输出到朝鲜、日本以及东南亚、中东、北非、东非等20多个国家和地区,被誉为"海上陶瓷之路"的"开拓先驱"。

第二,慈溪高度重视传承弘扬青瓷文化。20多年来,慈溪市委、市政府围绕上林湖越窑申遗做了很多工作,累计投入财政资金已达8亿多元。从1990年起,启动上林湖遗址考古发掘工作,先后发掘了低岭头、荷花芯、寺龙口、石马弄、后司岙等古窑址。其中寺龙口窑址和后司岙窑址分别于1998年和2016年被评为"全国十大考古新发现"。2001年,邀请龙泉专家恢复了停烧近千年的越窑青瓷生产，目前与越窑青瓷相关的企业已发展到20多家。2003年，启动上林湖越窑遗址世界文化遗产预备名单申报，并于2006年和2012年两次入选《中国世界文化遗产预备名单》。2009年，慈溪成立青瓷瓯乐艺术团，先后赴十几个国家和地区巡回演出，现已成为慈溪乃至宁波和浙江对外文化交流的"金名片"。2011年，越窑青瓷烧制技艺入选第三批国家级非物质文化遗产名录。2016年，上林湖越窑遗址列入"海上丝绸之路"申遗的遗产点名单，现已完成本体保护、环境整治、陈列展示等三个方面重点工作。2017年，上林湖越窑博物馆和上林湖越窑国家考古遗址公园建成开放；同年，慈溪在故宫博物院举行"秘色重光"秘色瓷专题展。2018年，慈溪确立了"秘色瓷都、智造慈溪"的城市形象口号。2019年，上林湖青瓷文化传承园和慈溪博物馆新馆建成并对外开放。2020年9月，慈溪越窑秘色瓷文化促进会成立；同年，中央电视台《中国地名大会》栏目录制了慈溪城市形象推介节目，慈溪市委书记受邀上节目发布城市形象推介词，重点推介了秘色瓷文化。

第三，慈溪具备承办该项活动的诸多条件。慈溪是长三角城市群中的节点城市，周边有上海、苏州、南京、杭州和宁波五大都市区环绕，拥有常住人口220多万，目前高速公路已开通，城际轻轨已立项，中心城区即将开建高铁枢纽站，作为活动举办地，对周边城市具有较强吸引力和辐射力。慈溪是浙江第一经济强县市，在全国综合实力百强县市考核中，连续多年位列第六。2020年，全市地区生产总值突破2 000亿元，财政收入超过350亿元，居民人均可支配收入达到6万元。随着经济发展和生活富裕,当地群众对精神文化需求日益旺盛,各类艺术品收藏开始进入千家万户,慈溪也由此成为国内著名的文化收藏城市。自 2011 年以来,经浙江省人民政府批准,慈溪市人民政府与浙江省文化厅(现称省文化和旅游厅)共同主办越窑青瓷文化节,至今已成功举办六届,积累了不少大型文化活动的举办经验。总之,对慈溪而言,天时、地利、人和等条件均已具备,完全有能力办好这项活动。

五、活动组织架构和运行机制

(一)**组织架构**:建立活动组委会,拟由中国陶瓷工业协会领导担任组委会主任,中国美术学院、浙江省陶瓷行业协会和慈溪市人民政府相关领导担任副主任。组委会下设办公室,作为常设性活动办事机构,办公室主任拟由慈溪市委宣传部分管领导担任,办公室组成人员从慈溪相关部门及单位抽调。此外,拟邀请国家文物局、中国对外文化交流协会、浙江省文旅厅等机构为活动顾问单位。

(二)**举办地点**:慈溪市博物馆。

(三)**举办周期**:每两年举办一届,与每两年一届的慈溪越窑青瓷文化节同步举行。

(四)**活动主题**:每届活动确定一个主题,第一届活动主题建议为"跨越"。

(五)**工作流程**:首届慈溪"中国青·上林杯"国际青瓷艺术双年展在 8 月初以中国陶瓷工业协会名义发出作品征集通知;10 月 10 日完成作品征集;10 月中旬组织陶艺专家进行优秀作品评选;11 月 8 日举行开展仪式、颁奖典礼、国际青瓷文化研讨会和高端论坛,展期为 22 天。

六、作品征集范围及要求

（一）作品征集对象：本活动面向国内外所有陶艺类高校师生和陶艺工作者。参赛者可以自行申报，也可由当地陶瓷协会组织推荐。

（二）作品征集类别：青瓷雕塑和艺术类青瓷器物（其他类陶瓷作品谢绝参展）。

（三）作品征集要求：近三年中的原创作品。主题突出，设计新颖，材料运用巧妙，因材施艺，形神兼备，有地方文化特色。本展览不接收已在中国陶瓷工业协会举办的全国性陶瓷艺术作品展览中获奖的作品。

七、奖项设置与奖励办法

（一）奖项设置：每届双年展产生"中国青·上林杯"金奖 5 名、银奖 10 名、铜奖 25 名。

（二）奖励办法：凡入选作品均颁发由组委会盖章的入选证书；凡获奖作品，均颁发由各组办方盖章的获奖证书，并给予人民币奖励，其中金奖每件 4 万元，银奖每件 2 万元，铜奖每件 1 万元；获奖作品归承办方收藏，未获奖作品原则上返还作者。

八、活动经费初步测算

每届活动经费包括奖励费、运行费、展示费、食宿费、场地费、安保费、保险费和专家评奖费等，预计在 200 万元左右；所有经费均有承办方提供。

首届慈溪"中国青·上林杯"国际青瓷艺术双年展作品征集公告

一、展览名称

首届慈溪"中国青·上林杯"国际青瓷艺术双年展

二、展览宗旨

推动中国青瓷艺术创新发展,扩大中国青瓷文化在世界上的影响力,弘扬新时代精益求精的工匠精神,传递创新智慧,增强文化自信,为传统青瓷艺术的振兴和可持续发展注入活力,激励青瓷艺术家勇于探索,敢于突破,创作和展示一批既有深厚传统意蕴、又有当代文化精神的青瓷艺术精品。

三、展览主题

跨越

经各方努力,决定于2021年11月举行首届慈溪"中国青·上林杯"国际青瓷艺术双年展,并于当年7月发布了作品征集公告。

四、展览时间

2021年11月8日至11月30日

五、展览地点

浙江省慈溪市博物馆(慈溪市白沙路街道科技路909号)

六、展览规模

入选作品200件左右

七、组织架构

主办单位:中国陶瓷工业协会

中国美术学院

浙江省陶瓷行业协会

浙江省慈溪市人民政府

承办单位:中共慈溪市委宣传部

慈溪市文化和广电旅游体育局

执行承办单位:慈溪越窑秘色瓷文化促进会

慈溪市博物馆

慈溪上林湖青瓷文化传承园

八、参展作品类别及要求

(一)作品类别

青瓷雕塑和艺术类青瓷器物(其他类陶瓷作品谢绝参

展)

(二)作品要求

近三年中的原创作品。主题突出,设计新颖,材料运用巧妙,因材施艺,形神兼备,有地方文化特色。本展览不接收已在中国陶瓷工业协会举办的全国性陶瓷艺术作品展览中获奖的作品。

九、报名方式及要求

(一)报名方式

报名时间:截至 2021 年 10 月 10 日

报名咨询电话:0574-63001005

报送邮箱:cxyymscwhcjh@163.com

报名地址:浙江省慈溪越窑秘色瓷文化促进会(浙江省慈溪市白沙路街道商务二路 38 号)

邮政编码:315302

联系人:徐宇石、叶青

(二)报名要求

1. 国内外陶瓷艺术工作者均可报名,无需报名费。

2. 每个报名者最多可提交 3 件(套)青瓷作品。

3. 参展作品的相关材料文件夹压缩包发送至 cxyymscwhcjh@163.com,邮件备注:首届慈溪"中国青·上林杯"国际青瓷艺术双年展作品。提交材料包括:

① 参展申请表(包括作品说明),参见附件;

② 每件作品图像提供 5 张照片,包括正面、侧面、局部特

写,每张照片的文件量大于 3 Mb,长边大于 3 000 像素,为 jpg 格式;

③ 作者照片(正面、免冠),照片文件量大于 1 Mb,长边大于 1 000 像素,为 jpg 格式。

十、奖项设置

金奖 5 名,奖金各 4 万元,授予证书;
银奖 10 名,奖金各 2 万元,授予证书;
铜奖 25 名,奖金各 1 万元,授予证书。
以上奖金含个人所得税。

十一、作品评奖颁奖和展示流程

1. 2021 年 10 月 16 日前,作品图片上网,凭网络作品图片完成专家初评,确定入选作品。

2. 2021 年 10 月 25 日前,入选作品寄送至浙江省慈溪市博物馆(慈溪市白沙路街道科技路 909 号);邮政编码:315302。

3. 2021 年 10 月 31 日前,完成专家复评,确定获奖作品名单。

4. 2021 年 11 月 8 日,在浙江省慈溪市博物馆举行首届慈溪"中国青·上林杯"国际青瓷艺术双年展开展暨颁奖仪式;邀请全体入选作者参加,获奖作者落地接待费用由承办方负责,其他入选作者费用自理。

5. 2021 年 11 月 8 日至 11 月 30 日,展览入选作品。

十二、入选和获奖作品处置

1. 入选作品颁发组委会盖章的入选证书,其中获奖作品颁发主办方盖章的获奖证书。

2. 获奖作品由作者无偿赠与浙江省慈溪市博物馆,由浙江省慈溪市博物馆收藏并颁发收藏证书;获奖者应保证获奖作品的完好性,如有任何瑕疵,应及时更换;作品如发现抄袭将取消入选资格。

3. 获奖作品的著作权、署名权属于获奖者。

4. 承办方对入选作品享有推介、展示、摄影、录像、出版及其他形式的研究、推广、宣传等权利;

5. 入选作者可以和慈溪越窑秘色瓷文化促进会、慈溪上林湖青瓷文化传承园协商入选作品市场运营等事宜。

凡送作品参评、参展作者,视同确认并遵守本活动的各项规定。

十三、其他事项

1. 入选作品寄送举办地的包装运输费用由作者本人承担;入选但未获奖的作品,由展览承办方负责寄回给作者,再包装、运回费用由展览承办方承担。

2. 作者应安全包装参展作品(大件作品外包装须用坚固的木箱子),防止作品运输过程中出现事故;展览主办方、承办方对作品寄送至举办地前出现的损坏不承担任何责任。

3. 作者应在参展申请表中写明作品的估计售价,以便展览承办方进行作品安全保险。

4. 展览结束后,组委会给每位入选作者寄送入选作品集一本。

中国陶瓷工业协会
中国美术学院
浙江省陶瓷行业协会
浙江省慈溪市人民政府
2021 年 7 月 23 日

首届"双年展"作品集《跨越》序言

序一

首届慈溪"中国青·上林杯"国际青瓷艺术双年展活动，得到了各有关方面和广大青瓷艺术工作者的积极响应。通过网络报名，共征集到参评作品761件，分别来自中国、韩国、日本3个国家，其中国内参评作者来自17个省份的青瓷产区和57个大专院校及博物馆。经过严格评选，有200件作品入选，最终40件作品分别获得金、银、铜奖和单项奖。同时，几十位国内外顶级青瓷艺术大师，也应邀报送了23件艺术精品参展。这些入选、获奖和名家作品，具有鲜明的地域特色和艺术个性，代表了当前青瓷作品创作的发展趋势和艺术水准。

中国青瓷具有非常重要的历史地位。东汉时期，以越窑为代表的中国青瓷是世界上最早出现的成熟瓷器，在此后的数百年间，始终是青瓷一家独大，直到唐代白瓷兴盛，才形成

序一的作者为中国轻工业联合会副会长、中国陶瓷工业协会理事长杜同和。

"南青北白"的瓷业格局。唐五代时的越窑、北宋的汝窑、宋金时期的耀州窑、南宋官窑和宋元时期的龙泉窑等著名青瓷窑系,各领风骚,铸就了一座座青瓷艺术的高峰。但自元明清以来,因青花瓷、白瓷、颜色釉瓷和彩瓷的兴盛,中国青瓷整体衰落,至民国时中国的青瓷产业几乎清零。

中国青瓷具有非常鲜明的中华文化特质。中国人崇尚青色,因为青色是大自然的颜色;中国人喜欢玉器,因为玉器的特质象征和代表了人的美德。中国的青瓷,以大自然为师,从大自然汲取灵感,如越窑的"千峰翠色"、汝窑的"天青色"、龙泉窑的"梅子青"等,不同的窑系都不约而同地追求青瓷的玉质感,最好的青瓷都像玉一样的温润雅静。中国青瓷的这种艺术追求,与中华民族对"温良恭俭让""温文尔雅"的理想人格追求一脉相承,也同人与自然和谐相处的理念相一致。因此中国青瓷的复兴是增强文化自信的题中应有之义。

20世纪50年代,周恩来总理指示要恢复历史名窑的生产,汝窑和龙泉窑首先得到了恢复。改革开放以来,包括越窑、耀州窑、长沙窑在内的更多青瓷窑口恢复了生产,可以说,中国青瓷艺术在新中国、新时代获得了新生。

要实现中国青瓷的复兴,重回繁荣、重塑辉煌,还有很长的路要走,需要我们付出加倍努力。希望各陶瓷研究机构、艺术院校,加强青瓷工艺技术和艺术表现规律的研究,多出研究成果;希望各地陶瓷专业学校多培养优秀的青瓷艺术人才;希望各青瓷产区党委、政府,充分挖掘地方文化资源,支持当地青瓷生产的恢复和发展;希望有更多的陶瓷工作者投身青瓷艺术创作,既要从古代青瓷艺术中汲取丰厚的滋养,更要勇于探索,敢于创新,为中国青瓷艺术的进一步发展倾注热情、才华和智慧,创作出更多、更优秀的青瓷艺术作品,为增强民族文化自信作出积极贡献。

序二

瓷器被誉为中国古代第五大发明。我国陶瓷考古界泰斗陈万里先生曾经断言:"一部中国陶瓷史,半部在浙江。"宁绍平原是中国青瓷的重要发祥地,越窑青瓷被称为"母亲瓷",是我省乃至于我国推向世界的一张"文化金名片"。

习近平总书记多次强调,中华文化延续着我们国家和民族的精神血脉,既需要薪火相传、代代守护,也需要与时俱进、推陈出新。总书记对传统优秀文化的热切关注,对我们从事文化艺术工作的同志,是一种极大的鼓舞,我们一定要坚定文化自信,增强使命感和责任感,把中华文明更好地传承下去。

提及文化,说到传统,我最先想到学者朱相远在《中华世纪坛序》中的绝唱:"大风泱泱,大潮滂滂。洪水图腾蛟龙,烈火涅槃凤凰。文明圣火,千古未绝者,唯我无双;和天地并存,与日月同光。"随着经济社会发展水平的提高,追求个性化和生活品质正在成为一种普遍的生活方式。"新手工艺""重拾手作传统"等名词在社会大众中的接受度越来越高,参与的人越来越多,采用传统工艺元素生产的新日用品和文创产品也越来越受到大众的青睐和市场的欢迎。可以说,当前

序二的作者为中国美术学院党委副书记、中国美术家协会陶瓷艺术委员会副主任刘正。

传统工艺发展已站在一个新的历史起点上,传统工艺振兴迎来了最有利的条件和历史时机。

文化作为"软实力",正在走向国际竞争的大舞台。"青瓷艺术"也在逐渐走进世界各国文化爱好者的视野。"讲好中国故事、说清中国文化"正在成为我们新时代文化工作者的新使命。小瓷器,大文化。透过青瓷,我们可以向世人讲清楚中华文化积淀着中华民族最深沉的精神追求,是中华民族生生不息、发展壮大的丰厚滋养;讲清楚中华优秀传统文化是中华民族的突出优势,是我们最深厚的文化软实力;讲清楚中国特色社会主义植根于中华文化沃土、反映中国人民意愿、适应中国和时代发展进步要求,有着深厚历史渊源和广泛现实基础!

中国美术学院与慈溪市人民政府等单位联合举办"中国青·上林杯"国际青瓷艺术双年展,是我院面向基层,加强校地合作的实际行动。我们希望通过慈溪"双年展"这个平台,更好地为基层、为地方服务,扩大中国美术学院的影响力,并把中国美术学院的艺术理念带到青瓷作品的创作中来,鼓励广大创作者创作出更"浪漫"、更优秀的作品,从而去改变艺术,改变自我,改变世界。

序三

慈溪作为越窑青瓷的重要发祥地和唐宋时期的中心产区,在中国陶瓷发展史上具有非常重要的地位。"九秋风露

序三的作者为浙江省陶瓷行业协会会长、中国陶瓷艺术大师徐定昌。

越窑开,夺得千峰翠色来",越窑从东汉创烧至南宋衰弱,穿越了千年之久,这在世界制瓷史上绝无仅有,既是慈溪的荣耀,更是浙江陶瓷史上的浓墨重彩。被誉为"陶瓷考古"之父的陈万里先生断言"一部中国陶瓷史,半部在浙江",自宁绍平原诞生"母亲瓷"——越窑青瓷后,浙江先后出现了龙泉窑、婺州窑、瓯窑等著名窑口,为我国乃至世界青瓷器文明发展作出了杰出贡献,浙江人民对此引以为傲。

参加首届慈溪"中国青·上林杯"国际青瓷艺术双年展系列活动,心情颇为激动,让我切身感受到了"秘色瓷都、智造慈溪"的魅力。既富有现代气息,又富有文化底蕴,整个城市活力四射,各项事业欣欣向荣,人民生活幸福美满。我们衷心希望慈溪青瓷艺术界的朋友,牢固树立文化自信,精心呵护文化品牌,充分发挥文化品牌的综合带动效应,不断壮大青瓷文化人才队伍,同时努力扩大产业规模,优化产业结构,形成从创意设计、瓷土烧制、销售全方位覆盖的产业链,积极推动现代青瓷产业发展。同时要以举办双年展为契机,讲好慈溪故事,在丰富城市文化内涵、打响城市文化品牌上实现新发展、新跨越。

今后,浙江省陶瓷行业协会将进一步加强与各主办单位及各陶瓷行业协会的联系与合作,取长补短,携手共进,全面提升我省青瓷行业的科研、工艺和制作水平,努力将全省青瓷行业提升到新的高度。

我们相信,在慈溪"中国青·上林杯"国际青瓷艺术双年展活动的推动下,中国青瓷在新的历史时期会散发出更加璀璨夺目的光彩。

序四

　　九秋风露越窑开,夺得千峰翠色来;瓷业圣地迎嘉宾,相逢只缘中国青。首届慈溪"中国青·上林杯"国际青瓷艺术双年展在慈溪隆重举行,来自四面八方的青瓷作者、专家学者和有关领导,相聚在杭州湾畔,共商中国青瓷艺术发展大计。这是我国青瓷艺术界的盛事,更是慈溪文化发展史上的大事,非常值得庆贺。

　　1 000多年前的慈溪现境大部分地区,仍是一片人烟稀少的荒滩海涂。经过不断演变,慈溪由沧海而桑田,由盐滩而棉地,由农业而工业,由乡村而城市,如今已成为浙江第一经济强县市、全国综合实力十强县市,昔日的三北原野已成为屹立于东海之滨、杭州湾畔的现代化中等城市。2020年,全市地区生产总值突破2 000亿元,财政收入超过350亿元,居民年人均可支配收入6万元。2020年,慈溪以高分获评全国文明城市。

　　慈溪之所以能取得上述成绩,靠的是党的正确领导和慈溪人民的艰苦奋斗,其中地域文化发挥了重要的支撑作用。在漫长的历史岁月中,慈溪凭借特有的生产生活条件,创造了围垦、移民、慈孝、青瓷等地标性特色文化,并由此培育了历代慈溪人民开放包容、开拓进取、开明务实的精神品质,成为慈溪快速发展的不竭动力。在诸多地标性特色文化中,最令慈溪人民骄傲的是越窑青瓷文化。慈溪是被称为"母亲

　　序四的作者为中共慈溪市委书记林坚、慈溪市人民政府市长章程。

瓷"的越窑青瓷的重要发祥地,是唐宋时期我国青瓷的中心产区,是目前已知的秘色瓷唯一产地,同时也是"海上陶瓷之路"的"开拓先驱"。上林湖越窑从东汉创烧至南宋衰落,前后持续了约1 200年,是迄今为止世界上持续烧制时间最长的窑系。这是慈溪先民对人类文明进步作出的杰出贡献,是慈溪最靓丽的历史文化名片。鉴于此,慈溪被中国陶瓷工业协会命名为"中国陶瓷历史文化名城",被国家文物局专家称为"窑业圣地"。

进入新时期后,慈溪市委、市政府响应党中央建设文化强国的号召,高度重视传承弘扬青瓷文化:全面启动了越窑遗址的调查和考古发掘工作;编制了《越窑大遗址保护规划》;组织专家编写了我国首部《越窑青瓷文化史》;恢复了中断近千年的越窑青瓷烧制;开展了上林湖越窑遗址世界文化遗产预备名单申报工作;成立了慈溪市青瓷瓯乐艺术团和越窑秘色瓷文化促进会;提炼了"秘色瓷都、智造慈溪"城市形象口号;与浙江省文旅厅联合举办了六届越窑青瓷文化节;财政投资近10亿元,建成了上林湖青瓷文化传承园、上林湖越窑博物馆和越窑国家考古遗址公园等重点文化设施。去年,慈溪市委办、市政府办又出台了《关于打造越窑秘色瓷文化品牌的实施意见》,相关"六大工程"已全面启动实施。

青瓷在中国陶瓷史上具有重要地位。慈溪作为青瓷文化重要发祥地和"母亲瓷"的原产地,倡议并发起主办"中国青·上林杯"国际青瓷艺术双年展,目的是传承弘扬祖国优秀文化,提升城市文化品位,丰富人民群众精神生活,扩大青瓷文化的国际影响力,努力将青瓷艺术推向新的发展阶段。

当下慈溪正由县域城市向区域性中心城市转型,正在大步跨向大桥经济、高铁经济、湾区经济和长三角一体化叠加的时代。在这样的背景下,由慈溪为主承办"双年展"活动,意义尤为重大而深远。我们将以建设先进文化发展先锋市为目标,以赓续"秘色瓷都"历史文脉、打造"智造慈溪"活力之城为宗旨,更加注重弘扬优秀传统文化,更加注重再创越窑青瓷辉煌,积极履行作为"双年展"活动发起和主办单位的主体责任,并以活动举办为契机,虚心向兄弟青瓷产区学习,加强与各艺术院校的交流合作,不断探索,精益求精,持之以恒,不断提升"双年展"活动的举办水平,为浙江高质量建成共同富裕示范区,为中国青瓷文化的繁荣发展,贡献更多的慈溪力量。

第八章　把慈溪越窑秘色瓷文化推向世界

关于首届双年展活动举办情况的汇报

报告人：沈建国　报告地点：慈溪市委宣传部

慈溪"中国青·上林杯"国际青瓷艺术双年展（以下简称双年展）是由慈溪市人民政府发起，由中国陶瓷工业协会、中国美术学院、浙江省陶瓷行业协会和慈溪市人民政府联合主办的一项青瓷国际领域重大展赛活动，目的是提升慈溪城市在国内外的知名度，塑造慈溪城市特色文化形象，促进慈溪陶艺人才队伍发展壮大，丰富人民群众的精神文化生活。2021年举办了首届双年展，现将本届双年展活动举办情况、取得的成效汇报如下。

一、首届双年展活动举办情况

首届双年展是在中国陶瓷工业协会的大力支持和帮助下，经过慈溪越窑秘色瓷文化促进会多方努力，得到中国美术学院和浙江省陶瓷行业协会的认可、支持与配合，报慈溪市委、市政府同意，并向中国陶瓷工业协会申报后成功举办的，确定每两年举办一届。

2021年首届慈溪"中国青·上林杯"国际青瓷艺术双年展成功举办。此文对活动举办情况和取得的成效进行总结。

1. 首届双年展活动于2021年7月启动,得到了国内17个省、区、市,57所高等院校以及日本、韩国、新加坡等国家的陶瓷艺术家的响应,共征集到网络报名作品761件,经过严格评选,最终200件作品入选,有40件作品分获金、银、铜奖。还有包括日本、韩国、澳大利亚、德国等国家在内的数十位国内外陶艺大师23件青瓷精品应邀参展。这些作品具有鲜明的地域特色和时代特点,在一定程度上代表了当代青瓷的发展趋势和艺术水准,其中获奖的40件作品由慈溪博物馆收藏。

2. 慈溪越窑秘色瓷文化促进会代表慈溪方面为办好第一届双年展,精细筹划、精心筹办,分别撰写了活动方案细则9个,对活动进行了全方位的准备。第一届双年展活动包括青瓷作品网络报名征集、作品初评、现场专家复评、新闻发布会、开展仪式、获奖作品颁奖典礼、文艺晚会、无人机表演、专家研讨会、高端论坛等内容。2021年7月启动作品征集,10月进行网络初评和专家复评,11月初进行作品布展。

3. 由于新冠疫情防控需要,原定于2021年11月8日举行的第一届双年展颁奖典礼文艺晚会、开展仪式、无人机表演、专家研讨、高端论坛等系列活动虽已准备就绪,最后被迫取消,但第一届双年展入选作品展览依然于2021年11月至12月在慈溪博物馆举行,展览期间共吸引市内外上万人次观展,广受好评。为扩大影响,还委托中国美术学院制作了第一届双年展入选作品在线展厅虚拟现实动画,通过中国陶瓷工业协会官方网站进行网络展览,目前依然在线展出。

4. 第一届双年展活动得到慈溪市委、市政府的高度重视,市财政安排160万元专项经费,其中65万元用于获奖作者的奖金,75万元用于各种活动的开支。由慈溪市委常委、宣传部长江再国和市人民政府副市长顾昕牵头,先后两次召开了市级部门协调会议进行统筹,确保活动顺利举办。第一届双年展共使用经费203万元,包括专家评审费、宣传广告费、获奖作者奖金、中国美术学院设计服务费、奖杯制作费、作品布展费、作品集出版印刷费等,除财政下拨专项经费160万元外,其余部分由企业赞助。

二、本届双年展取得的成效

一是确立了越窑在中国青瓷行业中的地位。慈溪上林湖越窑青瓷被誉为中国的"母亲瓷",是唐宋时期中国青瓷最重要的代表。但是因为历史原因,上林湖越窑中断了大约一千年时间,而1949年以后又没有及时恢复越窑生产,导致除了陶瓷行业内少数精英外,对上林湖越窑知之者甚少,更不知越窑在慈溪。通过双年展的举办,在全国陶瓷行业内产生了广泛的影响,让广大陶瓷从业者都知道了越窑,了解了越窑,并通过中国陶瓷工业协会冠名"中国青·上林杯"的认可和推广,确立了越窑在中国青瓷行业中的重要地位。

二是丰富了慈溪越窑青瓷文化节的活动内容。本项活动与慈溪越窑青瓷文化节同时举行,并作为一项重要组成部分,包括评奖活动、新闻发布会、开展仪式、颁奖典礼、文艺晚会、无人机表演、专家研讨会、高端论坛等多项子活动,聚集了大批业内高端人士参与,丰富了越窑青瓷文化节的内容,让活动更加精彩,提高了越窑青瓷文化节的品质。

三是扩大了慈溪在国内陶艺界的影响力和知名度。改革开放以来，全国各大古窑址纷纷恢复生产，很多后起之秀奋起直追，在青瓷行业树立了良好的口碑和品牌，很多人都知道景德镇、龙泉，甚至上虞，但是很少人知道慈溪越窑，甚至大多数人都不知道慈溪就是越窑的发源地、秘色瓷的诞生地。通过双年展活动，在陶瓷界把越窑与慈溪挂上钩，并通过成功举办赛事活动扩大了慈溪在陶艺界的影响力和知名度。

四是调动了本市青瓷艺术界人士积极性。基于东道主的便利，促进会广泛发动促进会会员参赛参展，使本市青瓷行业从业人员队伍得以扩大，参赛积极性提高，参赛作品占比得到大幅提高，也增进了本市青瓷行业从业人员与全国陶艺界的联系和交流，开阔了眼界，有利于本市青瓷艺术人才的成长。

五是对慈溪青瓷文化产业发展起到了推动作用。通过双年展活动开展，增强了慈溪越窑青瓷的影响力，国内许多陶瓷界人士因此了解和认识了慈溪，一些外地青瓷行业从业者前来咨询优惠政策，希望能来慈溪创业，这对于我市引进青瓷行业高端人才，促进慈溪青瓷产业发展壮大十分有利。

六是对塑造城市文化形象起到积极作用。随着第一届双年展活动的开展，加大了青瓷文化宣传力度，通过出租车广告、街道旗幡宣传、新闻媒体运用等多种手段营造氛围，在全市范围内产生了积极的影响，加大了群众对以青瓷为代表的地域特色文化的认知和了解，对塑造城市文化形象起了重要的推动作用。

纵观首届慈溪"中国青·上林杯"国际青瓷艺术双年展，从申报到筹备到举办，整个过程虽然一波三折，但整体推动顺利，各方配合默契，活动影响深远，积累了丰富经验，为以后双年展的开展奠定了基础。今后通过每两年举办一届"双年展"活动，参赛的作品数量将会越来越多，品质将越来越高，留下的获奖作品更加高端精致。同时通过对获奖作品的收藏，可以丰富慈溪博物馆馆藏，为今后慈溪建立国家级青瓷博物馆打下基础，并不断提升慈溪在国内外青瓷行业的影响力，提升慈溪城市品质和核心竞争力。所以开展双年展活动是一举多得之事，"花小钱办大事"，对于提升慈溪城市品质和地位，打响城市知名度，打造城市金名片有着"四两拨千斤"的作用。

第二届慈溪"中国青·上林杯"国际青瓷艺术双年展开展

李小平　叶青

2023年11月4日上午,第二届慈溪"中国青·上林杯"国际青瓷艺术双年展在慈溪博物馆开展,展示千峰翠色之独特魅力。中国陶瓷工业协会常务副理事长吴越申,中国陶瓷工业协会副理事长兼秘书长侯文全,中国美术学院党委副书记刘正,浙江省陶瓷行业协会会长徐定昌,慈溪市委常委、宣传部部长江再国,慈溪市政协副主席王益女出席并揭展。侯文全、刘正、徐定昌、江再国分别致辞。

本次双年展由中国陶瓷工业协会、中国美术学院、浙江省陶瓷行业协会、慈溪市人民政府联合举办,以"千峰翠色"为主题。自今年2月发出作品征集公告以来,得到国内19个省区市、56所高等院校及日本、韩国等国家和地区的艺术工作者的积极响应,共征集到国内外青瓷艺术作品889件,经过评选有200件作品入选,最终40件作品获得金、银、铜奖,并于第七届越窑青瓷文化节开幕式上举行颁奖仪式。

本次双年展相较首届,不仅参展作品总数增加了近15%,作品也展现出了更加鲜明的地域特色和时代风貌。获

第八章 把慈溪越窑秘色瓷文化推向世界

奖作品在传承的基础上创新发展,又有新材料、新技术的融合应用,可以说是当代青瓷艺术家们不断探索与创新尝试的最新成果,很大程度上代表了当代青瓷艺术的发展方向和艺术成就,它凝聚了当代青瓷工作者和艺术家们的精神和智慧,更承载了对人类的厚爱和奉献。

越窑青瓷素有"母亲瓷"之称,慈溪是秘色瓷的唯一产地,是中国青瓷文化的重要发祥地之一,海上陶瓷之路的重要起点之一,在历史上曾对中国陶瓷文化发展作出重要贡献。"希望能将双年展打造成为具有品牌效应的艺术展会、面向国际和面向未来的青瓷艺术家盛会和推动青瓷艺术繁荣发展的重要平台,努力将青瓷艺术推向新的发展阶段",双年展策展负责人说。

开展仪式结束后，参会的各位领导、嘉宾和各界代表观看了青瓷作品展览。从开展之日起至2024年1月7日，全部入选的200件作品在慈溪博物馆展出，其中40件获奖作品将由慈溪博物馆永久收藏。

2023年11月4日下午，慈溪"中国青·上林杯"国际青瓷艺术双年展开展仪式结束后，促进会领导陪同中国陶瓷工业协会常务副理事长吴越申、副理事长兼秘书长侯文全前往慈溪公牛集团和上林湖青瓷文化传承园观看高峰师徒"新越·火种"陶瓷展。期间，根据吴理事长提议，促进会与中国陶瓷工业协会及上林湖青瓷文化传承园分别达成口头一致协议：一是将"中国青·上林杯"国际青瓷艺术双年展更名为"中国青·越窑杯"国际青瓷艺术双年展，并由慈溪越窑秘色瓷文化促进会与上林湖青瓷文化传承园两家单位合作承办，每两年一次；同时，双方合作隔年再举行一次创意设计大奖赛，营造年年有大赛、年年呈新意、年年聚人气的氛围。二是邀请高峰老师作为新越窑代表及领头羊，入驻上林湖青瓷文化传承园，并收徒授艺，振兴新越瓷艺。促进会领导徐尔元、沈建国、黄学舜、马建君陪同参观。

第九章 为慈溪实现秘色重光创造良好发展环境

慈溪越窑秘色瓷文化促进会各项工作得以顺利推进的一个非常重要的因素是工作环境的创造,尤其是得到了慈溪市委、市政府及市级有关部门的重视和支持。成立伊始,由慈溪市委办和市政府办联合印发了经市委书记办公会议讨论同意的《关于打造越窑秘色瓷文化品牌的实施意见》,并将相关责任对各部门作了分解落实;2023年又由慈溪市文创办和市财政局联合印发了《慈溪市越窑青瓷文化产业发展扶持政策实施办法》。上述举措,对全市上下形成齐心协力共建秘色瓷都共识发挥了至关重要的作用。

关于打造越窑秘色瓷
文化品牌的实施意见

慈溪是瓷器文明的重要发祥地,上林湖是我国越窑青瓷发祥地和著名产地之一。越窑秘色瓷是世界级的文化瑰宝,是慈溪最具地域特色和国际影响的历史文化品牌,是慈溪先民对人类文明进步作出的杰出贡献。为传承弘扬地域特色文化,将慈溪越窑秘色瓷文化打造成为"城市金名片、文化新地标",特提出如下实施意见。

一、总体要求

将慈溪越窑秘色瓷文化打造成为慈溪市地域特色文化品牌,是一项塑造城市特质形象的系统工程,可以有效提升城市影响力、软实力和核心竞争力,对慈溪城市发展具有特质、品牌、品质、人文、经济和社会等综合联动效应。要坚持以习近平新时代中国特色社会主义思想为指导,全面落实文

此文件是根据慈溪市委书记办公会议意见,以慈溪市委办公室、市政府办公室名义颁发的正式文件。主要由徐尔元、沈建国、许维森、李小平等参与起草,宣传部联系领导方丽川会同慈溪市两办分管副主任修改后定稿。

化强国战略,扎实推进文化强市建设,大力推动越窑秘色瓷文化繁荣发展,努力把慈溪建设成为名副其实的"秘色瓷都",为加快建设现代化区域性中心城市提供有力的文化支撑。到2025年,争取实现以下发展目标。

(一)秘色瓷文化产业粗具规模。秘色瓷文化相关企业和产业从业人员成倍增长,产业规模达到与"秘色瓷都"城市形象相匹配的程度,秘色瓷产品年销售额力争突破2亿元,成为慈溪本土文化产业的重要支柱。

(二)秘色瓷人才队伍发展壮大。人才培养机制初步形成,各类瓷艺专业技术人才总量力争突破500人,宁波市级以上工艺美术大师成倍增加。

(三)秘色瓷工艺创新有所突破。秘色瓷工艺创新机制初步形成,工艺制作标准基本确立,初步实现传统越瓷向新式越瓷的跨越,力争培育5个以上秘色瓷产品知名品牌。

(四)特色文化形象和品牌效应显著呈现。秘色瓷文化元素逐步注入城市重要部位、重要节点、重要街道和各行各业,城市地域特色文化气息明显增强;"秘色瓷都""瓷艺圣地"城市形象家喻户晓、深入人心,城市特色文化品牌开始走向世界。

(五)融合发展格局初步形成。以秘色瓷文化品牌为载体和纽带,推动青瓷文化与慈溪经济社会文化整体发展相融合,初步形成联动发展格局。

二、主要举措

在"十四五"时期,全面启动实施打造越窑秘色瓷文化品牌"六大工程"。

（一）实施秘色瓷文化形象塑造工程

在城市形象塑造中，全方位凸显"秘色瓷都"的地域文化特质，提升城市辨识度。组织高层次专家对城市特色文化形象塑造进行整体性顶层设计。在中心城区打造若干个秘色瓷文化主题公园，选择重要街区、重要河道、重要广场和重要建筑等重要区域，采用广告、雕塑、牌楼、灯艺、草艺、图片等各类景观造型，大力塑造秘色瓷文化形象。在上林湖周边规划建设集保护、传承、展示、体验等功能于一体的秘色瓷文化旅游区，大力创建特色文化产业示范区。鼓励建立非国有博物馆或艺术馆，展示秘色瓷文化。加大上林湖越窑国家考古遗址公园保护提升建设力度，积极申报"世界文化遗产"和"中国越窑秘色瓷文化之乡"。

（二）实施秘色瓷文化人才引育工程

启动"瓷艺人才集聚计划"，通过建立秘色瓷大师园和出台引才政策，吸引外地瓷艺专家来慈设立大师工作室或名家艺术馆。启动"名师带徒"行动计划，邀请著名瓷艺大师在慈设馆收徒，培养一批本土瓷艺人才。鼓励有条件的中等职校开设瓷艺专业。委托瓷艺专业院校，采取举办短训班、业余函授和中职加高职等学历教学模式，培养一批本土专业瓷艺人才。在全市小学大力普及越窑秘色瓷文化，将秘色瓷文化基因浸润慈溪青少年一代，为培养高素质秘色瓷人才奠定基础。积极引进和培养秘色瓷研究、考古、管理等专业人才，不断壮大秘色瓷文化人才队伍。

（三）实施秘色瓷文化产业振兴工程

坚持"品牌立瓷""科技强瓷""旅游促瓷"发展理念，努力壮大产业规模,优化产业结构。积极鼓励现有秘色瓷相关企业不断扩大生产规模。鼓励从业者拓宽经营业态,逐渐形成从创意、设计、瓷土、拉坯、烧制、销售全方位覆盖的产业链。创新营销模式,加大电子商务应用力度,探索建立移动电子商务众筹、网上定制等新型营销模式。鼓励企业依托大型电子商务平台,创建集展示、发布、交易等功能于一体的秘色瓷线上产业平台。支持传统市场、商业街区改造升级,打造一批线上线下融合,集秘色瓷产品设计、展示、体验、购物等功能于一体的"廊、馆、店、场"。广泛招商引资,吸引外地产瓷企业落户慈溪。创建适度规模的秘色瓷产业基地。在相关镇建立一批吸引秘色瓷相关小微企业入驻的"创客码头",逐步实现集群化发展。鼓励本市有条件的实体企业投资秘色瓷文化产业,努力扩张产业规模。

（四）实施秘色瓷制作工艺创新工程

顺应时代发展潮流,适应消费者审美需求,在继承传统的基础上,推动秘色瓷产业创新发展。加强产学研协同创新,支持秘色瓷产业创新团队和创意设计团队建设,联合宁波大学科学技术学院和浙江省文物考古研究所国际越窑研究中心,组建秘色瓷制作工艺研发机构。每年实施一批秘色瓷产业重点科技攻关项目,制定秘色瓷制作工艺新标准。以"文化+"催生秘色瓷新技术、新工艺、新产品、新业态,打造多元化的秘色瓷新产品。鼓励秘色瓷企业提高产品文化附加值,提升产品竞争力,积极研究和开发个性化的大众产品,让秘色瓷新产品走入寻常百姓家。

（五）实施秘色瓷文化元素融合工程

推动秘色瓷文化与慈溪经济社会整体发展的深度融合。深度融入工业领域，鼓励企业在产品设计中呈现秘色瓷文化元素，积极推动地方主要工业产品包装统一采用"秘色·慈溪"相关标识，提升慈溪地域和产品知名度。深度融入旅游领域，建设秘色瓷文化旅游景区和项目，带动休闲娱乐、观光体验、民宿餐饮等都市休闲旅游产业发展。结合秘色瓷特色，布局主题酒店、酒吧、餐厅、购物街、民宿等个性化、立体化商圈。深度融入文化领域，鼓励开发秘色瓷艺术衍生品和艺术授权产品，培育艺术品市场新增长点。鼓励市民积极收藏秘色瓷精品，促进我市收藏文化健康发展。深度融入建设领域，建造一批体现青瓷文化元素的地标性建筑，形成彰显地域文化特色的城市新风貌。深度融入社会领域，推动秘色瓷产品进企业、进机关、进社区、进家庭，让秘色瓷文化元素融入城乡各个角落。

（六）实施秘色瓷特质文化传播工程

对内凝聚人心，确立文化自信，增强广大市民对地域特色文化品牌的自豪感、归属感和参与感；对外充分发挥秘色瓷文化的品牌效应，以秘色瓷文化传播为纽带，加强对外文化交流，扩大"秘色瓷都、智造慈溪"城市形象的国内外影响力，提升城市知名度。精心编撰《秘色重光》，对慈溪越窑恢复生产20年发展历程进行系统回顾总结。拍摄越窑秘色瓷文化中英文双语纪录片，加大国内外传播力度。征集越窑秘色瓷文化的中英文宣传标语及形象设计，推动IP商业化。鼓励青瓷瓯乐艺术团创作一批经典瓯乐作品，进行国内外巡演。定期组织召开秘色瓷文化国际研讨会。提升越窑青瓷文化节活动档次,通过与中国陶瓷工业协会联合举办慈溪"中国青·上林杯"国际青瓷艺术双年展,扩大国际影响力。组织力量到各行各业广泛宣讲,提升广大市民对秘色瓷文化的知晓度。充分利用融合传播的优势,在优秀传统媒体和新媒体上进一步加大宣传力度,传播秘色瓷特质文化。

三、组织保障

(一)强化组织领导。全市上下统一思想,统筹整合各类秘色瓷文化资源,建立由市分管领导牵头、相关部门和单位为成员的慈溪越窑秘色瓷文化建设协调小组,协调推进"六大工程"建设。协调小组下设办公室,办公室设在市委宣传部。市级相关部门及有关镇(街道)按照年度职责任务,加大工作力度,抓好具体落实。

(二)强化要素保障。市级相关部门及有关镇(街道)加大对打造秘色瓷文化品牌所需的资金、土地、矿产、能源等资源要素的供给力度。按照政府主导、社会参与、滚动发展、逐年增加的原则,积极创造条件,建立慈溪秘色瓷文化产业发展专项基金。

(三)强化政策保障。制定出台扶持秘色瓷文化产业加快发展的相关政策,整合资源,统筹保障,突出重点,加大力度,形成政策上的比较优势,增强对外地优质生产要素的吸引力。

(四)强化舆论保障。加大舆论引导,统一思想,凝聚共识,形成全社会关心、参与、支持打造城市特色文化品牌的良好格局。

附件：慈溪市打造越窑秘色瓷文化品牌"六大工程"工作任务分解表

主要任务	重要举措	责任单位
（一）实施城市文化形象塑造工程	组织高层次专家对城市特色文化形象塑造进行整体性顶层设计	市自然资源规划局、市住建局、市文广旅体局
	在中心城区打造若干个秘色瓷文化主题公园，选择重要街区、重要河道、重要广场和重要建筑等重点区域，采用广告、雕塑、牌楼、灯艺、草艺、图片等各类景观造型，大力塑造秘色瓷文化形象	市自然资源规划局、市住建局、市文广旅体局、市综合行政执法局
	在上林湖周边，规划建设集保护、传承、展示、体验等功能于一体的秘色瓷文化旅游区，大力创建特色文化产业示范区	市自然资源规划局、市文广旅体局、慈溪农旅集团
	鼓励建立非国有博物馆或艺术馆，展示秘色瓷文化	市文广旅体局
	加大上林湖越窑国家考古遗址公园保护提升建设力度，积极申报"世界文化遗产"和"中国越窑秘色文化之乡"	市委宣传部、市文广旅体局、市文联
（二）实施秘色瓷文化人才引育工程	启动"瓷艺大师集聚计划"，通过建立秘色瓷大师园和出台引才政策，吸引外地瓷艺专家来慈设立大师工作室或名家艺术馆。启动"名师带徒"行动计划，邀请著名瓷艺大师在慈设馆收徒，培养一批本土瓷艺人才	市财政局、市人力社保局、市文广旅体局、市环杭州湾创新中心
	鼓励有条件的中等职校开设瓷艺专业。委托瓷艺专业院校，采取举办短训班、业余函授和中职加高职等学历教学模式，培养一批本土专业瓷艺人才。在全市义务段学校，大力普及越窑青瓷文化，将秘色瓷文化基因注浸润慈溪青少年一代，为培养高素质秘色瓷人才奠定基础	市教育局
	积极引进和培养秘色瓷文化研究、考古、管理等专业人才，不断壮大青瓷文化人才队伍	市文广旅体局

续表

主要任务	重要举措	责任单位
(三) 实施秘色瓷文化产业振兴工程	鼓励企业依托大型电子商务平台,创建集展示、发布、交易等功能于一体的秘色瓷线上产业平台。支持传统市场、商业街区改造升级,打造一批线上线下融合,集产品设计、展示、体验、购物等功能于一体的"廊、馆、店、场"。广泛招商引资,吸引外地产瓷企业落户慈溪	市委宣传部、市文广旅体局、市经信局、市商务局
	选择合适地块,创建一个适度规模的秘色瓷产业基地	市自然资源规划局
(四) 实施秘色瓷制作工艺创新工程	加强产学研协同创新,支持秘色瓷产业创新团队和创意设计团队建设,联合宁波大学科学技术学院和浙江省文物考古研究所国际越窑研究中心,组建秘色瓷制作工艺研发机构	市委宣传部、市文广旅体局、宁波大学科学技术学院
(五) 实施秘色瓷文化元素融合工程	建设秘色瓷文化旅游景区和项目,带动休闲娱乐、观光体验、民宿餐饮等都市休闲旅游产业发展。结合秘色瓷特色,布局主题酒店、酒吧、餐厅、购物街、民宿等个性化、立体化商圈	市文广旅体局
	鼓励开发秘色瓷艺术衍生品和艺术授权产品,培育艺术品市场新增长点。鼓励市民积极收藏秘色瓷精品,促进慈溪市收藏文化健康发展	市文广旅体局
	建造一批体现青瓷文化元素的地标性建筑,形成彰显地域文化特色城市新风貌	市住建局、市自然资源规划局
(六) 实施秘色瓷特质文化传播工程	加强对外文化交流,扩大"秘色瓷都、智造慈溪"城市形象的国内外影响力	市委宣传部、市文广旅体局、市融媒体中心

续表

主要任务	重要举措	责任单位
（六）实施秘色瓷特质文化传播工程	精心编撰《秘色重光》，对慈溪越窑恢复生产20年发展历程进行系统回顾总结。拍摄越窑秘色瓷文化中英文双语电影纪录片，加大国内外传播力度。征集越窑秘色瓷文化的中英文宣传标语及形象设计，推动IP商业化。鼓励青瓷瓯乐艺术团创作一批经典瓯乐作品，进行国内外巡演。定期组织召开秘色瓷文化国际研讨会。提升越窑青瓷文化节活动档次，通过与中国陶瓷工业协会联合举办慈溪"中国青·上林杯"国际青瓷艺术双年展，扩大国际影响力	市文广旅体局
	组织力量到各行各业广泛宣讲，提升广大市民对秘色瓷文化的知晓度	市委宣传部、市文广旅体局
	充分利用融合传播的优势，在优秀传统媒体和新媒体上进一步加大宣传力度，传播秘色瓷特质文化	市委宣传部、市融媒体中心

慈溪市越窑青瓷文化产业发展扶持政策实施办法

第一章 总则

为加快慈溪市越窑青瓷文化产业高质量发展,根据《慈溪市文化发展"十四五"规划》和《关于打造越窑秘色瓷文化品牌的实施意见》的文件精神,结合慈溪越窑青瓷文化产业发展实际,特制定本实施办法。

第二章 扶持对象

在慈溪市内注册、具有独立法人资格,从事越窑青瓷文化产业开发、生产、经营、服务的企业、民办非企业等单位和个人。

第三章 扶持政策

一、加快推进青瓷产业振兴

1. 鼓励市内外青瓷人才利用闲置房屋、民居发展青瓷产

此文件从起草到征求意见直至出台,几经修改完善,共历时两年有余,最后经慈溪市委、市政府领导同意后,以慈溪市文改办和市财政局名义印发,是慈溪市里第一个促进青瓷文化产业发展的专项性政策文件。由促进会草拟,慈溪市委宣传部会同市财政局修改定稿。

业,青瓷企业租用生产场地,建筑面积不少于 100 平方米的,对房屋租金予以 80％补贴,每家青瓷企业全年补助最高不超过 5 万元。

2. 企业贴息补助。对符合条件的青瓷企业贷款,给予银行贷款利息 35％的贴息补助,年营业收入低于 500 万元的企业,年度累计贴息补助最高不超过 10 万元;年营业收入超过 500 万元且低于 2 000 万元的企业,年度累计贴息补助最高不超过 20 万元;年营业收入超过 2 000 万元的企业,年度累计贴息补助最高不超过 30 万元。

3. 青瓷企业年营业收入超过 50 万元、低于 300 万元的,按当年营业收入的 7％给予一次性奖励,企业享受出口退税及其他税收优惠政策的,以地方财政贡献度为奖励上限。对年营业收入突破 300 万元、500 万元、1 000 万元和 2 000 万元的青瓷企业,突破当年分别再给予 10 万元、20 万元、40 万元和 80 万元一次性奖励。

4. 青瓷企业新增或更新生产设备,设备投资额达到 10 万元及以上的,经申报认定,给予其设备投资额 15％的补助。每家企业每年设备购置补助最多不超过 30 万元。

二、加快吸引青瓷人才集聚

(一) 鼓励引进市外青瓷人才

5. 新引进国家级和省级工艺美术大师或陶艺大师到慈溪注册登记,长期从事青瓷行业,每年在慈溪工作不低于 80 天的,由市财政分别给予每年 10 万元和 6 万元补助,大师工作室评定级别提升的,按相应标准予以补足。

6. 对引荐市外省级以上工艺美术大师或陶艺大师到慈溪注册登记,长期从事青瓷行业,每年在慈溪工作不低于 80

天的,对引荐人或引荐团队给予奖励,其中成功引荐1名国家级大师奖励3万元,成功引荐1名省级大师奖励1万元。

7. 具有全日制大专及以上学历的陶艺类相关专业人才落户慈溪创业,经工商注册登记正常运营后,在慈溪参加社保满12个月后,每年可享受创业补助5万元。

8. 具有全日制大专及以上学历的陶艺类相关专业人才到慈溪青瓷企业就业,签订1年以上劳动合同,在慈溪参加社保满12个月后,给予每年3万元的就业补助。

(二)重奖青瓷行业杰出人才

9. 慈溪户籍或社保关系在慈溪的陶艺工作者,新评上国家级、省级和市级工艺美术大师或陶艺大师的,分别给予20万元、10万元和5万元的一次性奖励。

10. 鼓励陶艺人才参加各类展览展评活动。慈溪户籍或社保关系在慈溪的陶艺工作者,在各级陶协组织举办的各类展评活动中获奖的作品给予奖励,其中获得国家级金、银、铜奖的作品,每件(套)分别给予3万元、2万元和1万元奖励;获得浙江省级金、银、铜奖的作品,每件(套)分别给予1万元、6 000元和3 000元奖励;获得宁波市级的金、银、铜奖作品每件(套)分别给予3 000元、2 000元和1 000元奖励。

(三)注重培养青瓷后备人才

11. 邀请国家级和省级工艺美术大师或陶艺大师帮助慈溪培养陶艺人才,备案后每培养出1名浙江省级或宁波市级工艺美术大师,分别给予授徒师傅5万元或3万元奖励。

12. 鼓励本市户籍高中毕业生报考陶艺类专业。慈溪户籍学生在报考前与慈溪越窑秘色瓷文化促进会签订毕业后回慈溪从事青瓷行业工作合约的,其在校学习期间,每年给予1万元的补助。其中,凭入学通知书给予第一年补助1万元,毕业后回慈溪从事青瓷行业,凭毕业证书及就业或创业凭证给予余下部分补助。

13. 鼓励全市义务段中小学校创建青瓷文化特色学校和促进学校,经验收合格的,分别给予特色学校和促进学校一次性奖励4万元和2万元。

14. 鼓励大专及以上艺术类院校相关专业市外学生,来慈加入青瓷瓯乐团并签订5年聘任合同的,大专学历的给予每年1万元补助,本科学历的给予每年2万元补助,研究生学历的给予每年3万元补助。

三、加强推广青瓷文化品牌

(一)鼓励青瓷企业举办展览活动

15. 我市青瓷企业到宁波市级及以上博物馆(美术馆)举办展览活动,在慈溪越窑秘色瓷文化促进会报备的,给予展览费用的80%补助,同一企业当年度最高不超过10万元。

(二)鼓励青瓷文化研究

16. 本市作者撰写的青瓷文化或青瓷技艺研究类论文,在国家级刊物(有CN统一连续出版物号)中刊发的(字数不少于5 000字),经审核认定,给予第一作者一次性5 000元奖励,同一作者当年度奖励额度最高不超过2万元。

17. 本市作者撰写,经由出版社正式出版的越窑青瓷文化学术专著,在慈溪越窑秘色瓷文化促进会报备的,给予出版印刷费用的80%补助,最高不超过10万元。

第四章 附则

18. 本政策由慈溪市文改办发布申报通知,由各镇(街道)摸排、推荐上年度符合条件的申报项目,报送市文改办。申报截止后,在市委宣传部和市文广旅体局统筹下,由市文改办指导慈溪越窑秘色瓷文化促进会对各申报项进行初审后,启动合规性审核和复审,形成初步入选名单,并联合市财政局、市文广旅体局等相关单位按职能分工对入选名单开展联合审定。联审通过的申报项目,由市文改办在政府门户网站等媒体向社会公示,公示期不少于5个工作日。

19. 同一主体的同一事项或参照同一奖励补助依据的项目,不重复享受宁波市级和市本级的各项奖励扶持政策。实行"一企一策"或"一事一议"等特殊优惠政策的企业以及市内国资企业,原则上不再享受本政策。

20. 本政策兑现资金纳入市财政年度预算。最终奖励总额超出年度预算总额的,额度按同比例缩减。所有评选项目级别提升的,给予补差奖励。

21. 企业因重大违法、违规行为受到有关部门行政处罚,发生安全生产责任事故或安全生产评级等级B级以下的,不得享受奖励补助政策;对弄虚作假骗取财政补助资金的企业,除收回补助资金外,取消3年内申报财政补助资金的资格。

22. 本政策于2023年1月1日起生效,有效期3年。实施过程中可根据上级政策和慈溪市实际情况,进行修订调整,并重新发文。

23. 本政策最终由慈溪市文改办、市财政局负责解释。